CHEFS-D'ŒUVRE

DE

MOLIÈRE

SAINT-GERMAIN. — IMPRIMERIE DE L. TOINON ET C°
Rue de Paris, 80

CHEFS-D'OEUVRE

DE

MOLIÈRE.

TOME PREMIER

LE MISANTHROPE — LE MÉDECIN MALGRÉ LUI
LE TARTUFFE — L'AVARE

PARIS

LIBRAIRIE DE L. HACHETTE ET Cie

BOULEVARD SAINT-GERMAIN, N° 77

1867

NOTICE SUR MOLIÈRE.

On a cru longtemps que Molière était né en 1620, dans une maison située sous les piliers des halles, et que sa mère se nommait Anne Boutet ou Boudet. M. Beffara, qui s'est occupé avec un zèle infatigable de recueillir toutes les pièces qui peuvent jeter du jour sur la biographie de Molière, a retrouvé son extrait de baptême; et l'on sait maintenant qu'il a été baptisé le 15 janvier 1622, sous le nom de Jean Poquelin; que son père demeurait rue Saint-Honoré, au coin de la rue des Vieilles-Étuves, et que sa mère s'appelait Marie Cressé. Molière signa toujours Jean-Baptiste Poquelin, parce qu'étant libre de choisir son patron entre les divers saints Jean du calendrier, il se mit de préférence sous la protection de saint Jean-Baptiste.

Le père de Molière n'appartenait pas précisément à la bourgeoisie, car alors on réservait ce nom aux familles de robe ou du haut commerce; mais il était distingué dans la classe des artisans, puisque deux de ses parents avaient rempli l'emploi de consul. Il était lui-même pourvu d'une charge de valet de chambre tapissier du roi. Les Poquelin étaient tapissiers de père en fils; et Molière fut d'abord destiné à exercer la profession de son père.

Il resta dans la maison paternelle jusqu'à l'âge de quatorze ans; il ne savait encore que lire, écrire et compter, et c'était assez pour suivre les vues de sa famille; mais il obtint, à force de supplications, qu'on lui ferait faire ses études. On le mit au collége de Clermont, depuis collége Louis-le-Grand, qui dès lors était dirigé par les jésuites. Il ne tarda pas à s'y faire remarquer, et cinq années lui suffirent pour faire des études complètes, en y comprenant la philosophie. Il eut pour condisciples le prince de Conti, qui fut généralissime de l'armée de la Fronde, abbé de Saint-Germain des Prés, et finit par épouser une nièce de Mazarin;

Bernier, le célèbre voyageur; Hesnault, poëte assez médiocre; Cyrano de Bergerac, auteur de comédies maintenant oubliées, et Chapelle, dont on ne lit plus les poésies, mais que ses contemporains honorèrent comme un écrivain de mérite. Chapelle avait pour précepteur Pierre Gassendi, l'illustre commentateur d'Épicure, qui permit à Molière, à Bernier et à Cyrano de Bergerac d'assister aux leçons de son élève. Ce fut une grande douleur pour Molière de quitter ses condisciples, son précepteur, ses études, et de rentrer dans une carrière qu'il avait tout fait pour éviter; mais son père, vieux et infirme, avait obtenu pour lui la survivance de son emploi; et il se vit obligé, en 1642, au sortir du collége, de commencer ses fonctions de valet de chambre et de suivre le roi Louis XIII à ce voyage de Narbonne, si célèbre par le supplice de Cinq-Mars et de de Thou, et que suivirent de près la mort du cardinal de Richelieu et celle du roi. Les principales fonctions d'un valet de chambre tapissier du roi consistaient à faire le lit de Sa Majesté le matin et à le découvrir le soir; cependant ces places étaient fort souhaitées, comme toutes celles de la domesticité du palais. Elles s'acquéraient moyennant finance, et presque toujours se transmettaient de père en fils. Les valets de chambre dépendaient des premiers valets de chambre, qui servaient par quartier, et dont l'emploi, recherché par la plus haute bourgeoisie, était fort supérieur en autorité, en considération et en bénéfices; mais, à leur tour, les simples valets de chambre se distinguaient des valets du serdeau, des garçons de la chambre et de la garde-robe, des bas officiers des écuries et de la bouche, et en un mot de toute la livrée. Ils mangeaient à la table du contrôleur de la bouche; il n'était pas rare de voir parmi eux des gens de mérite, et Clément Marot avait été valet de chambre de François Ier.

On ne connaît pas avec certitude l'emploi des quatre années qui suivirent le voyage de Narbonne. Il paraît que Molière en passa une partie à Orléans, et qu'il s'y fit recevoir avocat; ce qui est plus avéré, c'est que, de retour à Paris, il s'associa avec quelques amis pour fonder une troupe de comédiens amateurs, qui, sous le nom de *l'Illustre Théâtre*, ne tarda pas à attirer la foule; et qu'enfin, encouragé par le succès, il donna des représentations pour de l'argent, et se fit résolûment comédien. Suivant les idées du temps, c'était se mettre en dehors de la société; et le nouveau comédien, pour épargner un déshonneur à sa famille et se conformer à une coutume reçue au théâtre, ne se fit plus appeler que Molière.

Ce nom de Molière n'était pas absolument nouveau dans les lettres. François de Molière, sieur d'Essertines, avait publié, au commencement du siècle, deux romans : *Polyxène* et *la Semaine amoureuse;* et ce nom fut encore porté, du vivant de Molière, par un homme de la musique du roi et par un danseur de profession

Dès que *l'Illustre Théâtre* voulut faire concurrence à *l'Hôtel de Bourgogne* et à la troupe du *Marais*, il perdit toute sa vogue, et les troubles de la Fronde qui survinrent achevèrent de ruiner la nouvelle entreprise. Molière se détermina à courir la province; mais ici tous les Mémoires perdent sa trace pendant plusieurs années. On sait seulement qu'il avait avec lui quelques acteurs de *l'Illustre Théâtre* : du Parc, qui se faisait appeler Gros-René, et pour lequel il a écrit plus tard le rôle qui porte ce nom dans *le Dépit amoureux;* les deux Béjart et leur sœur Madeleine. Madeleine était la maîtresse de Molière, et toute la troupe vivait en commun. On représentait des comédies, des tragédies et des farces, suivant les nécessités du moment et le bon plaisir des spectateurs. Molière inventait des canevas à la manière italienne, qu'il développait impromptu sur la scène avec ses camarades. Il fit aussi, durant cet intervalle, une tragédie de *la Thébaïde*, dont il ne s'est conservé aucun fragment. On le retrouve avec certitude à Nantes en 1648, deux ans après son départ de Paris; puis à Bordeaux, où il joue *la Thébaïde;* puis à Vienne, et enfin à Lyon en 1653.

C'est à Lyon que Molière fit représenter la première de ses pièces, qui mérite véritablement le nom de comédie. *L'Étourdi* se voit encore aujourd'hui avec plaisir; mais, pour la bien apprécier, il faut songer à l'état où se trouvait notre théâtre, aux pièces sans conduite, sans caractères et sans style que l'on était forcé d'applaudir, aux intrigues compliquées et invraisemblables de Rotrou, aux lazzi orduriers de Scarron, à l'extravagance d'un Cyrano de

Bergerac. La seule comédie que nous eussions alors avait été donnée à Paris onze ans auparavant, et c'était *le Menteur* du grand Corneille.

Molière eut à Lyon tout le succès qu'il pouvait souhaiter comme auteur et comme acteur. Une autre troupe qui s'y trouvait en même temps ne put tenir, et la plupart des acteurs prirent parti avec lui et le suivirent à Avignon et à Béziers. Ce fut aussi à Lyon que Molière rencontra d'Assoucy. Cet original, d'un talent contestable, d'une réputation équivoque, dont la vie fut une suite de malheurs et d'extravagances, courait alors la province avec son luth, son théorbe et ses deux petits pages, ou *enfants de musique*, et s'occupait à gagner le glorieux surnom d'*empereur du burlesque*. « Je trouvai à Lyon, dit-il dans ses *Mémoires*, mes poésies dans tous les couvents de religieuses; mais ce qui me charma le plus, ce fut la rencontre de Molière et de MM. les Béjart. Comme la comédie a des charmes, je ne pus sitôt quitter ces charmants amis : je demeurai trois mois à Lyon parmi les jeux, la comédie et les festins.... Ayant ouï dire qu'il y avait à Avignon une excellente voix de dessus, je m'embarquai avec Molière sur le Rhône, qui mène en Avignon, où, étant arrivé avec quarante pistoles..., la première chose que je fis, ce fut d'aller à l'académie : » à l'académie, c'est-à-dire au tripot, et les quarante pistoles y passèrent. « Mais comme un homme n'est jamais pauvre lorsqu'il a des amis, ayant Molière pour estimateur et toute la maison Béjart pour amie, en dépit du diable et de la fortune, je me vis plus riche et plus content que jamais; car ces généreuses personnes ne se contentèrent pas de m'assister comme ami : elles me voulurent traiter comme parent. Etant commandés pour aller aux états, ils me menèrent avec eux à Pézenas, où je ne saurais dire combien de grâces je reçus ensuite de toute la maison. Molière et sa troupe étaient commandés pour aller aux états jouer devant la noblesse du Languedoc et devant le prince de Conti, qui la présidait. Molière devait cet honneur à la bienveillance du prince, son ancien condisciple au collége des jésuites, et au succès éclatant qu'il venait d'obtenir à Lyon. Sa troupe était dès lors citée comme la meilleure troupe qui fût en province. Les mauvais jours étaient passés pour elle; l'argent lui venait avec la réputation; et chaque soir, quand la comédie était jouée et qu'on s'était débarbouillé le visage, on se retrouvait à table autour de Madeleine Béjart pour boire et chanter et mener joyeuse vie, en vrais bohémiens. » Ce pauvre d'Assoucy, qui avait au moins le mérite d'être reconnaissant, nous donne encore de précieux détails à ce sujet dans cette même page de ses *Mémoires* : « On dit que le meilleur frère est las, au bout d'un mois, de donner à manger à son frère; mais ceux-ci, plus généreux que tous les frères qu'on puisse avoir, ne se lassèrent point de me voir à leur table tout un hiver; et je peux dire :

> Qu'en cette douce compagnie,
> Que je repaissais d'harmonie,
> Au milieu de sept ou huit plats,
> Exempt de soins et d'embarras,
> Je passais doucement la vie.
> Jamais plus gueux ne fut plus gras;
> Et quoi qu'on chante et quoi qu'on die
> De ces beaux messieurs des états,
> Qui tous les jours ont six ducats,
> La musique et la comédie;
> A cette table bien garnie,
> Parmi les plus friands muscats,
> C'est moi qui soufflais la rôtie
> Et qui buvais plus d'hypocras.

« En effet, quoique je fusse chez eux, je pouvais bien dire que j'étais chez moi. Je ne vis jamais tant de bonté, tant de franchise, ni tant d'honnêteté que parmi ces gens-là, bien dignes de représenter réellement dans le monde les princes qu'ils représentent tous les jours sur le théâtre. »

D'Assoucy passa encore « six bons mois dans cette cocagne; » et il suivit Molière jusqu'à Narbonne.

C'est à Béziers et pendant la tenue des états, en 1654, que Molière donna *le Dépit amoureux*, excellente comédie où se trouve une scène digne de la maturité de son talent.

Le prince de Conti, dans sa bienveillance, ne se borna pas à appeler Molière comme comédien; il lui offrit la place de secrétaire de ses commandements, vacante par la mort de Sarasin, et il fut refusé. La proposition n'était pas fort séduisante. Le frère puîné du prince de Condé n'avait qu'une fortune médiocre pour son rang : il était prince, bel esprit et mécontent de sa situation. Molière fit bien de ne pas s'attacher à lui. Le prince ne lui en garda pas rancune. Il lui procura, quelques années plus tard, l'amitié du grand Condé, et contribua à le faire venir à la cour.

D'ailleurs, Molière aimait sa profession. Il l'avait embrassée malgré sa famille, par entraînement, et il ne voulut même pas l'abandonner dans la suite, lorsque tous ses amis l'avertirent qu'elle lui devenait mortelle. Il fut célèbre comme acteur avant de s'illustrer comme poëte. Il ne réussissait pas dans la tragédie, quoiqu'il eût la faiblesse d'aimer les rôles tragiques ; mais il était supérieur dans la comédie. Il étudiait ses rôles avec un soin infini, en composait toutes les parties avec art, ne négligeait pas les détails en apparence les plus insignifiants, et avait toujours en tête quelque original dont il imitait la démarche, la prononciation et le costume, jusque-là que, pour jouer le rôle d'un pédant, il emprunta, dit-on, le chapeau du cartésien Rohault, qui était son ami. « Il était comédien depuis les pieds jusqu'à la tête, dit un de ses contemporains. Tout parlait en lui, et, d'un pas, d'un sourire, d'un clin d'œil, d'un remuement de tête, il faisait concevoir plus de choses que le plus grand parleur n'aurait pu en dire en une heure. »

Molière, après la clôture des états, parcourut pendant plusieurs années le Languedoc. Il joua la comédie à Montpellier, à Pézenas, il revint à Avignon, passa le carnaval de 1658 à Grenoble. On raconte qu'étant à Pézenas, il allait souvent s'asseoir dans la boutique d'un barbier, et y demeurait oisif en apparence, mais occupé à voir et à entendre les originaux de ses comédies, en homme que Boileau devait appeler *le contemplateur*, et dont les pièces bien lues pourraient, suivant l'expression de La Harpe, tenir lieu d'expérience. Et pourquoi n'aurait-il pas étudié dans la boutique du barbier de Pézenas, lui qui plus tard ne dédaignait pas de consulter sa servante Laforêt, et qui effaçait de ses pièces les plaisanteries qu'elle n'avait pas goûtées? La ville de Pézenas garde avec respect le fauteuil de Molière, comme on conserve à la Comédie-Française le fauteuil du *Malade imaginaire*, dans lequel il s'assit quelques heures avant de mourir.

Pendant son second séjour à Avignon, en 1657, Molière se lia avec Mignard, qui revenait de Rome. Cette liaison fut intime et durable. Molière écrivit *la Gloire du Val-de-Grâce*, Mignard fit plusieurs portraits de Molière. En se quittant, Mignard fut à Lyon, et Molière à Grenoble, puis à Rouen; mais ils ne tardèrent pas à se retrouver à Paris et à la cour.

Molière avait son but en se rapprochant de Paris. Il y fit secrètement plusieurs voyages, pendant son séjour à Rouen, s'appuya de la protection du prince de Conti, se fit présenter à Monsieur et à la reine mère; et enfin obtint la permission de jouer au Louvre devant le jeune roi. Louis XIV fit tout exprès dresser un théâtre dans la salle des Gardes du vieux Louvre, et au grand désespoir des comédiens de l'hôtel de Bourgogne, la troupe de Molière y représenta la tragédie de *Nicomède*. Le roi se montra satisfait de la manière dont la tragédie de Corneille avait été rendue; et Molière, s'avançant sur le théâtre, fit une harangue dans laquelle il supplia le roi « d'avoir pour agréable qu'il lui donnât un de ces petits divertissements qui lui avaient acquis quelque réputation, et dont il régalait les provinces. » Le roi y consentit de bonne grâce, et l'on joua aussitôt la farce du *Docteur amoureux*. Cette farce a péri, comme toutes les autres que Molière avait écrites durant sa vie errante, à l'exception du *Médecin volant* et de *la Jalousie du Barbouillé*. Le roi, qui ne voyait plus de petites pièces, car depuis la mort de Gros-Guillaume, Gauthier-Garguille et Turlupin, la dignité de messieurs de l'hôtel de Bourgogne ne s'abaissait plus jusqu'à la farce, fut charmé de cette nouveauté, et permit aussitôt à Molière de jouer sur le théâtre du Petit-Bourbon, alternativement avec la troupe Italienne. Cette mémorable représentation avait eu lieu le 24 octobre 1658, et dès le 3 novembre, Molière inaugurait son nouveau théâtre par *l'Étourdi* et *le Dépit amoureux*.

Assuré désormais de la protection du roi, et par elle, de la faveur des courtisans, Molière ne craignit pas d'attaquer de front une secte de beaux esprits qui avait eu, peut-être, une influence heureuse pour rétablir le goût des lettres, mais qui avait dégénéré en pédantisme et en afféterie et menaçait de corrompre le goût national. Il donna en 1659 *les Précieuses ridicules;* ce fut sa troisième comédie, et la première qu'il eût composée pour Paris et pour la cour. Il prouva ce jour-là qu'il avait au plus haut degré deux qualités sans lesquelles il n'y a pas de grand auteur comique : la fermeté du jugement et l'énergie du caractère. Le jargon des précieuses ne nous paraît plus aujourd'hui qu'un travers; mais quand ce comédien et ce poëte, deux fois vulnérable comme auteur et comme acteur, en fit une si sanglante justice, elles étaient les maîtresses de l'esprit public; elles tenaient des bureaux d'esprit dont les arrêts étaient reçus comme des oracles, et les plus beaux génies du temps, le grand Corneille lui-même, en reconnaissaient l'autorité et en subissaient l'influence. Molière en frappant ce grand coup pour son début annonçait l'homme qui, grandissant avec le succès, et flétrissant le crime après avoir corrigé les ridicules, oserait écrire *le Tartuffe.*

Les Précieuses ridicules allèrent aux nues dès le premier jour. Un vieillard s'écria du milieu du parterre : « Courage, Molière! voilà la bonne comédie! » Ce fut un des plus grands et en même temps des plus faciles triomphes que le bon sens ait jamais remportés; et la preuve, c'est que Ménage, un des oracles des *Précieuses,* se déclara vaincu et détrompé séance tenante. « Au sortir de la pièce, prenant M. Chapelain par la main : « Monsieur, lui dis-je, nous approu-
« vions, vous et moi, toutes les sottises qui viennent d'être critiquées
« si finement et avec tant de bon sens; mais croyez-moi, pour me
« servir de ce que saint Remy dit à Clovis, il nous faudra brûler ce
« que nous avons adoré et adorer ce que nous avons brûlé. » Cela arriva comme je l'avais prédit, et, dès cette première représentation, l'on revint du style forcé et du galimatias. »

Molière donna ensuite *Sganarelle ou le Cocu imaginaire,* qui n'est, à la vérité, qu'une farce, mais une farce où l'homme de génie se reconnaît; puis, pour obéir au roi qui commença à ne plus employer que lui dans les fêtes de la cour, *Don Garcie de Navarre,* puis *l'École des Maris,* comédie de mœurs où la nature est prise sur le fait, et où le poëte comique, disparaissant derrière ses personnages, provoque à la fois la réflexion et le rire ; puis *les Fâcheux*, la première de nos comédies à tiroir, une satire plutôt qu'une comédie, mais une satire vive, animée, hardie, et par-dessus tout divertissante. Les *Fâcheux* rappelèrent et dépassèrent même le succès des *Précieuses ridicules*. Il fallut la mettre au double, c'est-à-dire la jouer deux fois par jour, pour suffire à l'affluence des spectateurs. La cour se donnait, pour ainsi dire, ce spectacle à elle-même ; chacun y reconnaissait son voisin, et Molière que le roi soutenait, et qui en attaquant tous les ridicules, pouvait dire hardiment : « Je prends mon bien où je le trouve, » devenait une véritable puissance.

Les *Fâcheux* furent joués en 1661. Molière se maria l'année suivante. Il épousa Armande Béjart, une des plus jeunes actrices de sa troupe, et des plus séduisantes sinon des plus belles. Tous les contemporains tombent d'accord qu'il a voulu la peindre dans ce passage du *Bourgeois gentilhomme* : « Elle a les yeux petits, mais elle les a pleins de feu, les plus brillants, les plus perçants du monde, les plus touchants qu'on puisse voir. Elle a la bouche grande, mais on y voit des grâces qu'on ne voit point aux autres bouches. Sa taille n'est pas grande, mais elle est aisée et bien prise. Elle affecte une nonchalance dans son parler et dans son maintien mais elle a grâce à tout cela, et ses paroles ont je ne sais quel charme à s'insinuer dans les cœurs. Enfin, son esprit est du plus fin et du plus délicat ; sa conversation est charmante ; et si elle est capricieuse autant que personne du monde, tout sied bien aux belles, on souffre tout des belles. »

Armande Béjart, dit Grimarest, crut être parvenue au rang de duchesse en épousant Molière. Et quel plus beau nom aurait-elle pu porter ? Les lettres n'en avaient point alors et n'en auront probablement jamais de plus grand. Molière lui apportait la fortune et la gloire, qui ne vont pas toujours de compagnie ; il était beaucoup plus âgé qu'elle, mais pas assez cependant pour ne pas lui plaire ; sans avoir cette beauté fade d'une figure régulière, on trouvait dans ses traits fortement prononcés et dans toute sa personne le reflet de son génie ; il n'y avait qu'une voix sur sa probité, sur sa délicatesse, sur sa générosité ; enfin il aimait sa femme avec idolâtrie

Cependant Molière fut malheureux. Il fut jaloux, et il eut lieu de l'être. Il ne trouva dans sa femme ni fidélité, ni soumission, ni tendresse, ni égards. Il lui fallut vivre uniquement par le travail et par la pensée, lui qui avait un cœur digne de son génie. Il éprouva par lui-même toutes les angoisses de la jalousie et de l'amour malheureux, dont il a été le plus grand peintre. Son nom ne fut pas même respecté après sa mort, et sa veuve épousa un comédien obscur, nommé Guérin d'Estriché.

Le mariage de Molière donna lieu à d'atroces calomnies. Quand il avait quitté Paris pour courir la province avec quelques acteurs de l'*Illustre Théâtre*, il avait avec lui les Béjart et leur sœur Madeleine. Il l'aima; et plus tard, quand il épousa Armande, les plus modérés se bornèrent à dire qu'il épousait la fille après avoir été l'amant de la mère; d'autres ne craignirent pas de l'accuser d'épouser sa propre fille. Un comédien de l'hôtel de Bourgogne porta ces accusations jusqu'au roi; mais ce qui prouve que l'esprit de Louis XIV n'en fut pas effleuré, c'est qu'il nomma lui-même, quelque temps après, avec Henriette d'Angleterre, le premier enfant de Molière et d'Armande Béjart.

La vérité est qu'Armande était la sœur et non pas la fille de Madeleine; et ce qui le prouve avec évidence, c'est l'acte authentique du mariage de Molière, retrouvé par M. Beffara. Le voici :

« Jean-Baptiste Poquelin (Molière), fils de Jean Poquelin et de feue Marie Cressé d'une part, et Armande-Grésinde Béjart, fille de feu Joseph Béjart et de Marie Hervé, d'autre part, tous deux de cette paroisse, vis-à-vis le Palais-Royal, fiancés et mariés tout ensemble, par permission de M. de Comtes, doyen de Notre-Dame et grand vicaire de monseigneur le cardinal de Retz, archevêque de Paris, en présence dudit Jean Poquelin, père du marié, et de André Boudet, beau-frère du marié; de ladite Marie Hervé, mère de la mariée, Louis Béjart et Madeleine Béjart, frère et sœur de ladite mariée. »

Cet acte est du 20 février 1662, et de la paroisse de Saint-Germain l'Auxerrois.

Outre le fils qui eut pour parrain Louis XIV, Molière eut encore un autre fils, qui ne vécut que deux mois, et une fille, que Made-

leine Béjart tint sur les fonts avec son ancien amant le comte de
Modène, et qui seule survécut à son père. Elle épousa Montalant,
organiste de Saint-André des Arcs, et mourut à Argenteuil sans
postérité.

La troupe de Molière n'avait joué sur le théâtre du Petit-Bourbon que pendant deux années. Lorsque Louis XIV fit abattre l'hôtel du Petit-Bourbon pour achever la colonnade du Louvre, il donna à Molière la salle que Richelieu avait fait construire à grands frais au Palais-Royal pour les représentations de *Mirame*. Molière y joua pour la première fois le 4 novembre 1660 ; et à partir de *Don Garcie de Navarre*, toutes ses pièces furent représentées sur ce théâtre. Après sa mort, sa troupe fut reléguée dans la rue Guénégaud, et le roi donna la salle du Palais-Royal à Lulli, pour y installer l'*Académie royale de musique*.

La première pièce que Molière donna après son mariage fut *l'École des Femmes*, dont le succès ne fut ni moins grand, ni moins mérité que celui de *l'École des Maris*. Arnolphe amoureux et par conséquent jaloux, mais jaloux en vieillard, c'est-à-dire avec frénésie et avec réflexion, employant toute sa pénétration et toute son expérience à élever une femme dont la tendresse lui soit assurée, s'apercevant tout à coup, après tant d'années de soins, de surveillance, de tyrannie, que ce cœur lui échappe, furieux de sa découverte, puis navré, passant en un moment du despotisme à la soumission, pleurant aux genoux de cette enfant qui ne le trouve que ridicule, se relevant pour exiger de son obéissance ce qu'il ne peut attendre de son cœur, et la trouvant enfin dans les bras d'un autre, c'était une de ces peintures à la fois terribles et vraies où l'homme se retrouve avec effroi, et qui nous font voir l'agonie de la volonté luttant contre la passion, et les misères de la passion survivant à la jeunesse. Molière, par la force comique des situations, par la verve de son style, par mille détails plaisants, sauvait à la représentation la tristesse du sujet, et restait fidèle à la devise de la comédie qui ne corrige qu'en riant. On riait dans la salle; mais on gardait au fond de l'âme une impression grave. Molière était là tout entier et l'idéal de la comédie était trouvé.

La critique se déchaîna contre *l'École des Femmes*; pauvre cri tique, qui passait à côté de la question, et, dans une œuvre de cette force, ne s'attaquait qu'aux détails du style ou de l'intrigue. Molière fut blessé, il répondit; non par des dissertations, mais par une pièce. Il écrivit la *Critique de l'École des Femmes;* il la dédia à la reine mère; et il joua devant le roi une pièce toute remplie de lui-même. C'était agir en poëte tout-puissant. Il ne s'en tint pas là; il osa plus. Dans *l'Impromptu de Versailles*, il se mit lui-même en scène sous son nom, et fit comparaître toute sa troupe, en quelque sorte à visage découvert, devant Louis XIV. *Le Mariage forcé* et *la Princesse d'Élide*, une farce et un ballet, ne sont que deux flatteries pour ses deux souverains, le peuple et le roi. Il se releva glorieusement dans *Don Juan ou le Festin de pierre.* C'est sa première comédie de caractère. Elle n'a pas la perfection du *Misanthrope* et du *Tartuffe;* mais le caractère du libertin y est tracé avec une telle vigueur, qu'on peut dire à bon droit que l'apparition de ce chef-d'œuvre marque une ère nouvelle dans la scène française. Il faut, pour comprendre Molière, songer aux spectateurs pour lesquels *Don Juan* fut écrit : il faut penser à la royauté majestueuse et solennelle de Louis XIV, à cette cour polie, raffinée, mais routinière, à ces beaux esprits tout remplis de préjugés contre les innovations, à ces règles d'Aristote, dont on faisait les règles mêmes du goût. Le don Juan de Molière épouse une religieuse, et la quitte pour courir à d'autres amours; il met toutes les femmes à mal, tue les pères et les maris, se parjure, tourne en dérision et en mépris l'autorité paternelle, se sert du nom de Dieu pour couvrir ses vices, insulte son ennemi mort jusque sur son tombeau, met sa main dans la main de la statue sans trembler, converse avec les morts, et meurt lui-même, foudroyé, sans effroi et sans repentir.

L'Amour médecin n'est qu'un agréable intermède, fait, appris et représenté en cinq jours. Puis vint *le Misanthrope*, qui serait la plus belle des comédies, si Molière n'avait pas fait *le Tartuffe.*

Le Misanthrope est bien plus hardi que *Don Juan;* car l'insurrection de don Juan contre la société n'est que la rage d'un scélérat, et l'insurrection d'Alceste est la protestation d'un honnête homme. On a eu beau dire que Philinte était l'honnête homme de la pièce, et qu'Alceste, avec son exagération, n'était qu'un ridicule. Le ridicule ne porte que sur l'exagération d'Alceste; mais, dans le fond, il a raison partout. Il a raison contre ses juges dans son procès, contre Philinte dans son horreur des hypocrisies du monde, contre Oronte dans son jugement sur le sonnet, contre Célimène dans son mépris de la coquetterie. Il est vaincu partout, il est vrai, et c'est par là que Molière triomphe ; et quand Célimène l'abandonne aussi, ce dernier trait, le plus cruel de tous, ne fait qu'ajouter à la grandeur et à la vérité du tableau. On voulut persuader au duc de Montausier, l'ami de Fénelon, que Molière avait voulu le peindre dans Alceste; le duc fut voir *le Misanthrope*, et, loin de se plaindre, il en sortit ravi : mais on se trompait, et l'original du *Misanthrope*, c'est Molière lui-même.

Hélas! quand il montrait sur la scène cette âme si noble, si courageuse, si héroïque malgré ses travers, aux prises avec la légèreté et la perfidie d'une coquette, il racontait son histoire en même temps que son cœur. Il était alors brouillé avec Armande, qu'il adorait toujours, et il ne la voyait plus qu'au théâtre. Elle jouait le rôle de Célimène, et lui le rôle d'Alceste. Et quand Célimène dit à Alceste :

>   Vous avez sujet de me haïr;
> Faites-le ; j'y consens.

c'est à Armande, c'est à elle-même que Molière répondait :

>   Hé ! le puis-je, traîtresse?
> Puis-je ainsi triompher de toute ma tendresse?
> Et quoique avec ardeur je veuille vous haïr,
> Trouvé-je un cœur en moi tout prêt à m'obéir?

On rapporte une conversation de Molière avec Chapelle son ami, qui est le plus frappant et le plus touchant commentaire de tout ce côté du rôle d'Alceste. La voici. On ne peut se dispenser de la citer dans une vie de Molière, car il s'y est peint lui-même, dans les effusions de l'intimité, comme il savait peindre [1].

---

1. Ce passage est extrait d'un pamphlet très-méprisable à tous égards, intitulé *La fameuse comédienne, ou Histoire de la Guérin, auparavant femme de Molière*. Cet ouvrage, qui eut de nombreuses éditions, est at-

Chapelle raillait son ami sur la douleur à laquelle il s'abandonnait pour une femme indigne de lui. « Je vois bien que vous n'avez encore rien aimé, lui répondit Molière, et vous avez pris la figure de l'amour pour l'amour même. Vous dites que j'ai une connaissance parfaite du cœur de l'homme, et je tombe d'accord que je me suis étudié, autant que j'ai pu, à connaître leur faible ; mais si ma science m'a appris qu'on pouvait fuir le péril, mon expérience ne m'a que trop fait voir qu'il est impossible de l'éviter : j'en juge tous les jours par moi-même. Je suis né avec les dernières dispositions à la tendresse ; et, comme j'ai cru que mes efforts pourraient lui inspirer, par l'habitude, des sentiments que le temps ne pourrait détruire, je n'ai rien oublié pour y parvenir. Comme elle était fort jeune quand je l'épousai [1], je ne m'aperçus pas de ses méchantes inclinations, et je me crus un peu moins malheureux que la plupart de ceux qui prennent de pareils engagements ; aussi le mariage ne ralentit point mes empressements ; mais je lui trouvai tant d'indifférence que je commençai à m'apercevoir que toute ma précaution avait été inutile, et que ce qu'elle sentait pour moi était bien éloigné de ce que j'aurais souhaité pour être heureux. Je me fis à moi-même ce reproche sur une délicatesse qui me semblait ridicule dans un mari, et j'attribuai à son humeur ce qui était un effet de son peu de tendresse pour moi ; mais je n'eus que trop de moyens de m'apercevoir de mon erreur, et la folle passion qu'elle eut peu de temps après pour le comte de Guiche fit trop de bruit pour me laisser dans cette tranquillité apparente. Je n'épargnai rien, à la première connaissance que j'en eus, pour me vaincre moi-même dans l'impossibilité que je trouvai à la changer ; je me servis pour cela de toutes les forces de mon esprit, j'appelai à mon secours tout ce qui pouvait contribuer à ma consolation. Je la considérai comme une personne de qui tout le mérite est dans l'innocence, et qui, par cette raison, n'en con-

tribué à une comédienne nommée la Boudin. La conversation de Molière que nous rapportons ici peut avoir été altérée dans le texte ; mais il est évident que le fond en est vrai.

1. Elle avait dix-sept ans.

servait plus depuis son infidélité. Je pris dès lors la résolution de vivre avec elle comme un honnête homme qui a une femme coquette, et qui est bien persuadé, quoi qu'on puisse dire, que sa réputation ne dépend pas de la mauvaise conduite de son épouse; mais j'eus le chagrin de voir qu'une personne sans beauté, qui doit le peu d'esprit qu'on lui trouve à l'éducation que je lui ai donnée, détruisait en un moment toute ma philosophie. Sa présence me fit oublier mes résolutions, et les premières paroles qu'elle me dit pour sa défense me laissèrent si convaincu que mes soupçons étaient mal fondés, que je lui demandai pardon d'avoir été si crédule. Cependant mes bontés ne l'ont point changée. Je me suis donc déterminé à vivre avec elle comme si elle n'était pas ma femme; mais si vous saviez ce que je souffre, vous auriez pitié de moi. Ma passion est venue à un tel point, qu'elle va jusqu'à entrer avec compassion dans ses intérêts; et quand je considère combien il m'est impossible de vaincre ce que je sens pour elle, je me dis en même temps qu'elle a peut-être une même difficulté à détruire le penchant qu'elle a d'être coquette, et je me trouve plus dans la disposition de la plaindre que de la blâmer. Vous me direz sans doute qu'il faut être fou pour aimer de cette manière; mais, pour moi, je crois qu'il n'y a qu'une sorte d'amour, et que les gens qui n'ont point senti de semblable délicatesse n'ont jamais aimé véritablement. Toutes les choses du monde ont du rapport avec elle dans mon cœur; mon idée en est si fort occupée que je ne fais rien en son absence qui m'en puisse divertir. Quand je la vois, une émotion et des transports qu'on peut sentir, mais qu'on ne saurait exprimer, m'ôtent l'usage de la réflexion; je n'ai plus d'yeux pour ses défauts : il m'en reste seulement pour tout ce qu'elle a d'aimable. N'est-ce pas là le dernier degré de la folie? Et n'admirez-vous pas que tout ce que j'ai de raison ne sert qu'à me faire connaître ma faiblesse, sans en pouvoir triompher? »

Lorsque *le Misanthrope* fut joué pour la première fois, le 4 juin 1666, sur le théâtre du Palais-Royal, le public resta froid. Molière en fut consterné. C'était son œuvre de prédilection. Il y avait mis plus de lui-même que dans ses autres ouvrages. « Attendez, » lui dit Boileau. » En effet, les connaisseurs ramenèrent le public.

et bientôt les contemporains jugèrent comme devait juger la postérité.

Molière donna, après *le Misanthrope*, *le Médecin malgré lui*, une de ses plus excellentes farces, *Mélicerte*, pastorale au-dessous du médiocre, écrite pour une fête de la cour; *le Sicilien ou l'Amour peintre*, comédie de genre fort agréable, et enfin son œuvre capitale, égale ou supérieure au *Misanthrope*, *le Tartuffe*.

Le Tartuffe était composé avant *le Misanthrope*. Le 12 mai 1664, pendant les fêtes de Versailles, le roi en entendit les trois premiers actes. Ils firent sur les courtisans une sensation profonde. Ce n'était plus ici une attaque générale contre les vices de la société, comme dans *le Misanthrope*, ou contre ses ridicules, comme dans *les Fâcheux*; ce n'était pas non plus, comme dans *les Précieuses*, une charge à fond contre le mauvais goût. Le poëte prenait corps à corps les faux dévots, c'est-à-dire les hommes à la fois les plus habiles et les plus pervers, les plus accoutumés aux intrigues souterraines, les plus résolus à la vengeance, les plus étroitement unis entre eux dans la défense commune, d'autant plus redoutables qu'ils revêtent les apparences de la vertu, et que leur industrie consiste à compromettre sans cesse la religion dans leurs intérêts. Le coup était terrible; la réponse fut immédiate. Le roi approuva la pièce et les intentions de Molière; mais le faux dévot, dit-il, ressemblait trop au véritable, pour qu'il n'y eût pas péril à laisser jouer cette comédie. Elle fut interdite. Le 24 septembre suivant, le roi entendit encore ces trois premiers actes chez Monsieur, à Villers-Coterets, et la pièce entière fut représentée le 29 novembre, au Raincy, chez le prince de Condé, mais à huis clos; ni le grand Condé, ni le frère du roi, ne purent obtenir que l'interdiction fût levée.

Molière ne se découragea pas. C'était à qui, parmi les courtisans, obtiendrait de lui une lecture de sa pièce. Il fut la lire au légat du pape et à ceux des évêques auprès desquels il put trouver accès. Le légat et les évêques approuvèrent *le Tartuffe*, et ne crurent pas le ciel intéressé dans la cause des hypocrites. Molière était d'ailleurs personnellement en faveur auprès du roi. Il était rentré à son service comme valet de chambre tapissier, en 1661, après un intervalle de plusieurs années, à la mort d'un de ses frères qui l'avait d'abord remplacé. Le roi le voyait fréquemment, s'entretenait avec lui, et lui accordait des grâces extraordinaires. Il l'avait fait mettre, en sa qualité de poëte, sur la liste de ses pensionnaires. Il avait, en quelque sorte, adopté sa troupe. Il s'occupait lui-même des affaires du théâtre, recevait les débutants ou les rejetait, indiquait à Molière des sujets de pièce, se faisait lire des fragments des pièces à l'étude, donnait son opinion sur chaque comédie nouvelle, et répondait aux calomnies de Montfleury en servant de parrain au premier enfant de Molière. Cependant *le Tartuffe* ne pouvait être ni joué ni imprimé, tandis qu'on représentait impunément une pièce impie, intitulée *Scaramouche ermite*. « Je voudrais bien savoir, disait le roi, pourquoi les gens qui se scandalisent si fort de la comédie de Molière, ne disent mot de celle de *Scaramouche* ? » Et le grand Condé lui répondait : « C'est que la comédie de *Scaramouche* joue le ciel et la religion, dont ces messieurs-là ne se soucient point; mais celle de Molière les joue eux-mêmes, et c'est ce qu'ils ne peuvent souffrir. »

Enfin le roi, étant à l'armée de Flandre, permit à Molière de représenter *le Tartuffe*. Cette première représentation eut lieu le 5 août 1667, trois ans après la représentation incomplète qui avait eu lieu à Versailles. Molière, malgré la permission du roi, se crut obligé aux plus grands ménagements. Il changea le titre de la pièce, et l'appela *l'Imposteur*. Il donna une épée et des dentelles à Tartuffe; c'est-à-dire que d'un homme d'église, il fit un homme du monde. Ni ces précautions, ni l'aveu du roi ne le sauvèrent d'un second malheur. Un huissier du parlement vint, dès le lendemain, défendre la seconde représentation de la part du premier président Lamoignon. Cinq jours après, paraissait un mandement de l'archevêque de Paris, portant interdiction « à toutes personnes de voir représenter, lire ou entendre réciter la comédie nouvellement nommée *l'Imposteur*, soit publiquement, soit en particulier, sous peine d'excommunication. » Dès le 7, Molière avait fait partir La Grange et La Thorillière pour présenter un placet au roi, qui était au siége de Lille. Le roi promit de faire examiner la pièce à son retour. Pendant le voyage des deux comédiens, la troupe ne joua pas. Cette interruption dura cinquante jours.

Enfin, la seconde représentation du *Tartuffe* eut lieu le 5 février 1669. Ce jour-là, on s'écrasa littéralement pour entrer au théâtre. On a dit, et il est vrai, que c'est une gloire pour Louis XIV d'avoir enfin accordé cette permission. Sous les règnes suivants, les comédiens n'ont pas toujours été libres de remettre le *Tartuffe*.

Le plan du *Tartuffe* est fort simple. C'est un homme qui, par des grimaces hypocrites, séduit Orgon, s'en fait admirer et aimer, et le met au point de lui donner tout son bien et de lui sacrifier sa fille; et qui, dans le même temps, veut suborner la femme de son bienfaiteur. Orgon le prend sur le fait, et Tartuffe, démasqué, se vengerait en réduisant à la misère et au désespoir ceux dont il a mangé le pain si longtemps, si le roi n'intervenait pour punir son ingratitude et remettre toutes choses en leur place. Le plan est parfait de tous points; le caractère de Tartuffe s'y développe à l'aise sous ses deux faces : rampant et hypocrite, tant qu'il espère tromper; insolent et féroce, dès que la ruse devient impossible. L'auteur ne fait paraître Tartuffe qu'au troisième acte; mais quoique absent, il remplit les deux premiers. On le connaît tout entier jusque dans son fonds avant de le voir; et dès qu'il paraît, au premier mot qu'il prononce, tout le monde se dit involontairement : Le voilà! Il nous oppresse, tant qu'il est en scène; soit qu'il fasse étalage de sa fausse vertu, ou qu'il s'efforce de corrompre Elmire; ou que, pour répondre à une accusation qui n'est que trop méritée, il s'avoue audacieusement coupable, en se donnant l'apparence d'un saint qui savoure l'occasion de s'humilier. Nous sommes de moitié dans l'indignation d'Elmire, quand Orgon refuse de la croire; nous applaudissons à l'épreuve qu'elle propose; nous jouissons de voir le traître s'accuser lui-même devant un invisible témoin; nous disons avec Orgon, sortant de sa cachette :

Voilà, je vous l'avoue, un abominable homme!

Mais dès que le scélérat, démasqué, à bout de ruses, met son chapeau sur la tête, et s'écrie insolemment, en parlant à son bienfaiteur,

C'est à vous d'en sortir!...

la colère s'empare de nous, comme si cette injure était la nôtre. Nous arracherions les yeux à madame Pernelle, qui persiste à défendre le bourreau de sa famille; et nous ne commençons à respirer enfin que quand l'exempt prend la parole pour annoncer le châtiment du coupable.

Ce serait se tromper que de voir dans Tartuffe un athée, un sceptique, qui se sert de la religion sans y croire, et qui joue perpétuellement une comédie pour faire des dupes. Ce Tartuffe-là n'est que celui du cinquième acte de don Juan. La conception de Molière est ici bien plus forte. Tartuffe croit; mais ses honteuses passions dominant sa croyance, il s'abandonne au crime les yeux ouverts, et les sophismes dont il essaye d'aveugler Elmire, lui ont servi d'abord à s'étourdir lui-même. Quel est le mystique, parmi ceux dont l'âme n'était pas douée, qui n'ait cherché comme Tartuffe des accommodements avec le ciel? Ce qui effraye dans la transformation de Tartuffe, d'esclave devenu bourreau, c'est qu'on n'est pas sûr qu'il se juge lui-même. Il s'admire peut-être dans sa vengeance. Il se loue de sa fermeté. Il est dégradé dans son âme, au point de n'avoir plus conscience de son infamie. C'est un hypocrite, sans doute; mais parmi les hypocrites, le pire, ce n'est pas l'hypocrite qui ne croit pas, c'est l'hypocrite fanatique.

Après *le Tartuffe*, Molière donna encore plus d'un chef-d'œuvre. *L'Amphitryon* est une imitation de Plaute, où il laisse son modèle loin derrière lui. *L'Aulularia* ne saurait être comparée à *l'Avare*. *L'Avare* était le premier exemple d'une comédie en prose; le public hésita d'abord, puis il fut entraîné par cette peinture si vraie et si terrible. *George Dandin ou le Mari confondu*, *Monsieur de Pourceaugnac*, et *les Amants magnifiques*, précédèrent *le Bourgeois gentilhomme*, dont les trois premiers actes sont une excellente comédie, et les deux derniers une farce désopilante. *Psyché* appartient à peine à Molière. Il en fit le plan; mais ce plan était déjà dans Apulée et dans La Fontaine. Il en écrivit une partie; mais Corneille et Quinault peuvent en réclamer plus de la moitié. Boileau a été bien sévère pour *les Fourberies de Scapin*. Assurément, cette pièce est bien loin des grandes comédies de Molière; mais elle a de la vivacité, de la gaieté; et on y trouve deux scènes du premier ordre.

Parce que *les Fourberies de Scapin*, et quelques autres pièces de Molière ne sont qu'amusantes, cela n'empêche pas *le Misanthrope* et *le Tartuffe* d'être des chefs-d'œuvre. Pour *la Comtesse d'Escarbagnas*, ce n'est qu'une ébauche sans valeur. Mais Molière se retrouve dans *les Femmes savantes*. C'est le sujet des *Précieuses*, traité avec une ampleur, une verve, une abondance, qui annoncent la pleine maturité du génie. Enfin, la dernière production du poëte, *le Malade imaginaire* est, avec les apparences d'une farce, une grande comédie. La scène des deux amants est charmante, le caractère de Bélise est achevé, le rôle d'Argan est admirable d'un bout à l'autre, la consultation des médecins est une satire que Juvénal aurait enviée, il n'existe pas de caricature mieux réussie que Thomas Diafoirus, ni de caractère plus vrai et plus plaisant que M. Purgon. Molière n'avait guère que cinquante ans lorsqu'il écrivit *le Malade imaginaire*. Il avait la tête remplie de projets. Il est mort dans sa gloire et dans sa force.

Molière avait été l'ami de la plupart des écrivains de son temps. Il ne fut haï et calomnié que par les Boursault et les Montfleury. Boileau fut un des premiers à reconnaître sa supériorité. On connaît sa réponse à Louis XIV. « Quel est, suivant vous, lui demanda le roi, l'écrivain qui honore le plus mon règne? — Sire, c'est Molière! — Je ne le croyais pas, répondit Louis XIV; mais vous vous y connaissez mieux que moi. »

Molière, qui avait dix-huit ans de plus que Racine, l'avait protégé à ses débuts. On prétend qu'il lui avait donné le sujet et le plan de *la Thébaïde*, en y joignant une bourse de cent louis. Cependant Racine ne parle pas de Molière dans la défense des *Frères ennemis*. Il fit jouer *Alexandre*, le même jour, par les deux théâtres français, donna *Andromaque* aux comédiens de l'hôtel de Bourgogne, et en même temps enrôla pour eux Mlle du Parc, la meilleure actrice du Palais-Royal. Molière ne put lui pardonner cette conduite. Ils demeurèrent brouillés sans être ennemis, et continuèrent à se rendre justice. Molière défendit *les Plaideurs* contre les ennemis de Racine; et comme on disait à Racine que *le Misanthrope* était tombé à la première représentation : « Je n'y étais pas, et vous y étiez, répondit-il; cependant j'affirme que vous vous trompez; car il est impossible que Molière ait fait une mauvaise pièce. »

La Fontaine était un hôte assidu de la maison de Molière à Auteuil. Ces deux génies étaient faits pour se comprendre. Ils travaillaient sur le même fond, et celui qu'on appelle le peintre des animaux ne changeait guère que le nom des personnages. Un jour que les beaux esprits du temps raillaient La Fontaine, qui ne daignait pas y prendre garde : « Ils ont beau faire, dit Molière ; le Bonhomme vivra plus longtemps que nous tous. »

Chapelle n'est plus rien, ou presque rien pour la postérité ; mais il était compté par ses contemporains parmi les plus grands poëtes. Molière l'aimait par souvenir d'enfance : ils avaient été condisciples chez les jésuites ; et Chapelle avait assez de discernement pour savoir ce que valait un tel ami. On a dit que Chapelle était l'original de Philinte : il y a quelque différence pourtant ; et le sage Philinte ne paraît pas fait pour aimer la bouteille, et pour laisser couler la vie sans s'en mêler. Chapelle avait pris l'habitude de recevoir ses amis chez Molière; il y arrivait toujours avec deux ou trois beaux esprits; on servait un bon dîner qu'on arrosait largement, puis on causait de littérature et on finissait par dire des folies. Molière, sur les derniers temps, n'assistait qu'au commencement de ces festins. Il prenait son lait, seule nourriture qui lui fût permise, ne disait mot pour ménager sa voix, et se retirait de bonne heure. Un soir qu'on menait grand train dans la salle à manger, et que Molière s'était couché, un valet vint le réveiller en sursaut. Il n'y avait pas une minute à perdre. C'était Chapelle qui entraînait gaiement tous les convives à la rivière, pour s'y noyer de compagnie. Molière accourt, et trouve tous ces ivrognes entêtés de leur projet. « Comment, sans moi? leur dit-il. — Eh! il a raison, s'écria Chapelle. Nous lui faisions injure d'aller nous noyer sans lui. — Mais, reprit Molière, ce n'est pas la nuit qu'il faut exécuter un si beau dessein; nous passerions pour des imprudents ou des étourdis. C'est à la lumière du soleil que nous dirons adieu aux sottises de ce bas monde; attendons le jour; allons nous coucher. » Et ils y furent.

Molière avait beau être dans l'intimité des plus beaux esprits de son temps, et dans la faveur du roi, il était comédien, et le préjugé contre les gens de théâtre était encore dans toute sa force. Un jour qu'il se présentait pour faire le lit du roi, un de ses confrères refusa de partager le service avec lui; il fallut que le poëte Bellocq, qui était aussi valet de chambre tapissier du roi, s'offrît « pour avoir l'honneur de faire le lit du roi avec M. de Molière. » Une autre fois, comme il s'assoyait, suivant son droit, à la table du contrôleur de la bouche, plusieurs officiers de la chambre affectèrent de se retirer. Le roi le sut, et se chargea de le venger. « Il paraît que vous faites maigre chère ici, Molière, lui dit-il, et que les officiers de ma chambre ne vous trouvent pas fait pour manger avec eux. Vous avez peut-être faim : moi-même je m'éveille avec un assez bon appétit. Mettez-vous à cette table, et qu'on me serve mon en-cas de nuit. » L'*en-cas de nuit* était une volaille froide que l'on tenait toujours prête ; le roi en prit une aile, servit l'autre à Molière, et fit introduire les petites entrées : « Vous me voyez occupé, leur dit-il, à faire manger Molière, que mes valets de chambre ne trouvent pas assez bonne compagnie pour eux. »

Les comédiens dont il était la gloire, le maître, le soutien, et qui perdirent tout en le perdant, le tourmentaient par leurs querelles intestines et par leur ingratitude. Lorsque les Italiens reprirent faveur, son théâtre fut abandonné pendant quelque temps; peu s'en fallut que sa troupe ne s'en prît à lui. Les femmes surtout lui faisaient la vie dure. Madeleine Béjart, dont l'humeur était difficile, avait d'ailleurs ses droits d'ancienne maîtresse. La du Parc, qui lui servit de modèle pour Arsinoé, et qu'il avait autrefois aimée sans succès, abusait contre lui de sa beauté et de son talent. Mlle de Brie était la seule qui lui donnât des consolations. Ce mot lui échappa dans *l'Impromptu de Versailles* : « Les étranges animaux à conduire que des comédiens ! » Les comédiens ne se lassaient pas d'être ingrats, ni lui d'être généreux. Son temps, sa bourse, ses conseils, tout était, sans réserve, à leur service. Le jeune Baron, son élève, dont il eut à souffrir, lui présente un jour un vieux comédien, qui avait joué avec Molière dans le Languedoc, et qui était sans engagement, et mourant de faim. « Que lui donnerai-je, » dit Molière? Baron répondit en hésitant : « Quatre pistoles. — Donnez-les-lui pour moi, lui dit Molière ; et ajoutez-y ces vingt pistoles en votre nom. » Il y joignit encore un habit de théâtre qui valait plus de deux mille livres. Sa bienfaisance était inépuisable. Sur la fin de sa vie, réduit à se nourrir de lait et à garder le silence, il s'obstinait à jouer les rôles les plus fatigants. L'Académie lui offrait la première place vacante à condition qu'il renoncerait au théâtre. Tous ses amis le pressaient de prendre sa retraite. « Vous vous tuerez, » disait Boileau, et Molière répondait : « Mon honneur exige que je ne quitte point. » Boileau le comprenait mal. « Singulier point d'honneur, disait-il plus tard en racontant cette conversation, que de se noircir le visage chaque soir, et de tendre son dos à toutes les bastonnades ! » Mais la pensée de Molière était bien différente. Il pensait à tant de familles, à tant d'ouvriers qui attendaient leur pain de la représentation du jour.

Le vendredi 17 février 1673, il était plus malade que de coutume. On donnait ce soir-là la quatrième représentation du *Malade imaginaire*. On voulut lui persuader de ne pas jouer. « C'est impossible dit-il; il y a cinquante pauvres ouvriers qui n'ont que leur journée pour vivre : que feront-ils si je ne joue pas ? Je me reprocherais d'avoir négligé de leur donner du pain un seul jour, le pouvant faire absolument.... Mais, ajouta-t-il un instant après, qu'on soit prêt à quatre heures précises, car je ne pourrais pas répondre de moi si l'on jouait plus tard. » Il joua; mais il était à bout de ses forces. En prononçant le mot : *Juro*, dans la cérémonie, il lui prit une convulsion qu'il essaya de cacher sous un sourire. On le porta chez lui après la pièce. Il eut une quinte de toux qui effraya sa femme et Baron; ils coururent chercher le médecin et un vicaire de Saint-Eustache, qui arrivèrent trop tard. Molière avait près de lui deux sœurs quêteuses, qu'il avait retirées dans sa maison ; il mourut entouré d'elles à dix heures du soir, une heure environ après avoir quitté le théâtre. Il était âgé de cinquante et un ans, un mois et deux ou trois jours.

On lui refusa d'abord la sépulture religieuse; il fallut que sa veuve allât se jeter aux pieds du roi. L'archevêque se rendit enfin à condition que l'enterrement aurait lieu la nuit, et sans pompe Ses amis vinrent en foule faire un cortége d'honneur à ce cercueil proscrit, et verser des larmes sur

.... Ce peu de terre, obtenu par prière.

La populace accourut aussi, on ne sut dans quelle intention. La veuve lui jeta de l'argent par la fenêtre. L'hiver suivant, par un froid rigoureux, elle fit allumer un bûcher sur l'humble pierre du cimetière Saint-Joseph qui couvrait la cendre de son mari....

La Fontaine fit l'épitaphe suivante :

> Sous ce tombeau gisent Plaute et Térence,
> Et cependant le seul Molière y gît.
> Leurs trois talents ne formaient qu'un esprit,
> Dont le bel art réjouissait la France.
> Ils sont partis, et j'ai peu d'espérance
> De les revoir. Malgré tous nos efforts,
> Pour un long temps, selon toute apparence,
> Térence et Plaute et Molière sont morts.

LE MISANTHROPE

COMÉDIE

1666

PERSONNAGES.

ALCESTE, amant de Célimène.

PHILINTE, ami d'Alceste.

ORONTE, amant de Célimène.

CÉLIMÈNE, amante d'Alceste.

ÉLIANTE, cousine de Célimène.

ARSINOÉ, amie de Célimène.

ACASTE,
CLITANDRE, } marquis.

BASQUE, valet de Célimène.

UN GARDE de la maréchaussée de France.

DUBOIS, valet d'Alceste.

La scène est à Paris, dans la maison de Célimène.

LE MISANTHROPE.

COMÉDIE.

ACTE PREMIER.

SCÈNE I. — PHILINTE, ALCESTE.

PHILINTE.
Qu'est-ce donc? Qu'avez-vous?
ALCESTE, assis.
Laissez-moi, je vous prie.
PHILINTE.
Mais encor, dites-moi quelle bizarrerie....
ALCESTE.
Laissez-moi là, vous dis-je, et courez vous cacher.
PHILINTE.
Mais on entend les gens au moins sans se fâcher.
ALCESTE.
Moi, je veux me fâcher, et ne veux point entendre.
PHILINTE.
Dans vos brusques chagrins je ne puis vous comprendre,
Et, quoique amis enfin, je suis tout des premiers....
ALCESTE, se levant brusquement.
Moi, votre ami? Rayez cela de vos papiers.
J'ai fait jusques ici profession de l'être;
Mais, après ce qu'en vous je viens de voir paroître,
Je vous déclare net que je ne le suis plus,
Et ne veux nulle place en des cœurs corrompus.
PHILINTE.
Je suis donc bien coupable, Alceste, à votre compte?
ALCESTE.
Allez, vous devriez mourir de pure honte;

Une telle action ne sauroit s'excuser,
Et tout homme d'honneur s'en doit scandaliser.
Je vous vois accabler un homme de caresses,
Et témoigner pour lui les dernières tendresses ;
De protestations, d'offres et de sermens,
Vous chargez la fureur de vos embrassemens ;
Et, quand je vous demande après quel est cet homme,
A peine pouvez-vous dire comme il se nomme ;
Votre chaleur pour lui tombe en vous séparant,
Et vous me le traitez, à moi, d'indifférent.
Morbleu! c'est une chose indigne, lâche, infâme,
De s'abaisser ainsi jusqu'à trahir son âme ;
Et si, par un malheur, j'en avois fait autant,
Je m'irois, de regret, pendre tout à l'instant.

PHILINTE.

Je ne vois pas, pour moi, que le cas soit pendable ;
Et je vous supplierai d'avoir pour agréable
Que je me fasse un peu grâce sur votre arrêt,
Et ne me pende pas pour cela, s'il vous plaît.

ALCESTE.

Que la plaisanterie est de mauvaise grâce !

PHILINTE.

Mais sérieusement, que voulez-vous qu'on fasse ?

ALCESTE.

Je veux qu'on soit sincère, et qu'en homme d'honneur
On ne lâche aucun mot qui ne parte du cœur.

PHILINTE.

Lorsqu'un homme vous vient embrasser avec joie,
Il faut bien le payer de la même monnoie,
Répondre comme on peut à ses empressemens,
Et rendre offre pour offre, et sermens pour sermens.

ALCESTE.

Non, je ne puis souffrir cette lâche méthode
Qu'affectent la plupart de vos gens à la mode ;
Et je ne hais rien tant que les contorsions
De tous ces grands faiseurs de protestations,
Ces affables donneurs d'embrassades frivoles,

Ces obligeans diseurs d'inutiles paroles,
Qui de civilités avec tous font combat,
Et traitent du même air l'honnête homme et le fat.
Quel avantage a-t-on qu'un homme vous caresse,
Vous jure amitié, foi, zèle, estime, tendresse,
Et vous fasse de vous un éloge éclatant,
Lorsqu'au premier faquin il court en faire autant?
Non, non, il n'est point d'âme un peu bien située
Qui veuille d'une estime ainsi prostituée,
Et la plus glorieuse a des régals peu chers,
Dès qu'on voit qu'on nous mêle avec tout l'univers :
Sur quelque préférence une estime se fonde,
Et c'est n'estimer rien qu'estimer tout le monde.
Puisque vous y donnez, dans ces vices du temps,
Morbleu! vous n'êtes pas pour être de mes gens;
Je refuse d'un cœur la vaste complaisance
Qui ne fait de mérite aucune différence;
Je veux qu'on me distingue, et, pour le trancher net,
L'ami du genre humain n'est point du tout mon fait.

PHILINTE.

Mais, quand on est du monde, il faut bien que l'on rende
Quelques dehors civils que l'usage demande.

ALCESTE.

Non, vous dis-je, on devroit châtier sans pitié
Ce commerce honteux de semblans d'amitié.
Je veux que l'on soit homme, et qu'en toute rencontre
Le fond de notre cœur dans nos discours se montre,
Que ce soit lui qui parle, et que nos sentimens
Ne se masquent jamais sous de vains complimens.

PHILINTE.

Il est bien des endroits où la pleine franchise
Deviendroit ridicule, et seroit peu permise;
Et parfois, n'en déplaise à votre austère honneur,
Il est bon de cacher ce qu'on a dans le cœur.
Seroit-il à propos, et de la bienséance,
De dire à mille gens tout ce que d'eux on pense?
Et, quand on a quelqu'un qu'on hait ou qui déplaît,
Lui doit-on déclarer la chose comme elle est?

ALCESTE.

Oui.

PHILINTE.

Quoi! vous iriez dire à la vieille Émilie,
Qu'à son âge il sied mal de faire la jolie,
Et que le blanc qu'elle a scandalise chacun?

ALCESTE.

Sans doute.

PHILINTE.

A Dorilas, qu'il est trop importun;
Et qu'il n'est, à la cour, oreille qu'il ne lasse
A conter sa bravoure et l'éclat de sa race?

ALCESTE.

Fort bien.

PHILINTE.

Vous vous moquez.

ALCESTE.

Je ne me moque point,
Et je vais n'épargner personne sur ce point.
Mes yeux sont trop blessés, et la cour et la ville
Ne m'offrent rien qu'objets à m'échauffer la bile;
J'entre en une humeur noire, en un chagrin profond,
Quand je vois vivre entre eux les hommes comme ils font;
Je ne trouve partout que lâche flatterie,
Qu'injustice, intérêt, trahison, fourberie;
Je n'y puis plus tenir, j'enrage; et mon dessein
Est de rompre en visière à tout le genre humain.

PHILINTE.

Ce chagrin philosophe est un peu trop sauvage.
Je ris des noirs accès où je vous envisage,
Et crois voir en nous deux, sous mêmes soins **nourris**,
Ces deux frères que peint *l'École des Maris*,
Dont....

ALCESTE.

Mon Dieu! laissons là vos comparaisons fades.

PHILINTE.

Non : tout de bon, quittez toutes ces incartades.
Le monde par vos soins ne se changera pas :

Et, puisque la franchise a pour vous tant d'appas,
Je vous dirai tout franc que cette maladie,
Partout où vous allez, donne la comédie;
Et qu'un si grand courroux contre les mœurs du temps
Vous tourne en ridicule auprès de bien des gens.
ALCESTE.
Tant mieux, morbleu! tant mieux, c'est ce que je demande:
Ce m'est un fort bon signe, et ma joie en est grande.
Tous les hommes me sont à tel point odieux
Que je serois fâché d'être sage à leurs yeux.
PHILINTE.
Vous voulez un grand mal à la nature humaine.
ALCESTE.
Oui, j'ai conçu pour elle une effroyable haine.
PHILINTE.
Tous les pauvres mortels, sans nulle exception,
Seront enveloppés dans cette aversion?
Encore en est-il bien, dans le siècle où nous sommes....
ALCESTE.
Non, elle est générale, et je hais tous les hommes;
Les uns, parce qu'ils sont méchans et malfaisans,
Et les autres, pour être aux méchans complaisans,
Et n'avoir pas pour eux ces haines vigoureuses
Que doit donner le vice aux âmes vertueuses.
De cette complaisance on voit l'injuste excès
Pour le franc scélérat avec qui j'ai procès.
Au travers de son masque on voit à plein le traître;
Partout il est connu pour tout ce qu'il peut être;
Et ses roulements d'yeux, et son ton radouci,
N'imposent qu'à des gens qui ne sont point d'ici.
On sait que ce pied-plat, digne qu'on le confonde,
Par de sales emplois s'est poussé dans le monde,
Et que par eux, son sort, de splendeur revêtu,
Fait gronder le mérite et rougir la vertu;
Quelques titres honteux qu'en tous lieux on lui donne,
Son misérable honneur ne voit pour lui personne :
Nommez-le fourbe, infâme, et scélérat maudit,
Tout le monde en convient, et nul n'y contredit.

Cependant sa grimace est partout bien venue ;
On l'accueille, on lui rit, partout il s'insinue ;
Et, s'il est, par la brigue, un rang à disputer,
Sur le plus honnête homme on le voit l'emporter.
Têtebleu ! ce me sont de mortelles blessures
De voir qu'avec le vice on garde des mesures ;
Et parfois il me prend des mouvemens soudains
De fuir dans un désert l'approche des humains.

PHILINTE

Mon Dieu ! des mœurs du temps mettons-nous moins en peine,
Et faisons un peu grâce à la nature humaine ;
Ne l'examinons point dans la grande rigueur,
Et voyons ses défauts avec quelque douceur.
Il faut, parmi le monde, une vertu traitable ;
A force de sagesse, on peut être blâmable ;
La parfaite raison fuit toute extrémité,
Et veut que l'on soit sage avec sobriété.
Cette grande roideur des vertus des vieux âges
Heurte trop notre siècle et les communs usages ;
Elle veut aux mortels trop de perfection :
Il faut fléchir au temps sans obstination ;
Et c'est une folie à nulle autre seconde
De vouloir se mêler de corriger le monde.
J'observe, comme vous, cent choses tous les jours,
Qui pourroient mieux aller, prenant un autre cours ;
Mais, quoi qu'à chaque pas je puisse voir paroître,
En courroux, comme vous, on ne me voit point être ;
Je prends tout doucement les hommes comme ils sont ;
J'accoutume mon âme à souffrir ce qu'ils font,
Et je crois qu'à la cour, de même qu'à la ville,
Mon flegme est philosophe autant que votre bile.

ALCESTE.

Mais ce flegme, monsieur, qui raisonnez si bien,
Ce flegme pourra-t-il ne s'échauffer de rien ?
Et s'il faut, par hasard, qu'un ami vous trahisse,
Que, pour avoir vos biens, on dresse un artifice,
Ou qu'on tâche à semer de méchans bruits de vous,
Verrez-vous tout cela sans vous mettre en courroux ?

ACTE I, SCÈNE I.

PHILINTE.
Oui, je vois ces défauts, dont votre âme murmure,
Comme vices unis à l'humaine nature;
Et mon esprit enfin n'est pas plus offensé
De voir un homme fourbe, injuste, intéressé,
Que de voir des vautours affamés de carnage,
Des singes malfaisans, et des loups pleins de rage.

ALCESTE.
Je me verrai trahir, mettre en pièces, voler,
Sans que je sois.... Morbleu! je ne veux point parler,
Tant ce raisonnement est plein d'impertinence!

PHILINTE.
Ma foi, vous ferez bien de garder le silence.
Contre votre partie éclatez un peu moins,
Et donnez au procès une part de vos soins.

ALCESTE.
Je n'en donnerai point, c'est une chose dite.

PHILINTE.
Mais qui voulez-vous donc qui pour vous sollicite?

ALCESTE.
Qui je veux? La raison, mon bon droit, l'équité.

PHILINTE.
Aucun juge par vous ne sera visité?

ALCESTE.
Non. Est-ce que ma cause est injuste ou douteuse?

PHILINTE.
J'en demeure d'accord; mais la brigue est fâcheuse,
Et....

ALCESTE.
    Non. J'ai résolu de n'en pas faire un pas.
J'ai tort, ou j'ai raison.

PHILINTE.
              Ne vous y fiez pas.

ALCESTE.
Je ne remuerai point.

PHILINTE.
            Votre partie est forte,
Et peut, par sa cabale, entraîner....

ALCESTE.
Il n'importe.
PHILINTE.
Vous vous tromperez.
ALCESTE.
Soit. J'en veux voir le succès.
PHILINTE.
Mais....
ALCESTE.
J'aurai le plaisir de perdre mon procès.
PHILINTE.
Mais enfin....
ALCESTE.
Je verrai dans cette plaiderie
Si les hommes auront assez d'effronterie,
Seront assez méchans, scélérats et pervers,
Pour me faire injustice aux yeux de l'univers.
PHILINTE.
Quel homme !
ALCESTE.
Je voudrois, m'en coûtât-il grand'chose,
Pour la beauté du fait, avoir perdu ma cause.
PHILINTE.
On se riroit de vous, Alceste, tout de bon,
Si l'on vous entendoit parler de la façon.
ALCESTE.
Tant pis pour qui riroit.
PHILINTE.
Mais cette rectitude
Que vous voulez en tout avec exactitude,
Cette pleine droiture, où vous vous renfermez,
La trouvez-vous ici dans ce que vous aimez?
Je m'étonne, pour moi, qu'étant, comme il le semble,
Vous et le genre humain si fort brouillés ensemble,
Malgré tout ce qui peut vous le rendre odieux,
Vous ayez pris chez lui ce qui charme vos yeux ;
Et ce qui me surprend encore davantage,
C'est cet étrange choix où votre cœur s'engage.

La sincère Éliante a du penchant pour vous,
La prude Arsinoé vous voit d'un œil fort doux;
Cependant à leurs vœux votre âme se refuse,
Tandis qu'en ses liens Célimène l'amuse,
De qui l'humeur coquette et l'esprit médisant
Semblent si fort donner dans les mœurs d'à présent.
D'où vient que, leur portant une haine mortelle,
Vous pouvez bien souffrir ce qu'en tient cette belle?
Ne sont-ce plus défauts dans un objet si doux?
Ne les voyez-vous pas, ou les excusez-vous?
ALCESTE.
Non. L'amour que je sens pour cette jeune veuve
Ne ferme point mes yeux aux défauts qu'on lui treuve;
Et je suis, quelque ardeur qu'elle m'ait pu donner,
Le premier à les voir, comme à les condamner.
Mais, avec tout cela, quoi que je puisse faire,
Je confesse mon foible; elle a l'art de me plaire :
J'ai beau voir ses défauts, et j'ai beau l'en blâmer,
En dépit qu'on en ait, elle se fait aimer;
Sa grâce est la plus forte; et sans doute ma flamme
De ces vices du temps pourra purger son âme.
PHILINTE.
Si vous faites cela, vous ne ferez pas peu.
Vous croyez être donc aimé d'elle?
ALCESTE.
Oui, parbleu!
Je ne l'aimerois pas, si je ne croyois l'être.
PHILINTE.
Mais, si son amitié pour vous se fait paroître,
D'où vient que vos rivaux vous causent de l'ennui?
ALCESTE.
C'est qu'un cœur bien atteint veut qu'on soit tout à lui;
Et je ne viens ici qu'à dessein de lui dire
Tout ce que là-dessus ma passion m'inspire.
PHILINTE.
Pour moi, si je n'avais qu'à former des désirs,
Sa cousine Éliante auroit tous mes soupirs;
Son cœur, qui vous estime, est solide et sincère,

Et ce choix plus conforme étoit mieux votre affaire.
ALCESTE.
Il est vrai : ma raison me le dit chaque jour ;
Mais la raison n'est pas ce qui règle l'amour.
PHILINTE.
Je crains fort pour vos feux, et l'espoir où vous êtes
Pourroit....

SCÈNE II. — ORONTE, ALCESTE, PHILINTE.

ORONTE, à Alceste.
J'ai su là-bas que, pour quelques emplettes,
Éliante est sortie, et Célimène aussi.
Mais, comme l'on m'a dit que vous étiez ici,
J'ai monté pour vous dire, et d'un cœur véritable,
Que j'ai conçu pour vous une estime incroyable,
Et que, depuis longtemps, cette estime m'a mis
Dans un ardent désir d'être de vos amis.
Oui, mon cœur au mérite aime à rendre justice,
Et je brûle qu'un nœud d'amitié nous unisse.
Je crois qu'un ami chaud, et de ma qualité,
N'est pas assurément pour être rejeté.
(Pendant le discours d'Oronte, Alceste est rêveur, et semble ne pas entendre que c'est à lui qu'on parle. Il ne sort de sa rêverie que quand Oronte lui dit :)
C'est à vous, s'il vous plaît, que ce discours s'adresse.
ALCESTE.
A moi, monsieur ?
ORONTE.
A vous. Trouvez-vous qu'il vous blesse ?
ALCESTE.
Non pas. Mais la surprise est fort grande pour moi,
Et je n'attendois pas l'honneur que je reçoi.
ORONTE.
L'estime où je vous tiens ne doit point vous surprendre,
Et de tout l'univers vous la pouvez prétendre.
ALCESTE.
Monsieur....
ORONTE.
L'État n'a rien qui ne soit au-dessous

Du mérite éclatant que l'on découvre en vous.

ALCESTE.

Monsieur....

ORONTE.

Oui, de ma part, je vous tiens préférable
A tout ce que j'y vois de plus considérable.

ALCESTE.

Monsieur....

ORONTE.

Sois-je du ciel écrasé, si je mens !
Et, pour vous confirmer ici mes sentimens,
Souffrez qu'à cœur ouvert, monsieur, je vous embrasse,
Et qu'en votre amitié je vous demande place.
Touchez là, s'il vous plaît. Vous me la promettez
Votre amitié?

ALCESTE.

Monsieur....

ORONTE.

Quoi? vous y résistez?

ALCESTE.

Monsieur, c'est trop d'honneur que vous me voulez faire;
Mais l'amitié demande un peu plus de mystère,
Et c'est assurément en profaner le nom
Que de vouloir le mettre à toute occasion.
Avec lumière et choix cette union veut naître;
Avant que nous lier, il faut nous mieux connoître;
Et nous pourrions avoir telles complexions
Que tous deux du marché nous nous repentirions.

ORONTE.

Parbleu! c'est là-dessus parler en homme sage,
Et je vous en estime encore davantage.
Souffrons donc que le temps forme des nœuds si doux;
Mais, cependant, je m'offre entièrement à vous.
S'il faut faire à la cour pour vous quelque ouverture,
On sait qu'auprès du roi je fais quelque figure;
Il m'écoute; et, dans tout, il en use, ma foi,
Le plus honnêtement du monde avecque moi.
Enfin, je suis à vous de toutes les manières;

Et, comme votre esprit a de grandes lumières,
Je viens, pour commencer entre nous ce beau nœud,
Vous montrer un sonnet que j'ai fait depuis peu,
Et savoir s'il est bon qu'au public je l'expose.
ALCESTE.
Monsieur, je suis mal propre à décider la chose :
Veuillez m'en dispenser.
ORONTE.
Pourquoi?
ALCESTE.
J'ai le défaut
D'être un peu plus sincère en cela qu'il ne faut.
ORONTE.
C'est ce que je demande, et j'aurois lieu de plainte,
Si, m'exposant à vous pour me parler sans feinte,
Vous alliez me trahir, et me déguiser rien.
ALCESTE.
Puisqu'il vous plaît ainsi, monsieur, je le veux bien.
ORONTE.
Sonnet. C'est un sonnet.... *L'espoir....* C'est une dame,
Qui de quelque espérance avoit flatté ma flamme.
L'espoir.... Ce ne sont point de ces grands vers pompeux,
Mais de petits vers doux, tendres et langoureux.
ALCESTE.
Nous verrons bien.
ORONTE.
L'espoir.... Je ne sais si le style
Pourra vous en paroître assez net et facile,
Et si du choix des mots vous vous contenterez.
ALCESTE.
Nous allons voir, monsieur.
ORONTE.
Au reste, vous saurez
Que je n'ai demeuré qu'un quart d'heure à le faire.
ALCESTE.
Voyons, monsieur; le temps ne fait rien à l'affaire.
ORONTE lit.
L'espoir, il est vrai, nous soulage

ACTE I, SCÈNE II.

Et nous berce un temps notre ennui;
Mais, Philis, le triste avantage,
Lorsque rien ne marche après lui!

PHILINTE.

Je suis déjà charmé de ce petit morceau.

ALCESTE, bas, à Philinte.

Quoi? vous avez le front de trouver cela beau?

ORONTE.

Vous eûtes de la complaisance;
Mais vous en deviez moins avoir,
Et ne vous pas mettre en dépense,
Pour ne me donner que l'espoir.

PHILINTE.

Ah! qu'en termes galans ces choses-là sont mises!

ALCESTE, bas, à Philinte.

Morbleu! vil complaisant, vous louez des sottises?

ORONTE.

S'il faut qu'une attente éternelle
Pousse à bout l'ardeur de mon zèle,
Le trépas sera mon recours.

Vos soins ne m'en peuvent distraire;
Belle Philis, on désespère,
Alors qu'on espère toujours[1].

PHILINTE.

La chute en est jolie, amoureuse, admirable.

ALCESTE, bas, à part.

La peste de ta chute, empoisonneur au diable!
En eusses-tu fait une à te casser le nez!

PHILINTE.

Je n'ai jamais ouï de vers si bien tournés.

ALCESTE, bas, à part.

Morbleu!

ORONTE, à Philinte.

Vous me flattez, et vous croyez peut-être....

PHILINTE.

Non, je ne flatte point.

---

1. On a attribué ce sonnet à Benserade, mais uniquement sur des *on dit;* et il n'est pas impossible qu'il soit de Molière lui-même.

ALCESTE, bas, à part.
Et que fais-tu donc, traître?
ORONTE, à Alceste.
Mais, pour vous, vous savez quel est notre traité.
Parlez-moi, je vous prie, avec sincérité.
ALCESTE.
Monsieur, cette matière est toujours délicate,
Et sur le bel esprit, nous aimons qu'on nous flatte.
Mais un jour, à quelqu'un, dont je tairai le nom,
Je disois, en voyant des vers de sa façon,
Qu'il faut qu'un galant homme ait toujours grand empire
Sur les démangeaisons qui nous prennent d'écrire;
Qu'il doit tenir la bride aux grands empressemens
Qu'on a de faire éclat de tels amusemens;
Et que, par la chaleur de montrer ses ouvrages,
On s'expose à jouer de mauvais personnages.
ORONTE.
Est-ce que vous voulez me déclarer par là
Que j'ai tort de vouloir?...
ALCESTE.
Je ne dis pas cela.
Mais je lui disois, moi, qu'un froid écrit assomme,
Qu'il ne faut que ce foible à décrier un homme,
Et qu'eût-on d'autre part cent belles qualités,
On regarde les gens par leurs méchans côtés.
ORONTE.
Est-ce qu'à mon sonnet vous trouvez à redire?
ALCESTE.
Je ne dis pas cela. Mais, pour ne point écrire,
Je lui mettois aux yeux comme, dans notre temps,
Cette soif a gâté de fort honnêtes gens.
ORONTE.
Est-ce que j'écris mal, et leur ressemblerois-je?
ALCESTE.
Je ne dis pas cela. Mais enfin, lui disois-je,
Quel besoin si pressant avez-vous de rimer?
Et qui diantre vous pousse à vous faire imprimer?
Si l'on peut pardonner l'essor d'un mauvais livre,

Ce n'est qu'aux malheureux qui composent pour vivre.
Croyez-moi, résistez à vos tentations,
Dérobez au public ces occupations,
Et n'allez point quitter, de quoi que l'on vous somme,
Le nom que dans la cour vous avez d'honnête homme,
Pour prendre, de la main d'un avide imprimeur,
Celui de ridicule et misérable auteur.
C'est ce que je tâchai de lui faire comprendre.

ORONTE.

Voilà qui va fort bien, et je crois vous entendre.
Mais ne puis-je savoir ce que dans mon sonnet?...

ALCESTE.

Franchement, il est bon à mettre au cabinet;
Vous vous êtes réglé sur de méchans modèles,
Et vos expressions ne sont point naturelles.

  Qu'est-ce que, *Nous berce un temps notre ennui?*
      Et que, *Rien ne marche après lui?*
    Que, *Ne vous pas mettre en dépense,*
     Pour ne me donner que l'espoir ?
     Et que, *Philis, on désespère,*
     Alors qu'on espère toujours?

Ce style figuré, dont on fait vanité,
Sort du bon caractère et de la vérité;
Ce n'est que jeu de mots, qu'affectation pure,
Et ce n'est point ainsi que parle la nature.
Le méchant goût du siècle en cela me fait peur;
Nos pères, tout grossiers, l'avoient beaucoup meilleur,
Et je prise bien moins tout ce que l'on admire,
Qu'une vieille chanson que je m'en vais vous dire :

    Si le roi m'avoit donné
      Paris, sa grand'ville,
    Et qu'il me fallût quitter
      L'amour de ma mie !
    Je dirois au roi Henri :
    Reprenez votre Paris ;
    J'aime mieux ma mie, ô gué!
      J'aime mieux ma mie.

La rime n'est pas riche, et le style en est vieux;
Mais ne voyez-vous pas que cela vaut bien mieux
Que ces colifichets dont le bon sens murmure,
Et que la passion parle là toute pure?

> *Si le roi m'avoit donné*
> *Paris, sa grand'ville,*
> *Et qu'il me fallût quitter*
> *L'amour de ma mie!*
> *Je dirois au roi Henri :*
> *Reprenez votre Paris;*
> *J'aime mieux ma mie, ô gué!*
> *J'aime mieux ma mie.*

Voilà ce que peut dire un cœur vraiment épris.
   (A Philinte, qui rit.)
Oui, monsieur le rieur, malgré vos beaux esprits,
J'estime plus cela que la pompe fleurie
De tous ces faux brillans où chacun se récrie.

ORONTE.
Et moi, je vous soutiens que mes vers sont fort bons.

ALCESTE.
Pour les trouver ainsi vous avez vos raisons;
Mais vous trouverez bon que j'en puisse avoir d'autres
Qui se dispenseront de se soumettre aux vôtres.

ORONTE.
Il me suffit de voir que d'autres en font cas.

ALCESTE.
C'est qu'ils ont l'art de feindre; et moi, je ne l'ai pas.

ORONTE.
Croyez-vous donc avoir tant d'esprit en partage?

ALCESTE.
Si je louois vos vers, j'en aurois davantage.

ORONTE.
Je me passerai bien que vous les approuviez.

ALCESTE.
Il faut bien, s'il vous plaît, que vous vous en passiez.

ORONTE.
Je voudrois bien, pour voir, que, de votre manière,
Vous en composassiez sur la même matière.

ACTE I, SCÈNE II.

ALCESTE.
J'en pourrois, par malheur, faire d'aussi méchans;
Mais je me garderois de les montrer aux gens.
ORONTE.
Vous me parlez bien ferme, et cette suffisance....
ALCESTE.
Autre part que chez moi cherchez qui vous encense.
ORONTE.
Mais, mon petit monsieur, prenez-le un peu moins haut.
ALCESTE.
Ma foi, mon grand monsieur, je le prends comme il faut.
PHILINTE, se mettant entre deux.
Hé! messieurs, c'en est trop. Laissez cela, de grâce.
ORONTE.
Ah! j'ai tort, je l'avoue, et je quitte la place.
Je suis votre valet, monsieur, de tout mon cœur.
ALCESTE.
Et moi, je suis, monsieur, votre humble serviteur.

SCÈNE III. — PHILINTE, ALCESTE.

PHILINTE.
Hé bien! vous le voyez. Pour être trop sincère,
Vous voilà sur les bras une fâcheuse affaire;
Et j'ai bien vu qu'Oronte, afin d'être flatté....
ALCESTE.
Ne me parlez pas.
PHILINTE.
Mais....
ALCESTE.
Plus de société.
PHILINTE.
C'est trop....
ALCESTE.
Laissez-moi là.
PHILINTE.
Si je....
ALCESTE.
Point de langage.

PHILINTE.

Mais quoi....

ALCESTE.

Je n'entends rien.

PHILINTE.

Mais....

ALCESTE.

Encore?

PHILINTE.

On outrage....

ALCESTE.

Ah! parbleu! c'en est trop. Ne suivez point mes pas.

PHILINTE.

Vous vous moquez de moi, je ne vous quitte pas.

ACTE DEUXIÈME.

SCÈNE I. — ALCESTE, CÉLIMÈNE.

ALCESTE.

Madame, voulez-vous que je vous parle net ?
De vos façons d'agir je suis mal satisfait ;
Contre elles dans mon cœur trop de bile s'assemble,
Et je sens qu'il faudra que nous rompions ensemble.
Oui, je vous tromperois de parler autrement :
Tôt ou tard nous romprons indubitablement ;
Et je vous promettrois mille fois le contraire,
Que je ne serois pas en pouvoir de le faire.

CÉLIMÈNE.

C'est pour me quereller donc, à ce que je voi,
Que vous avez voulu me ramener chez moi ?

ALCESTE.

Je ne querelle point. Mais votre humeur, madame,
Ouvre au premier venu trop d'accès dans votre âme ;
Vous avez trop d'amans qu'on voit vous obséder,

Et mon cœur de cela ne peut s'accommoder.
CÉLIMÈNE.
Des amants que je fais me rendez-vous coupable ?
Puis-je empêcher les gens de me trouver aimable ?
Et, lorsque, pour me voir, ils font de doux efforts,
Dois-je prendre un bâton pour les mettre dehors?
ALCESTE.
Non, ce n'est pas, madame, un bâton qu'il faut prendre,
Mais un cœur à leurs vœux moins facile et moins tendre.
Je sais que vos appas vous suivent en tous lieux;
Mais votre accueil retient ceux qu'attirent vos yeux,
Et sa douceur offerte à qui vous rend les armes
Achève sur les cœurs l'ouvrage de vos charmes.
Le trop riant espoir que vous leur présentez
Attache autour de vous leurs assiduités,
Et votre complaisance, un peu moins étendue,
De tant de soupirans chasseroit la cohue.
Mais, au moins, dites-moi, madame, par quel sort
Votre Clitandre a l'heur de vous plaire si fort ?
Sur quel fonds de mérite et de vertu sublime
Appuyez-vous en lui l'honneur de votre estime ?
Est-ce par l'ongle long qu'il porte au petit doigt
Qu'il s'est acquis chez vous l'estime où l'on le voit?
Vous êtes-vous rendue, avec tout le beau monde,
Au mérite éclatant de sa perruque blonde ?
Sont-ce ses grands canons qui vous le font aimer ?
L'amas de ses rubans a-t-il su vous charmer ?
Est-ce par les appas de sa vaste rhingrave
Qu'il a gagné votre âme en faisant votre esclave ?
Ou sa façon de rire, et son ton de fausset,
Ont-ils de vous toucher su trouver le secret?
CÉLIMÈNE.
Qu'injustement, de lui, vous prenez de l'ombrage !
Ne savez-vous pas bien pourquoi je le ménage;
Et que, dans mon procès, ainsi qu'il m'a promis,
Il peut intéresser tout ce qu'il a d'amis?
ALCESTE.
Perdez votre procès, madame, avec constance,

Et ne ménagez point un rival qui m'offense.
CÉLIMÈNE.
Mais de tout l'univers vous devenez jaloux.
ALCESTE.
C'est que tout l'univers est bien reçu de vous.
CÉLIMÈNE.
C'est ce qui doit rasseoir votre âme effarouchée,
Puisque ma complaisance est sur tout épanchée;
Et vous auriez plus lieu de vous en offenser,
Si vous me la voyiez sur un seul ramasser.
ALCESTE.
Mais moi, que vous blâmez de trop de jalousie,
Qu'ai-je de plus qu'eux tous, madame, je vous prie?
CÉLIMÈNE.
Le bonheur de savoir que vous êtes aimé.
ALCESTE.
Et quel lieu de le croire a mon cœur enflammé?
CÉLIMÈNE.
Je pense qu'ayant pris le soin de vous le dire,
Un aveu de la sorte a de quoi vous suffire.
ALCESTE.
Mais, qui m'assurera que, dans le même instant,
Vous n'en disiez peut-être aux autres tout autant?
CÉLIMÈNE.
Certes, pour un amant, la fleurette est mignonne,
Et vous me traitez là de gentille personne.
Hé bien! pour vous ôter d'un semblable souci,
De tout ce que j'ai dit, je me dédis ici,
Et rien ne sauroit plus vous tromper que vous-même :
Soyez content.
ALCESTE.
Morbleu! faut-il que je vous aime!
Ah! que si de vos mains je rattrape mon cœur,
Je bénirai le ciel de ce rare bonheur!
Je ne le cèle pas, je fais tout mon possible
A rompre de ce cœur l'attachement terrible;
Mais mes plus grands efforts n'ont rien fait jusqu'ici,
Et c'est pour mes péchés que je vous aime ainsi.

CÉLIMÈNE.
Il est vrai, votre ardeur est pour moi sans seconde!
ALCESTE.
Oui, je puis là-dessus défier tout le monde.
Mon amour ne se peut concevoir, et jamais
Personne n'a, madame, aimé comme je fais.
CÉLIMÈNE.
En effet, la méthode en est toute nouvelle,
Car vous aimez les gens pour leur faire querelle;
Ce n'est qu'en mots fâcheux qu'éclate votre ardeur,
Et l'on n'a vu jamais un amour si grondeur.
ALCESTE.
Mais il ne tient qu'à vous que son chagrin ne passe.
A tous nos démêlés coupons chemin, de grâce,
Parlons à cœur ouvert, et voyons d'arrêter....

SCÈNE II. — CÉLIMÈNE, ALCESTE, BASQUE.

CÉLIMÈNE.
Qu'est-ce?
BASQUE.
Acaste est là-bas.
CÉLIMÈNE.
Hé bien! faites monter.

SCÈNE III. — CÉLIMÈNE, ALCESTE.

ALCESTE.
Quoi! l'on ne peut jamais vous parler tête à tête!
A recevoir le monde on vous voit toujours prête!
Et vous ne pouvez pas, un seul moment de tous,
Vous résoudre à souffrir de n'être pas chez vous!
CÉLIMÈNE.
Voulez-vous qu'avec lui je me fasse une affaire?
ALCESTE.
Vous avez des regards qui ne sauroient me plaire.
CÉLIMÈNE.
C'est un homme à jamais ne me le pardonner,

S'il savoit que sa vue eût pu m'importuner.
ALCESTE.
Et que vous fait cela, pour vous gêner de sorte?...
CÉLIMÈNE.
Mon Dieu! de ses pareils la bienveillance importe;
Et ce sont de ces gens qui, je ne sais comment,
Ont gagné, dans la cour, de parler hautement.
Dans tous les entretiens on les voit s'introduire;
Ils ne sauroient servir, mais ils peuvent vous nuire;
Et jamais, quelque appui qu'on puisse avoir d'ailleurs,
On ne doit se brouiller avec ces grands brailleurs.
ALCESTE.
Enfin, quoi qu'il en soit, et sur quoi qu'on se fonde,
Vous trouvez des raisons pour souffrir tout le monde;
Et les précautions de votre jugement....

SCÈNE IV.—ALCESTE, CÉLIMÈNE, BASQUE.

BASQUE.
Voici Clitandre encor, madame.
ALCESTE.
                    Justement.
CÉLIMÈNE.
Où courez-vous?
ALCESTE.
          Je sors.
CÉLIMÈNE.
             Demeurez.
ALCESTE.
                    Pourquoi faire?
CÉLIMÈNE.
Demeurez.
ALCESTE.
        Je ne puis.
CÉLIMÈNE.
            Je le veux.
ALCESTE.
                   Point d'affaire:

Ces conversations ne font que m'ennuyer,
Et c'est trop que vouloir me les faire essuyer.
CÉLIMÈNE.
Je le veux, je le veux.
ALCESTE.
Non, il m'est impossible.
CÉLIMÈNE.
Hé bien! allez, sortez, il vous est tout loisible.

SCÈNE V. — ÉLIANTE, PHILINTE, ACASTE, CLITANDRE, ALCESTE, CÉLIMÈNE, BASQUE.

ÉLIANTE, à Célimène.
Voici les deux marquis qui montent avec nous.
Vous l'est-on venu dire?
CÉLIMÈNE.
(A Basque.)
Oui. Des siéges pour tous.
(Basque donne des siéges, et sort.)
(A Alceste.)
Vous n'êtes pas sorti?
ALCESTE.
Non; mais je veux, madame,
Ou pour eux, ou pour moi, faire expliquer votre âme.
CÉLIMÈNE.
Taisez-vous.
ALCESTE.
Aujourd'hui vous vous expliquerez.
CÉLIMÈNE.
Vous perdez le sens.
ALCESTE.
Point. Vous vous déclarerez.
CÉLIMÈNE.
Ah!
ALCESTE.
Vous prendrez parti.
CÉLIMÈNE.
Vous vous moquez, je pense.

ALCESTE.

Non. Mais vous choisirez ; c'est trop de patience.

CLITANDRE.

Parbleu ! je viens du Louvre, où Cléonte, au levé,
Madame, a bien paru ridicule achevé.
N'a-t-il point quelque ami qui pût, sur ses manières,
D'un charitable avis lui prêter les lumières ?

CÉLIMÈNE.

Dans le monde, à vrai dire, il se barbouille fort ;
Partout il porte un air qui saute aux yeux d'abord,
Et, lorsqu'on le revoit après un peu d'absence,
On le retrouve encor plus plein d'extravagance.

ACASTE.

Parbleu ! s'il faut parler de gens extravagans,
Je viens d'en essuyer un des plus fatigans ;
Damon, le raisonneur, qui m'a, ne vous déplaise,
Une heure, au grand soleil, tenu hors de ma chaise.

CÉLIMÈNE.

C'est un parleur étrange, et qui trouve toujours
L'art de ne vous rien dire avec de grands discours :
Dans les propos qu'il tient on ne voit jamais goutte,
Et ce n'est que du bruit que tout ce qu'on écoute.

ÉLIANTE, à Philinte.

Ce début n'est pas mal ; et, contre le prochain,
La conversation prend un assez bon train.

CLITANDRE.

Timante encor, madame, est un bon caractère.

CÉLIMÈNE.

C'est de la tête aux pieds, un homme tout mystère,
Qui vous jette en passant un coup d'œil égaré,
Et, sans aucune affaire, est toujours affairé.
Tout ce qu'il vous débite en grimaces abonde ;
A force de façons, il assomme le monde ;
Sans cesse il a, tout bas, pour rompre l'entretien,
Un secret à vous dire, et ce secret n'est rien ;
De la moindre vétille il fait une merveille,
Et, jusques au bonjour, il dit tout à l'oreille.

ACASTE.
Et Géralde, madame?
CÉLIMÈNE.
              O l'ennuyeux conteur!
Jamais on ne le voit sortir du grand seigneur.
Dans le brillant commerce il se mêle sans cesse,
Et ne cite jamais que duc, prince, ou princesse.
La qualité l'entête; et tous ses entretiens
Ne sont que de chevaux, d'équipage et de chiens :
Il tutaye, en parlant, ceux du plus haut étage,
Et le nom de monsieur est chez lui hors d'usage.
CLITANDRE.
On dit qu'avec Bélise il est du dernier bien.
CÉLIMÈNE.
Le pauvre esprit de femme, et le sec entretien !
Lorsqu'elle vient me voir, je souffre le martyre :
Il faut suer sans cesse à chercher que lui dire,
Et la stérilité de son expression
Fait mourir à tous coups la conversation.
En vain, pour attaquer son stupide silence,
De tous les lieux communs vous prenez l'assistance ;
Le beau temps et la pluie, et le froid et le chaud,
Sont des fonds qu'avec elle on épuise bientôt.
Cependant sa visite, assez insupportable,
Traîne en une longueur encore épouvantable ;
Et l'on demande l'heure, et l'on bâille vingt fois,
Qu'elle grouille aussi peu qu'une pièce de bois.
ACASTE.
Que vous semble d'Adraste?
CÉLIMÈNE.
                    Ah! quel orgueil extrême
C'est un homme gonflé de l'amour de soi-même.
Son mérite jamais n'est content de la cour ;
Contre elle il fait métier de pester chaque jour ;
Et l'on ne donne emploi, charge, ni bénéfice,
Qu'à tout ce qu'il se croit on ne fasse injustice.
CLITANDRE.
Mais le jeune Cléon, chez qui vont aujourd'hui

Nos plus honnêtes gens, que dites-vous de lui?
CÉLIMÈNE.
Que de son cuisinier il s'est fait un mérite,
Et que c'est à sa table à qui l'on rend visite.
ÉLIANTE.
Il prend soin d'y servir des mets fort délicats.
CÉLIMÈNE.
Oui; mais je voudrois bien qu'il ne s'y servît pas;
C'est un fort méchant plat que sa sotte personne,
Et qui gâte, à mon goût, tous les repas qu'il donne.
PHILINTE.
On fait assez de cas de son oncle Damis;
Qu'en dites-vous, madame?
CÉLIMÈNE.
Il est de mes amis.
PHILINTE.
Je le trouve honnête homme, et d'un air assez sage.
CÉLIMÈNE.
Oui; mais il veut avoir trop d'esprit, dont j'enrage.
Il est guindé sans cesse; et, dans tous ses propos,
On voit qu'il se travaille à dire de bons mots.
Depuis que dans la tête il s'est mis d'être habile,
Rien ne touche son goût, tant il est difficile.
Il veut voir des défauts à tout ce qu'on écrit,
Et pense que louer n'est pas d'un bel esprit,
Que c'est être savant que trouver à redire,
Qu'il n'appartient qu'aux sots d'admirer et de rire,
Et qu'en n'approuvant rien des ouvrages du temps,
Il se met au-dessus de tous les autres gens.
Aux conversations même il trouve à reprendre,
Ce sont propos trop bas pour y daigner descendre;
Et, les deux bras croisés, du haut de son esprit,
Il regarde en pitié tout ce que chacun dit.
ACASTE.
Dieu me damne, voilà son portrait véritable.
CLITANDRE, à Célimène.
Pour bien peindre les gens vous êtes admirable.
ALCESTE.
Allons, ferme, poussez, mes bons amis de cour,

Vous n'en épargnez point, et chacun a son tour :
Cependant aucun d'eux à vos yeux ne se montre,
Qu'on ne vous voie, en hâte, aller à sa rencontre,
Lui présenter la main, et, d'un baiser flatteur,
Appuyer les sermens d'être son serviteur.
CLITANDRE.
Pourquoi s'en prendre à nous? Si ce qu'on dit vous blesse,
Il faut que le reproche à madame s'adresse.
ALCESTE.
Non, morbleu! c'est à vous; et vos ris complaisans
Tirent de son esprit tous ces traits médisans.
Son humeur satirique est sans cesse nourrie
Par le coupable encens de votre flatterie;
Et son cœur à railler trouveroit moins d'appas,
S'il avoit observé qu'on ne l'applaudît pas.
C'est ainsi qu'aux flatteurs on doit partout se prendre
Des vices où l'on voit les humains se répandre.
PHILINTE.
Mais pourquoi pour ces gens un intérêt si grand,
Vous qui condamneriez ce qu'en eux on reprend?
CÉLIMÈNE.
Et ne faut-il pas bien que monsieur contredise?
A la commune voix veut-on qu'il se réduise,
Et qu'il ne fasse pas éclater en tous lieux
L'esprit contrariant qu'il a reçu des cieux?
Le sentiment d'autrui n'est jamais pour lui plaire;
Il prend toujours en main l'opinion contraire;
Et penseroit paroître un homme du commun,
Si l'on voyoit qu'il fût de l'avis de quelqu'un.
L'honneur de contredire a pour lui tant de charmes,
Qu'il prend, contre lui-même, assez souvent les armes,
Et ses vrais sentimens sont combattus par lui,
Aussitôt qu'il les voit dans la bouche d'autrui.
ALCESTE.
Les rieurs sont pour vous, madame, c'est tout dire;
Et vous pouvez pousser contre moi la satire.
PHILINTE.
Mais il est véritable aussi que votre esprit

Se gendarme toujours contre tout ce qu'on dit ;
Et que, par un chagrin que lui-même il avoue,
Il ne sauroit souffrir qu'on blâme ni qu'on loue.
ALCESTE.
C'est que jamais, morbleu! les hommes n'ont raison,
Que le chagrin contre eux est toujours de saison,
Et que je vois qu'ils sont, sur toutes les affaires,
Loueurs impertinens, ou censeurs téméraires.
CÉLIMÈNE.
Mais....
ALCESTE.
Non, madame, non, quand j'en devrois mourir,
Vous avez des plaisirs que je ne puis souffrir ;
Et l'on a tort ici de nourrir dans votre âme
Ce grand attachement aux défauts qu'on y blâme.
CLITANDRE.
Pour moi, je ne sais pas ; mais j'avouerai tout haut
Que j'ai cru jusqu'ici madame sans défaut.
ACASTE.
De grâces et d'attraits je vois qu'elle est pourvue ;
Mais les défauts qu'elle a ne frappent point ma vue.
ALCESTE.
Ils frappent tous la mienne, et, loin de m'en cacher,
Elle sait que j'ai soin de les lui reprocher.
Plus on aime quelqu'un, moins il faut qu'on le flatte :
A ne rien pardonner le pur amour éclate ;
Et je bannirois, moi, tous ces lâches amans
Que je verrois soumis à tous mes sentimens,
Et dont, à tous propos, les molles complaisances
Donneroient de l'encens à mes extravagances.
CÉLIMÈNE.
Enfin, s'il faut qu'à vous s'en rapportent les cœurs,
On doit, pour bien aimer, renoncer aux douceurs ;
Et du parfait amour mettre l'honneur suprême
A bien injurier les personnes qu'on aime.
ÉLIANTE.
L'amour, pour l'ordinaire, est peu fait à ces lois,
Et l'on voit les amans vanter toujours leur choix.

Jamais leur passion n'y voit rien de blâmable,
Et, dans l'objet aimé, tout leur devient aimable ;
Ils comptent les défauts pour des perfections,
Et savent y donner de favorables noms.
La pâle est aux jasmins en blancheur comparable ;
La noire à faire peur, une brune adorable ;
La maigre a de la taille et de la liberté ;
La grasse est, dans son port, pleine de majesté ;
La malpropre sur soi, de peu d'attraits chargée,
Est mise sous le nom de beauté négligée ;
La géante paroît une déesse aux yeux ;
La naine, un abrégé des merveilles des cieux ;
L'orgueilleuse a le cœur digne d'une couronne ;
La fourbe a de l'esprit ; la sotte est toute bonne ;
La trop grande parleuse est d'agréable humeur ;
Et la muette garde une honnête pudeur.
C'est ainsi qu'un amant, dont l'ardeur est extrême,
Aime jusqu'aux défauts des personnes qu'il aime.

ALCESTE.

Et moi, je soutiens, moi....

CÉLIMÈNE.

Brisons là ce discours,
Et dans la galerie allons faire deux tours.
Quoi ! vous vous en allez, messieurs ?

CLITANDRE et ACASTE.

Non pas, madame.

ALCESTE.

La peur de leur départ occupe fort votre âme.
Sortez quand vous voudrez, messieurs ; mais j'avertis
Que je ne sors qu'après que vous serez sortis.

ACASTE.

A moins de voir madame en être importunée,
Rien ne m'appelle ailleurs de toute la journée.

CLITANDRE.

Moi, pourvu que je puisse être au petit couché,
Je n'ai point d'autre affaire où je sois attaché.

CÉLIMÈNE, à Alceste.

C'est pour rire, je crois.

ALCESTE.
Non, en aucune sorte.
Nous verrons si c'est moi que vous voudrez qui sorte.

SCÈNE VI. — ALCESTE, CÉLIMÈNE, ÉLIANTE, ACASTE, PHILINTE, CLITANDRE, BASQUE.

BASQUE, à Alceste.
Monsieur, un homme est là qui voudroit vous parler
Pour affaire, dit-il, qu'on ne peut reculer.
ALCESTE.
Dis-lui que je n'ai point d'affaires si pressées.
BASQUE.
Il porte une jaquette à grand'basques plissées,
Avec du dor dessus.
CÉLIMÈNE, à Alceste.
Allez voir ce que c'est,
Ou bien faites-le entrer.

SCENE VII. — ALCESTE, CÉLIMÈNE, ÉLIANTE, ACASTE, PHILINTE, CLITANDRE, UN GARDE DE LA MARÉCHAUSSÉE.

ALCESTE, allant au-devant du garde.
Qu'est-ce donc qu'il vous plait?
Venez, monsieur.
LE GARDE.
Monsieur, j'ai deux mots à vous dire.
ALCESTE.
Vous pouvez parler haut, monsieur, pour m'en instruire.
LE GARDE.
Messieurs les maréchaux, dont j'ai commandement,
Vous mandent de venir les trouver promptement,
Monsieur.
ALCESTE.
Qui? moi, monsieur?
LE GARDE.
Vous-même.

ALCESTE.
                    Et pourquoi faire?
PHILINTE, à Alceste.
C'est d'Oronte et de vous la ridicule affaire.
            CÉLIMÈNE, à Philinte.
Comment?

            PHILINTE.
            Oronte et lui se sont tantôt bravés
Sur certains petits vers qu'il n'a pas approuvés;
Et l'on veut assoupir la chose en sa naissance[1].
            ALCESTE.
Moi, je n'aurai jamais de lâche complaisance.
            PHILINTE.
Mais il faut suivre l'ordre : allons, disposez-vous.
            ALCESTE.
Quel accommodement veut-on faire entre nous?
La voix de ces messieurs me condamnera-t-elle
A trouver bons les vers qui font notre querelle?
Je ne me dédis point de ce que j'en ai dit,
Je les trouve méchans.
            PHILINTE.
                    Mais, d'un plus doux esprit....
            ALCESTE.
Je n'en démordrai point; les vers sont exécrables.
            PHILINTE.
Vous devez faire voir des sentimens traitables.
Allons, venez.
            ALCESTE.
            J'irai; mais rien n'aura pouvoir
De me faire dédire.
            PHILINTE.
            Allons vous faire voir.
            ALCESTE.
Hors qu'un commandement exprès du roi me vienne

---

1. Les maréchaux de France formaient un tribunal auquel était exclusivement réservée la connaissance des affaires d'honneur entre les gentilshommes.

De trouver bons les vers dont on se met en peine,
Je soutiendrai toujours, morbleu! qu'ils sont mauvais,
Et qu'un homme est pendable après les avoir faits.

(A Clitandre et à Acaste qui vient.)

Par la sambleu! messieurs, je ne croyois pas être
Si plaisant que je suis!

CÉLIMÈNE.

Allez vite paroître
Où vous devez.

ALCESTE.

J'y vais, madame; et, sur mes pas,
Je reviens en ce lieu pour vider nos débats.

ACTE TROISIÈME.

SCENE I. — CLITANDRE, ACASTE.

CLITANDRE.

Cher marquis, je te vois l'âme bien satisfaite;
Toute chose t'égaye et rien ne t'inquiète.
En bonne foi, crois-tu, sans t'éblouir les yeux,
Avoir de grands sujets de paroître joyeux?

ACASTE.

Parbleu! je ne vois pas, lorsque je m'examine,
Où prendre aucun sujet d'avoir l'âme chagrine.
J'ai du bien, je suis jeune, et sors d'une maison
Qui se peut dire noble avec quelque raison;
Et je crois, par le rang que me donne ma race,
Qu'il est fort peu d'emplois dont je ne sois en passe.
Pour le cœur, dont surtout nous devons faire cas,
On sait, sans vanité, que je n'en manque pas;
Et l'on m'a vu pousser dans le monde une affaire
D'une assez vigoureuse et gaillarde manière.
Pour de l'esprit, j'en ai sans doute; et du bon goût,
A juger sans étude et raisonner de tout;

ACTE III, SCÈNE I.

A faire, aux nouveautés dont je suis idolâtre,
Figure de savant sur les bancs du théâtre ;
Y décider en chef, et faire du fracas
A tous les beaux endroits qui méritent des has !
Je suis assez adroit ; j'ai bon air, bonne mine,
Les dents belles surtout, et la taille fort fine.
Quant à se mettre bien, je crois, sans me flatter,
Qu'on seroit mal venu de me le disputer.
Je me vois dans l'estime autant qu'on y puisse être,
Fort aimé du beau sexe, et bien auprès du maître.
Je crois qu'avec cela, mon cher marquis, je croi
Qu'on peut, par tout pays, être content de soi.

CLITANDRE.

Oui. Mais trouvant ailleurs des conquêtes faciles,
Pourquoi pousser ici des soupirs inutiles ?

ACASTE.

Moi ? Parbleu ! je ne suis de taille ni d'humeur
A pouvoir d'une belle essuyer la froideur.
C'est aux gens mal tournés, aux mérites vulgaires,
A brûler constamment pour des beautés sévères,
A languir à leurs pieds et souffrir leurs rigueurs,
A chercher le secours des soupirs et des pleurs,
Et tâcher, par des soins d'une très-longue suite,
D'obtenir ce qu'on nie à leur peu de mérite.
Mais les gens de mon air, marquis, ne sont pas faits
Pour aimer à crédit et faire tous les frais.
Quelque rare que soit le mérite des belles,
Je pense, Dieu merci, qu'on vaut son prix comme elles ;
Que, pour se faire honneur d'un cœur comme le mien,
Ce n'est pas la raison qu'il ne leur coûte rien ;
Et qu'au moins, à tout mettre en de justes balances,
Il faut qu'à frais communs se fassent les avances.

CLITANDRE.

Tu penses donc, marquis, être fort bien ici ?

ACASTE.

J'ai quelque lieu, marquis, de le penser ainsi.

CLITANDRE.

Crois-moi, détache-toi de cette erreur extrême :

Tu te flattes, mon cher, et t'aveugles toi-même.
ACASTE.
Il est vrai, je me flatte et m'aveugle en effet.
CLITANDRE.
Mais, qui te fait juger ton bonheur si parfait?
ACASTE.
Je me flatte.
CLITANDRE.
Sur quoi fonder tes conjectures?
ACASTE.
Je m'aveugle.
CLITANDRE.
En as-tu des preuves qui soient sûres?
ACASTE.
Je m'abuse, te dis-je.
CLITANDRE.
Est-ce que, de ses vœux,
Célimène t'a fait quelques secrets aveux?
ACASTE.
Non, je suis maltraité.
CLITANDRE.
Réponds-moi, je te prie.
ACASTE.
Je n'ai que des rebuts.
CLITANDRE.
Laissons la raillerie,
Et me dis quel espoir on peut t'avoir donné.
ACASTE.
Je suis le misérable, et toi le fortuné ;
On a pour ma personne une aversion grande,
Et, quelqu'un de ces jours, il faut que je me pende.
CLITANDRE.
Oh! ça, veux-tu, marquis, pour ajuster nos vœux,
Que nous tombions d'accord d'une chose tous deux?
Que, qui pourra montrer une marque certaine
D'avoir meilleure part au cœur de Célimène,
L'autre ici fera place au vainqueur prétendu,
Et le délivrera d'un rival assidu?

ACASTE.
Ah! parbleu! tu me plais avec un tel langage,
Et, du bon de mon cœur, à cela je m'engage.
Mais, chut.

SCÈNE II. — CÉLIMÈNE, ACASTE, CLITANDRE.

CÉLIMÈNE.
Encore ici?
CLITANDRE.
L'amour retient nos pas.
CÉLIMÈNE.
Je viens d'ouïr entrer un carrosse là-bas.
Savez-vous qui c'est?
CLITANDRE.
Non.

SCÈNE III. — CÉLIMÈNE, ACASTE, CLITANDRE, BASQUE.

BASQUE.
Arsinoé, madame,
Monte ici pour vous voir.
CÉLIMÈNE.
Que me veut cette femme?
BASQUE.
Éliante là-bas est à l'entretenir.
CÉLIMÈNE.
De quoi s'avise-t-elle, et qui la fait venir?
ACASTE.
Pour prude consommée en tous lieux elle passe,
Et l'ardeur de son zèle....
CÉLIMÈNE.
Oui, oui, franche grimace.
Dans l'âme elle est du monde; et ses soins tentent tout
Pour accrocher quelqu'un, sans en venir à bout.
Elle ne sauroit voir qu'avec un œil d'envie
Les amans déclarés dont une autre est suivie;

Et son triste mérite, abandonné de tous,
Contre le siècle aveugle est toujours en courroux.
Elle tâche à couvrir d'un faux voile de prude
Ce que chez elle on voit d'affreuse solitude;
Et, pour sauver l'honneur de ses foibles appas,
Elle attache du crime au pouvoir qu'ils n'ont pas.
Cependant un amant plairoit fort à la dame;
Et même, pour Alceste, elle a tendresse d'âme.
Ce qu'il me rend de soins outrage ses attraits,
Elle veut que ce soit un vol que je lui fais;
Et son jaloux dépit, qu'avec peine elle cache,
En tous endroits, sous main, contre moi se détache.
Enfin, je n'ai rien vu de si sot, à mon gré;
Elle est impertinente au suprême degré,
Et....

SCÈNE IV. — ARSINOÉ, CÉLIMÈNE, CLITANDRE, ACASTE.

CÉLIMÈNE.

Ah! quel heureux sort en ce lieu vous amène?
Madame, sans mentir, j'étois de vous en peine.

ARSINOÉ.

Je viens pour quelque avis que j'ai cru vous devoir.

CÉLIMÈNE.

Ah! mon Dieu! que je suis contente de vous voir!

(Clitandre et Acaste sortent en riant.)

SCÈNE V. — ARSINOÉ, CÉLIMENE.

ARSINOÉ.

Leur départ ne pouvoit plus à propos se faire.

CÉLIMÈNE

Voulons-nous nous asseoir?

ARSINOÉ.

                Il n'est pas nécessaire.
Madame, l'amitié doit surtout éclater
Aux choses qui le plus nous peuvent importer;

Et, comme il n'en est point de plus grande importance
Que celles de l'honneur et de la bienséance,
Je viens, par un avis qui touche votre honneur,
Témoigner l'amitié que pour vous a mon cœur.
Hier j'étois chez des gens de vertu singulière,
Où, sur vous, du discours on tourna la matière ;
Et là, votre conduite, avec ses grands éclats,
Madame, eut le malheur qu'on ne la loua pas.
Cette foule de gens dont vous souffrez visite,
Votre galanterie, et les bruits qu'elle excite,
Trouvèrent des censeurs plus qu'il n'auroit fallu,
Et bien plus rigoureux que je n'eusse voulu.
Vous pouvez bien penser quel parti je sus prendre :
Je fis ce que je pus pour vous pouvoir défendre,
Je vous excusai fort sur votre intention,
Et voulus de votre âme être la caution.
Mais vous savez qu'il est des choses dans la vie
Qu'on ne peut excuser, quoiqu'on en ait envie ;
Et je me vis contrainte à demeurer d'accord
Que l'air dont vous vivez vous faisoit un peu tort ;
Qu'il prenoit dans le monde une méchante face ;
Qu'il n'est conte fâcheux que partout on n'en fasse ;
Et que, si vous vouliez, tous vos déportemens
Pourroient moins donner prise aux mauvais jugemens
Non que j'y croie au fond l'honnêteté blessée ;
Me préserve le ciel d'en avoir la pensée !
Mais aux ombres du crime on prête aisément foi,
Et ce n'est pas assez de bien vivre pour soi.
Madame, je vous crois l'âme trop raisonnable
Pour ne pas prendre bien cet avis profitable,
Et pour l'attribuer qu'aux mouvemens secrets
D'un zèle qui m'attache à tous vos intérêts.

CÉLIMÈNE.

Madame, j'ai beaucoup de grâces à vous rendre.
Un tel avis m'oblige ; et, loin de le mal prendre,
J'en prétends reconnoître à l'instant la faveur,
Par un avis aussi qui touche votre honneur ;
Et, comme je vous vois vous montrer mon amie

En m'apprenant les bruits que de moi l'on publie,
Je veux suivre, à mon tour, un exemple si doux,
En vous avertissant de ce qu'on dit de vous.
En un lieu, l'autre jour, où je faisois visite,
Je trouvai quelques gens d'un très-rare mérite,
Qui, parlant des vrais soins d'une âme qui vit bien,
Firent tomber sur vous, madame, l'entretien.
Là, votre pruderie et vos éclats de zèle
Ne furent pas cités comme un fort bon modèle ;
Cette affectation d'un grave extérieur,
Vos discours éternels de sagesse et d'honneur,
Vos mines et vos cris aux ombres d'indécence
Que d'un mot ambigu peut avoir l'innocence,
Cette hauteur d'estime où vous êtes de vous,
Et ces yeux de pitié que vous jetez sur tous,
Vos fréquentes leçons et vos aigres censures
Sur des choses qui sont innocentes et pures ;
Tout cela, si je puis vous parler franchement,
Madame, fut blâmé d'un commun sentiment.
A quoi bon, disoient-ils, cette mine modeste,
Et ce sage dehors que dément tout le reste ?
Elle est à bien prier exacte au dernier point ;
Mais elle bat ses gens et ne les paye point.
Dans tous les lieux dévots elle étale un grand zèle ;
Mais elle met du blanc et veut paroître belle.
Elle fait des tableaux couvrir les nudités ;
Mais elle a de l'amour pour les réalités.
Pour moi, contre chacun, je pris votre défense,
Et leur assurai fort que c'étoit médisance ;
Mais tous les sentimens combattirent le mien,
Et leur conclusion fut que vous feriez bien
De prendre moins de soin des actions des autres,
Et de vous mettre un peu plus en peine des vôtres ;
Qu'on doit se regarder soi-même un fort long temps
Avant que de songer à condamner les gens ;
Qu'il faut mettre le poids d'une vie exemplaire
Dans les corrections qu'aux autres on veut faire ;
Et qu'encor vaut-il mieux s'en remettre, au besoin,

ACTE III, SCÈNE V.

A ceux à qui le ciel en a commis le soin.
Madame, je vous crois aussi trop raisonnable,
Pour ne pas prendre bien cet avis profitable,
Et pour l'attribuer qu'aux mouvemens secrets
D'un zèle qui m'attache à tous vos intérêts.

ARSINOÉ.

A quoi qu'en reprenant on soit assujettie,
Je ne m'attendois pas à cette repartie,
Madame; et je vois bien, par ce qu'elle a d'aigreur,
Que mon sincère avis vous a blessée au cœur.

CÉLIMÈNE.

Au contraire, madame; et, si l'on étoit sage,
Ces avis mutuels seroient mis en usage.
On détruiroit par là, traitant de bonne foi,
Ce grand aveuglement où chacun est pour soi.
Il ne tiendra qu'à vous qu'avec le même zèle
Nous ne continuions cet office fidèle,
Et ne prenions grand soin de nous dire, entre nous,
Ce que nous entendrons, vous de moi, moi de vous.

ARSINOÉ.

Ah! madame, de vous je ne puis rien entendre;
C'est en moi que l'on peut trouver fort à reprendre.

CÉLIMÈNE.

Madame, on peut, je crois, louer et blâmer tout;
Et chacun a raison suivant l'âge ou le goût.
Il est une saison pour la galanterie :
Il en est une aussi propre à la pruderie.
On peut, par politique, en prendre le parti,
Quand de nos jeunes ans l'éclat est amorti ;
Cela sert à couvrir de fâcheuses disgrâces.
Je ne dis pas qu'un jour je ne suive vos traces :
L'âge amènera tout; et ce n'est pas le temps,
Madame, comme on sait, d'être prude à vingt ans.

ARSINOÉ.

Certes, vous vous targuez d'un bien foible avantage,
Et vous faites sonner terriblement votre âge.
Ce que de plus que vous on en pourroit avoir
N'est pas un si grand cas pour s'en tant prévaloir ;

Et je ne sais pourquoi votre âme ainsi s'emporte,
Madame, à me pousser de cette étrange sorte.
CÉLIMÈNE.
Et moi, je ne sais pas, madame, aussi pourquoi
On vous voit en tous lieux vous déchaîner sur moi.
Faut-il de vos chagrins sans cesse à moi vous prendre?
Et puis-je mais des soins qu'on ne va pas vous rendre?
Si ma personne aux gens inspire de l'amour,
Et si l'on continue à m'offrir chaque jour
Des vœux que votre cœur peut souhaiter qu'on m'ôte,
Je n'y saurois que faire, et ce n'est pas ma faute;
Vous avez le champ libre, et je n'empêche pas
Que, pour les attirer, vous n'ayez des appas.
ARSINOÉ.
Hélas! et croyez-vous que l'on se mette en peine
De ce nombre d'amans dont vous faites la vaine?
Et qu'il ne nous soit pas fort aisé de juger
A quel prix aujourd'hui l'on peut les engager?
Pensez-vous faire croire, à voir comme tout roule,
Que votre seul mérite attire cette foule?
Qu'ils ne brûlent pour vous que d'un honnête amour,
Et que, pour vos vertus, ils vous font tous la cour?
On ne s'aveugle point par de vaines défaites;
Le monde n'est point dupe; et j'en vois qui sont faites
A pouvoir inspirer de tendres sentimens,
Qui chez elles pourtant ne fixent point d'amans;
Et de là nous pouvons tirer des conséquences,
Qu'on n'acquiert point leurs cœurs sans de grandes avances;
Qu'aucun, pour nos beaux yeux, n'est notre soupirant,
Et qu'il faut acheter tous les soins qu'on nous rend.
Ne vous enflez donc pas d'une si grande gloire
Pour les petits brillans d'une foible victoire;
Et corrigez un peu l'orgueil de vos appas
De traiter pour cela les gens de haut en bas.
Si nos yeux envioient les conquêtes des vôtres,
Je pense qu'on pourroit faire comme les autres,
Ne se point ménager, et vous faire bien voir
Que l'on a des amans, quand on en veut avoir.

ACTE III, SCÈNE V.   43

CÉLIMÈNE.

Ayez-en donc, madame, et voyons cette affaire ;
Par ce rare secret efforcez-vous de plaire ;
Et sans....

ARSINOÉ.

Brisons, madame, un pareil entretien,
Il pousseroit trop loin votre esprit et le mien ;
Et j'aurois pris déjà le congé qu'il faut prendre,
Si mon carrosse encor ne m'obligeoit d'attendre.

CÉLIMÈNE.

Autant qu'il vous plaira, vous pouvez arrêter,
Madame, et, là-dessus, rien ne doit vous hâter.
Mais, sans vous fatiguer de ma cérémonie,
Je m'en vais vous donner meilleure compagnie ;
Et monsieur, qu'à propos le hasard fait venir,
Remplira mieux ma place à vous entretenir.

SCÈNE VI. — ALCESTE, CÉLIMÈNE, ARSINOÉ.

CÉLIMÈNE.

Alceste, il faut que j'aille écrire un mot de lettre
Que, sans me faire tort, je ne saurois remettre.
Soyez avec madame ; elle aura la bonté
D'excuser aisément mon incivilité.

SCÈNE VII. — ALCESTE, ARSINOÉ.

ARSINOÉ.

Vous voyez, elle veut que je vous entretienne,
Attendant un moment que mon carrosse vienne ;
Et jamais tous ses soins ne pouvoient m'offrir rien
Qui me fût plus charmant qu'un pareil entretien.
En vérité, les gens d'un mérite sublime
Entraînent de chacun et l'amour et l'estime ;
Et le vôtre, sans doute, a des charmes secrets
Qui font entrer mon cœur dans tous vos intérêts.
Je voudrois que la cour, par un regard propice,
A ce que vous valez rendît plus de justice.

Vous avez à vous plaindre; et je suis en courroux,
Quand je vois chaque jour qu'on ne fait rien pour vous.

ALCESTE.

Moi, madame? Et sur quoi pourrois-je en rien prétendre?
Quel service à l'État est-ce qu'on m'a vu rendre?
Qu'ai-je fait, s'il vous plaît, de si brillant de soi,
Pour me plaindre à la cour qu'on ne fait rien pour moi?

ARSINOÉ.

Tous ceux sur qui la cour jette des yeux propices
N'ont pas toujours rendu de ces fameux services.
Il faut l'occasion ainsi que le pouvoir;
Et le mérite enfin que vous nous faites voir,
Devroit....

ALCESTE.

Mon Dieu! laissons mon mérite, de grâce;
De quoi voulez-vous là que la cour s'embarrasse?
Elle auroit fort à faire, et ses soins seroient grands
D'avoir à déterrer le mérite des gens.

ARSINOÉ.

Un mérite éclatant se déterre lui-même.
Du vôtre en bien des lieux on fait un cas extrême;
Et vous saurez de moi qu'en deux fort bons endroits,
Vous fûtes hier loué par des gens d'un grand poids.

ALCESTE.

Hé! madame, l'on loue aujourd'hui tout le monde,
Et le siècle par là n'a rien qu'on ne confonde.
Tout est d'un grand mérite également doué,
Ce n'est plus un honneur que de se voir loué;
D'éloges on regorge, à la tête on les jette,
Et mon valet de chambre est mis dans la gazette.

ARSINOÉ.

Pour moi, je voudrois bien que, pour vous montrer mieux,
Une charge à la cour vous pût frapper les yeux.
Pour peu que d'y songer vous nous fassiez les mines,
On peut, pour vous servir, remuer des machines,
Et j'ai des gens en main que j'emploierai pour vous,
Qui vous feront à tout un chemin assez doux.

ACTE III, SCÈNE VII.

ALCESTE.
Et que voudriez-vous, madame, que j'y fisse?
L'humeur dont je me sens veut que je m'en bannisse;
Le ciel ne m'a point fait, en me donnant le jour,
Une âme compatible avec l'air de la cour.
Je ne me trouve point les vertus nécessaires
Pour y bien réussir, et faire mes affaires:
Être franc et sincère est mon plus grand talent;
Je ne sais point jouer les hommes en parlant;
Et qui n'a pas le don de cacher ce qu'il pense
Doit faire en ce pays fort peu de résidence.
Hors de la cour, sans doute, on n'a pas cet appui,
Et ces titres d'honneur qu'elle donne aujourd'hui;
Mais on n'a pas aussi, perdant ces avantages,
Le chagrin de jouer de fort sots personnages;
On n'a point à souffrir mille rebuts cruels,
On n'a point à louer les vers de messieurs tels,
A donner de l'encens à madame une telle,
Et de nos francs marquis essuyer la cervelle.

ARSINOÉ.
Laissons, puisqu'il vous plaît, ce chapitre de cour :
Mais il faut que mon cœur vous plaigne en votre amour;
Et, pour vous découvrir là-dessus mes pensées,
Je souhaiterois fort vos ardeurs mieux placées.
Vous méritez, sans doute, un sort beaucoup plus doux,
Et celle qui vous charme est indigne de vous.

ALCESTE.
Mais en disant cela, songez-vous, je vous prie,
Que cette personne est, madame, votre amie?

ARSINOÉ.
Oui. Mais ma conscience est blessée en effet
De souffrir plus longtemps le tort que l'on vous fait.
L'état où je vous vois afflige trop mon âme,
Et je vous donne avis qu'on trahit votre flamme.

ALCESTE.
C'est me montrer, madame, un tendre mouvement,
Et de pareils avis obligent un amant!

ARSINOÉ.
Oui, toute mon amie, elle est et je la nomme

Indigne d'asservir le cœur d'un galant homme;
Et le sien n'a pour vous que de feintes douceurs.
ALCESTE.
Cela se peut, madame, on ne voit pas les cœurs;
Mais votre charité se seroit bien passée
De jeter dans le mien une telle pensée.
ARSINOÉ.
Si vous ne voulez pas être désabusé,
Il faut ne vous rien dire, il est assez aisé.
ALCESTE.
Non. Mais sur ce sujet quoi que l'on nous expose,
Les doutes sont fâcheux plus que toute autre chose;
Et je voudrois, pour moi, qu'on ne me fît savoir
Que ce qu'avec clarté l'on peut me faire voir.
ARSINOÉ.
Hé bien! c'est assez dit; et, sur cette matière,
Vous allez recevoir une pleine lumière.
Oui, je veux que de tout vos yeux vous fassent foi.
Donnez-moi seulement la main jusque chez moi;
Là, je vous ferai voir une preuve fidèle
De l'infidélité du cœur de votre belle;
Et, si pour d'autres yeux le vôtre peut brûler,
On pourra vous offrir de quoi vous consoler.

ACTE QUATRIÈME.

SCÈNE I. — ÉLIANTE, PHILINTE.
PHILINTE.
Non, l'on n'a point vu d'âme à manier si dure,
Ni d'accommodement plus pénible à conclure :
En vain de tous côtés on l'a voulu tourner,
Hors de son sentiment on n'a pu l'entraîner,
Et jamais différend si bizarre, je pense
N'avoit de ces messieurs occupé la prudence.

« Non, messieurs, disoit-il, je ne me dédis point,
Et tomberai d'accord de tout, hors de ce point.
De quoi s'offense-t-il? et que veut-il me dire?
Y va-t-il de sa gloire à ne pas bien écrire?
Que lui fait mon avis qu'il a pris de travers?
On peut être honnête homme, et faire mal des vers :
Ce n'est point à l'honneur que touchent ces matières.
Je le tiens galant homme en toutes les manières,
Homme de qualité, de mérite et de cœur,
Tout ce qu'il vous plaira, mais fort méchant auteur.
Je louerai, si l'on veut, son train et sa dépense,
Son adresse à cheval, aux armes, à la danse;
Mais, pour louer ses vers, je suis son serviteur;
Et, lorsque d'en mieux faire on n'a pas le bonheur,
On ne doit de rimer avoir aucune envie,
Qu'on n'y soit condamné sur peine de la vie. »
Enfin, toute la grâce et l'accommodement
Où s'est avec effort plié son sentiment,
C'est de dire, croyant adoucir bien son style :
« Monsieur, je suis fâché d'être si difficile;
Et, pour l'amour de vous, je voudrois, de bon cœur,
Avoir trouvé tantôt votre sonnet meilleur. »
Et, dans une embrassade, on leur a, pour conclure,
Fait vite envelopper toute la procédure.

ÉLIANTE.

Dans ses façons d'agir il est fort singulier :
Mais j'en fais, je l'avoue, un cas particulier,
Et la sincérité dont son âme se pique
A quelque chose en soi de noble et d'héroïque.
C'est une vertu rare au siècle d'aujourd'hui,
Et je la voudrois voir partout comme chez lui.

PHILINTE.

Pour moi, plus je le vois, plus surtout je m'étonne
De cette passion où son cœur s'abandonne.
De l'humeur dont le ciel a voulu le former,
Je ne sais pas comment il s'avise d'aimer;
Et je sais moins encor comment votre cousine
Peut être la personne où son penchant l'incline.

ÉLIANTE.
Cela fait assez voir que l'amour, dans les cœurs,
N'est pas toujours produit par un rapport d'humeurs;
Et toutes ces raisons de douces sympathies
Dans cet exemple-ci se trouvent démenties.
PHILINTE.
Mais croyez-vous qu'on l'aime, aux choses qu'on peut voir?
ÉLIANTE.
C'est un point qu'il n'est pas fort aisé de savoir.
Comment pouvoir juger s'il est vrai qu'elle l'aime?
Son cœur de ce qu'il sent n'est pas bien sûr lui-même;
Il aime quelquefois sans qu'il le sache bien,
Et croit aimer aussi, parfois, qu'il n'en est rien.
PHILINTE.
Je crois que notre ami, près de cette cousine,
Trouvera des chagrins plus qu'il ne s'imagine;
Et, s'il avoit mon cœur, à dire vérité,
Il tourneroit ses vœux tout d'un autre côté;
Et, par un choix plus juste, on le verroit, madame,
Profiter des bontés que lui montre votre âme.
ÉLIANTE.
Pour moi, je n'en fais point de façons, et je croi
Qu'on doit, sur de tels points, être de bonne foi.
Je ne m'oppose point à toute sa tendresse;
Au contraire, mon cœur pour elle s'intéresse;
Et, si c'étoit qu'à moi la chose pût tenir,
Moi-même, à ce qu'il aime, on me verroit l'unir.
Mais, si dans un tel choix, comme tout se peut faire,
Son amour éprouvoit quelque destin contraire,
S'il falloit que d'un autre on couronnât les feux,
Je pourrois me résoudre à recevoir ses vœux,
Et le refus souffert en pareille occurrence
Ne m'y feroit trouver aucune répugnance.
PHILINTE.
Et moi, de mon côté, je ne m'oppose pas,
Madame, à ces bontés qu'ont pour lui vos appas;
Et lui-même, s'il veut, il peut bien vous instruire
De ce que là-dessus j'ai pris soin de lui dire.

Mais si, par un hymen qui les joindroit eux deux,
Vous étiez hors d'état de recevoir ses vœux,
Tous les miens tenteroient la faveur éclatante
Qu'avec tant de bonté votre âme lui présente.
Heureux si, quand son cœur s'y pourra dérober,
Elle pouvoit sur moi, madame, retomber.

ÉLIANTE.

Vous vous divertissez, Philinte.

PHILINTE.

Non, madame,
Et je vous parle ici du meilleur de mon âme.
J'attends l'occasion de m'offrir hautement,
Et de tous mes souhaits j'en presse le moment.

SCÈNE II. — ALCESTE, ÉLIANTE, PHILINTE.

ALCESTE.

Ah! faites-moi raison, madame, d'une offense
Qui vient de triompher de toute ma constance.

ÉLIANTE.

Qu'est-ce donc? Qu'avez-vous qui vous puisse émouvoir?

ALCESTE.

J'ai ce que, sans mourir je ne puis concevoir;
Et le déchaînement de toute la nature
Ne m'accableroit pas comme cette aventure.
C'en est fait.... Mon amour.... Je ne saurois parler.

ÉLIANTE.

Que votre esprit un peu tâche à se rappeler.

ALCESTE.

O juste ciel! Faut-il qu'on joigne à tant de grâces
Les vices odieux des âmes les plus basses?

ÉLIANTE.

Mais encor, qui vous peut....

ALCESTE.

Ah! tout est ruiné;
Je suis, je suis trahi, je suis assassiné!
Célimène.... Eût-on pu croire cette nouvelle?
Célimène me trompe, et n'est qu'une infidèle.

ÉLIANTE.
Avez-vous, pour le croire, un juste fondement?
PHILINTE.
Peut-être est-ce un soupçon conçu légèrement;
Et votre esprit jaloux prend parfois des chimères....
ALCESTE.
Ah! morbleu! mêlez-vous, monsieur, de vos affaires.
(A Éliante.)
C'est de sa trahison n'être que trop certain,
Que l'avoir, dans ma poche, écrite de sa main.
Oui, madame, une lettre écrite pour Oronte
A produit à mes yeux ma disgrâce et sa honte;
Oronte, dont j'ai cru qu'elle fuyoit les soins,
Et que de mes rivaux je redoutois le moins.
PHILINTE.
Une lettre peut bien tromper par l'apparence,
Et n'est pas quelquefois si coupable qu'on pense.
ALCESTE.
Monsieur, encore un coup, laissez-moi, s'il vous plaît,
Et ne prenez souci que de votre intérêt.
ÉLIANTE.
Vous devez modérer vos transports, et l'outrage....
ALCESTE.
Madame, c'est à vous qu'appartient cet ouvrage;
C'est à vous que mon cœur a recours aujourd'hui
Pour pouvoir s'affranchir de son cuisant ennui.
Vengez-moi d'une ingrate et perfide parente
Qui trahit lâchement une ardeur si constante;
Vengez-moi de ce trait qui doit vous faire horreur.
ÉLIANTE.
Moi, vous venger? Comment?
ALCESTE.
En recevant mon cœur.
Acceptez-le, madame, au lieu de l'infidèle :
C'est par là que je puis prendre vengeance d'elle;
Et je la veux punir par les sincères vœux,
Par le profond amour, les soins respectueux,
Les devoirs empressés et l'assidu service

Dont ce cœur va vous faire un ardent sacrifice.
ÉLIANTE.
Je compatis, sans doute, à ce que vous souffrez,
Et ne méprise point le cœur que vous m'offrez;
Mais peut-être le mal n'est pas si grand qu'on pense,
Et vous pourrez quitter ce désir de vengeance.
Lorsque l'injure part d'un objet plein d'appas,
On fait force desseins qu'on n'exécute pas;
On a beau voir, pour rompre, une raison puissante,
Une coupable aimée est bientôt innocente;
Tout le mal qu'on lui veut se dissipe aisément,
Et l'on sait ce que c'est qu'un courroux d'un amant.
ALCESTE.
Non, non, madame, non. L'offense est trop mortelle.
Il n'est point de retour, et je romps avec elle;
Rien ne saurait changer le dessein que j'en fais,
Et je me punirois de l'estimer jamais.
La voici. Mon courroux redouble à cette approche.
Je vais de sa noirceur lui faire un vif reproche,
Pleinement la confondre, et vous porter après
Un cœur tout dégagé de ses trompeurs attraits.

SCÈNE III. — CÉLIMÈNE, ALCESTE.

ALCESTE, à part.
O ciel! de mes transports puis-je être ici le maître?
CÉLIMÈNE, à part.
(A Alceste.)
Ouais! Quel est donc le trouble où je vous vois paroître?
Et que me veulent dire et ces soupirs poussés,
Et ces sombres regards que sur moi vous lancez?
ALCESTE.
Que toutes les horreurs dont une âme est capable
A vos déloyautés n'ont rien de comparable;
Que le sort, les démons, et le ciel en courroux,
N'ont jamais rien produit de si méchant que vous.
CÉLIMÈNE.
Voilà certainement des douceurs que j'admire.

ALCESTE.

Ah! ne plaisantez point, il n'est pas temps de rire.
Rougissez bien plutôt, vous en avez raison;
Et j'ai de sûrs témoins de votre trahison.
Voilà ce que marquoient les troubles de mon âme;
Ce n'étoit pas en vain que s'alarmoit ma flamme;
Par ces fréquens soupçons qu'on trouvoit odieux,
Je cherchois le malheur qu'ont rencontré mes yeux;
Et, malgré tous vos soins et votre adresse à feindre,
Mon astre me disoit ce que j'avois à craindre.
Mais ne présumez pas que, sans être vengé,
Je souffre le dépit de me voir outragé.
Je sais que sur les vœux on n'a point de puissance,
Que l'amour veut partout naître sans dépendance,
Que jamais par la force on n'entra dans un cœur,
Et que toute âme est libre à nommer son vainqueur.
Aussi ne trouverois-je aucun sujet de plainte,
Si pour moi votre bouche avoit parlé sans feinte;
Et, rejetant mes vœux dès le premier abord,
Mon cœur n'auroit eu droit de s'en prendre qu'au sort.
Mais d'un aveu trompeur voir ma flamme applaudie,
C'est une trahison, c'est une perfidie
Qui ne sauroit trouver de trop grands châtimens;
Et je puis tout permettre à mes ressentimens.
Oui, oui, redoutez tout après un tel outrage,
Je ne suis plus à moi, je suis tout à la rage.
Percé du coup mortel dont vous m'assassinez,
Mes sens par la raison ne sont plus gouvernés;
Je cède aux mouvemens d'une juste colère,
Et je ne réponds pas de ce que je puis faire.

CÉLIMÈNE.

D'où vient donc, je vous prie, un tel emportement?
Avez-vous, dites-moi, perdu le jugement?

ALCESTE.

Oui, oui, je l'ai perdu, lorsque dans votre vue
J'ai pris, pour mon malheur, le poison qui me tue,
Et que j'ai cru trouver quelque sincérité
Dans les traîtres appas dont je fus enchanté.

ACTE IV, SCÈNE III.

CÉLIMÈNE.

De quelle trahison pouvez-vous donc vous plaindre?

ALCESTE.

Ah! que ce cœur est double, et sait bien l'art de feindre!
Mais, pour le mettre à bout, j'ai des moyens tout prêts.
Jetez ici les yeux, et connoissez vos traits;
Ce billet découvert suffit pour vous confondre,
Et, contre ce témoin, on n'a rien à répondre.

CÉLIMÈNE.

Voilà donc le sujet qui vous trouble l'esprit?

ALCESTE.

Vous ne rougissez pas en voyant cet écrit!

CÉLIMÈNE.

Et par quelle raison faut-il que j'en rougisse?

ALCESTE.

Quoi! vous joignez ici l'audace à l'artifice!
Le désavouerez-vous, pour n'avoir point de seing?

CÉLIMÈNE.

Pourquoi désavouer un billet de ma main?

ALCESTE.

Et vous pouvez le voir, sans demeurer confuse
Du crime dont vers moi son style vous accuse!

CÉLIMÈNE.

Vous êtes, sans mentir, un grand extravagant.

ALCESTE.

Quoi! vous bravez ainsi ce témoin convaincant!
Et ce qu'il m'a fait voir de douceur pour Oronte
N'a donc rien qui m'outrage, et qui vous fasse honte?

CÉLIMÈNE.

Oronte! Qui vous dit que la lettre est pour lui?

ALCESTE.

Les gens qui, dans mes mains, l'ont remise aujourd'hui.
Mais je veux consentir qu'elle soit pour un autre :
Mon cœur en a-t-il moins à se plaindre du vôtre?
En serez-vous vers moi moins coupable en effet?

CÉLIMÈNE.

Mais si c'est une femme à qui va ce billet,
En quoi vous blesse-t-il, et qu'a-t-il de coupable?

ALCESTE.

Ah! le détour est bon, et l'excuse admirable.
Je ne m'attendois pas, je l'avoue, à ce trait,
Et me voilà, par là, convaincu tout à fait.
Osez-vous recourir à ces ruses grossières ?
Et croyez-vous les gens si privés de lumières ?
Voyons, voyons un peu par quel biais, de quel air,
Vous voulez soutenir un mensonge si clair ;
Et comment vous pourrez tourner, pour une femme,
Tous les mots d'un billet qui montre tant de flamme :
Ajustez, pour couvrir un manquement de foi,
Ce que je m'en vais lire....

CÉLIMÈNE.

Il ne me plaît pas, moi.
Je vous trouve plaisant d'user d'un tel empire,
Et de me dire au nez ce que vous m'osez dire.

ALCESTE.

Non, non, sans s'emporter, prenez un peu souci
De me justifier les termes que voici.

CÉLIMÈNE.

Non, je n'en veux rien faire ; et, dans cette occurrence,
Tout ce que vous croirez m'est de peu d'importance.

ALCESTE.

De grâce, montrez-moi, je serai satisfait,
Qu'on peut pour une femme expliquer ce billet.

CÉLIMÈNE.

Non, il est pour Oronte, et je veux qu'on le croie.
Je reçois tous ses soins avec beaucoup de joie.
J'admire ce qu'il dit, j'estime ce qu'il est,
Et je tombe d'accord de tout ce qu'il vous plaît.
Faites, prenez parti, que rien ne vous arrête,
Et ne me rompez pas davantage la tête.

ALCESTE, à part.

Ciel ! rien de plus cruel peut-il être inventé ?
Et jamais cœur fut-il de la sorte traité ?
Quoi ! d'un juste courroux je suis ému contre elle,
C'est moi qui me viens plaindre, et c'est moi qu'on querelle !
On pousse ma douleur et mes soupçons à bout,

ACTE IV, SCÈNE III.

On me laisse tout croire, on fait gloire de tout;
Et cependant mon cœur est encore assez lâche
Pour ne pouvoir briser la chaîne qui l'attache,
Et pour ne pas s'armer d'un généreux mépris
Contre l'ingrat objet dont il est trop épris!
(A Célimène.)
Ah! que vous savez bien ici, contre moi-même,
Perfide, vous servir de ma foiblesse extrême,
Et ménager pour vous l'excès prodigieux
De ce fatal amour né de vos traîtres yeux!
Défendez-vous au moins d'un crime qui m'accable,
Et cessez d'affecter d'être envers moi coupable.
Rendez-moi, s'il se peut, ce billet innocent;
A vous prêter les mains ma tendresse consent.
Efforcez-vous ici de paroître fidèle,
Et je m'efforcerai, moi, de vous croire telle.

CÉLIMÈNE.
Allez, vous êtes fou dans vos transports jaloux,
Et ne méritez pas l'amour qu'on a pour vous.
Je voudrois bien savoir qui pourroit me contraindre
A descendre pour vous aux bassesses de feindre;
Et pourquoi, si mon cœur penchoit d'autre côté,
Je ne le dirois pas avec sincérité.
Quoi! de mes sentimens l'obligeante assurance
Contre tous vos soupçons ne prend pas ma défense?
Auprès d'un tel garant, sont-ils de quelque poids?
N'est-ce pas m'outrager que d'écouter leur voix?
Et, puisque notre cœur fait un effort extrême
Lorsqu'il peut se résoudre à confesser qu'il aime;
Puisque l'honneur du sexe, ennemi de nos feux,
S'oppose fortement à de pareils aveux;
L'amant qui voit pour lui franchir un tel obstacle,
Doit-il impunément douter de cet oracle?
Et n'est-il pas coupable, en ne s'assurant pas
A ce qu'on ne dit point qu'après de grands combats?
Allez, de tels soupçons méritent ma colère,
Et vous ne valez pas que l'on vous considère.
Je suis sotte, et veux mal à ma simplicité

De conserver encor pour vous quelque bonté;
Je devrois autre part attacher mon estime,
Et vous faire un sujet de plainte légitime.
ALCESTE.
Ah! traîtresse! mon foible est étrange pour vous;
Vous me trompez, sans doute, avec des mots si doux;
Mais il n'importe, il faut suivre ma destinée :
A votre foi mon âme est toute abandonnée;
Je veux voir jusqu'au bout quel sera votre cœur,
Et si de me trahir il aura la noirceur
CÉLIMÈNE.
Non, vous ne m'aimez point comme il faut que l'on aime.
ALCESTE.
Ah! rien n'est comparable à mon amour extrême;
Et, dans l'ardeur qu'il a de se montrer à tous,
Il va jusqu'à former des souhaits contre vous.
Oui, je voudrois qu'aucun ne vous trouvât aimable,
Que vous fussiez réduite en un sort misérable;
Que le ciel, en naissant, ne vous eût donné rien;
Que vous n'eussiez ni rang, ni naissance, ni bien,
Afin que de mon cœur l'éclatant sacrifice
Vous pût d'un pareil sort réparer l'injustice,
Et que j'eusse la joie et la gloire en ce jour
De vous voir tenir tout des mains de mon amour.
CÉLIMÈNE.
C'est me vouloir du bien d'une étrange manière!
Me préserve le ciel que vous ayez matière....
Voici monsieur Dubois plaisamment figuré.

SCÈNE IV. — CÉLIMÈNE, ALCESTE, DUBOIS.
ALCESTE.
Que veut cet équipage et cet air effaré?
Qu'as-tu?
DUBOIS.
Monsieur....
ALCESTE.
Hé bien?

ACTE IV, SCÈNE IV.

DUBOIS.
Voici bien des mystères.
ALCESTE.

Qu'est-ce?

DUBOIS.
Nous sommes mal, monsieur, dans nos affaires.
ALCESTE.

Quoi?

DUBOIS.
Parlerai-je haut?
ALCESTE.
Oui, parle, et promptement.
DUBOIS.

N'est-il point là quelqu'un?
ALCESTE.
Ah! que d'amusement!

Veux-tu parler?
DUBOIS.
Monsieur, il faut faire retraite.
ALCESTE.

Comment?

DUBOIS.
Il faut d'ici déloger sans trompette.
ALCESTE.

Et pourquoi?

DUBOIS.
Je vous dis qu'il faut quitter ce lieu.
ALCESTE.

La cause?

DUBOIS.
Il faut partir, monsieur, sans dire adieu.
ALCESTE.
Mais par quelle raison me tiens-tu ce langage?
DUBOIS.
Par la raison, monsieur, qu'il faut plier bagage.
ALCESTE.
Ah! je te casserai la tête assurément,
Si tu ne veux, maraud, t'expliquer autrement.

DUBOIS.

Monsieur, un homme noir et d'habit et de mine
Est venu nous laisser, jusque dans la cuisine,
Un papier griffonné d'une telle façon
Qu'il faudrait, pour le lire, être pis que démon.
C'est de votre procès, je n'en fais aucun doute;
Mais le diable d'enfer, je crois, n'y verroit goutte.

ALCESTE.

Hé bien! quoi? ce papier, qu'a-t-il à démêler,
Traître, avec le départ dont tu viens me parler?

DUBOIS.

C'est pour vous dire ici, monsieur, qu'une heure ensuite,
Un homme qui souvent vous vient rendre visite,
Est venu vous chercher avec empressement,
Et, ne vous trouvant pas, m'a chargé doucement,
Sachant que je vous sers avec beaucoup de zèle,
De vous dire.... Attendez, comme est-ce qu'il s'appelle?

ALCESTE.

Laisse là son nom, traître, et dis ce qu'il t'a dit.

DUBOIS.

C'est un de vos amis, enfin, cela suffit;
Il m'a dit que d'ici votre péril vous chasse,
Et que d'être arrêté le sort vous y menace.

ALCESTE.

Mais quoi! n'a-t-il voulu te rien spécifier?

DUBOIS.

Non. Il m'a demandé de l'encre et du papier,
Et vous a fait un mot, où vous pourrez, je pense,
Du fond de ce mystère avoir la connoissance.

ALCESTE.

Donne-le donc.

CÉLIMÈNE.

Que peut envelopper ceci?

ALCESTE.

Je ne sais; mais j'aspire à m'en voir éclairci.
Auras-tu bientôt fait, impertinent au diable?

DUBOIS, *après avoir longtemps cherché le billet.*

Ma foi, je l'ai, monsieur, laissé sur votre table.

ALCESTE.
Je ne sais qui me tient....
CÉLIMÈNE.
Ne vous emportez pas,
Et courez démêler un pareil embarras.
ALCESTE.
Il semble que le sort, quelque soin que je prenne,
Ait juré d'empêcher que je vous entretienne;
Mais, pour en triompher, souffrez à mon amour
De vous revoir, madame, avant la fin du jour.

ACTE CINQUIÈME.

SCÈNE I. — ALCESTE, PHILINTE.

ALCESTE.
La résolution en est prise, vous dis-je.
PHILINTE.
Mais, quel que soit ce coup, faut-il qu'il vous oblige?...
ALCESTE.
Non, vous avez beau faire et beau me raisonner :
Rien, de ce que je dis, ne me peut détourner :
Trop de perversité règne au siècle où nous sommes,
Et je veux me tirer du commerce des hommes.
Quoi! contre ma partie on voit tout à la fois
L'honneur, la probité, la pudeur et les lois;
On publie en tous lieux l'équité de ma cause;
Sur la foi de mon droit mon âme se repose :
Cependant je me vois trompé par le succès,
J'ai pour moi la justice, et je perds mon procès.
Un traître, dont on sait la scandaleuse histoire,
Est sorti triomphant d'une fausseté noire!
Toute la bonne foi cède à sa trahison!
Il trouve, en m'égorgeant, moyen d'avoir raison!
Le poids de sa grimace, où brille l'artifice,

Renverse le bon droit, et tourne la justice !
Il fait par un arrêt couronner son forfait !
Et, non content encor du tort que l'on me fait,
Il court parmi le monde un livre abominable
Et de qui la lecture est même condamnable;
Un livre à mériter la dernière rigueur,
Dont le fourbe a le front de me faire l'auteur !
Et là-dessus on voit Oronte qui murmure
Et tâche méchamment d'appuyer l'imposture !
Lui, qui d'un honnête homme à la cour tient le rang,
A qui je n'ai rien fait qu'être sincère et franc,
Qui me vient, malgré moi, d'une ardeur empressée,
Sur des vers qu'il a faits demander ma pensée;
Et parce que j'en use avec honnêteté,
Et ne le veux trahir, lui, ni la vérité,
Il aide à m'accabler d'un crime imaginaire !
Le voilà devenu mon plus grand adversaire !
Et jamais de son cœur je n'aurai de pardon,
Pour n'avoir pas trouvé que son sonnet fût bon !
Et les hommes, morbleu ! sont faits de cette sorte !
C'est à ces actions que la gloire les porte !
Voilà la bonne foi, le zèle vertueux,
La justice et l'honneur que l'on trouve chez eux !
Allons, c'est trop souffrir les chagrins qu'on nous forge :
Tirons-nous de ce bois et de ce coupe-gorge.
Puisque entre humains ainsi vous vivez en vrais loups,
Traîtres ! vous ne m'aurez de ma vie avec vous.

PHILINTE.

Je trouve un peu bien prompt le dessein où vous êtes;
Et tout le mal n'est pas si grand que vous le faites.
Ce que votre partie ose vous imputer
N'a point eu le crédit de vous faire arrêter;
On voit son faux rapport lui-même se détruire,
Et c'est une action qui pourroit bien lui nuire.

ALCESTE.

Lui ? de semblables tours il ne craint point l'éclat :
Il a permission d'être franc scélérat;
Et, loin qu'à son crédit nuise cette aventure,

On l'en verra demain en meilleure posture.
PHILINTE.
Enfin, il est constant qu'on n'a point trop donné
Au bruit que contre vous sa malice a tourné;
De ce côté déjà vous n'avez rien à craindre :
Et pour votre procès, dont vous pouvez vous plaindre,
Il vous est en justice aisé d'y revenir,
Et contre cet arrêt....
ALCESTE.
Non, je veux m'y tenir.
Quelque sensible tort qu'un tel arrêt me fasse,
Je me garderai bien de vouloir qu'on le casse;
On y voit trop à plein le bon droit maltraité,
Et je veux qu'il demeure à la postérité
Comme une marque insigne, un fameux témoignage
De la méchanceté des hommes de notre âge.
Ce sont vingt mille francs qu'il m'en pourra coûter;
Mais pour vingt mille francs j'aurai droit de pester
Contre l'iniquité de la nature humaine,
Et de nourrir pour elle une immortelle haine.
PHILINTE.
Mais enfin....
ALCESTE.
Mais enfin, vos soins sont superflus.
Que pouvez-vous, monsieur, me dire là-dessus?
Aurez-vous bien le front de me vouloir, en face,
Excuser les horreurs de tout ce qui se passe?
PHILINTE.
Non, je tombe d'accord de tout ce qu'il vous plaît :
Tout marche par cabale et par pur intérêt;
Ce n'est plus que la ruse aujourd'hui qui l'emporte,
Et les hommes devroient être faits d'autre sorte.
Mais est-ce une raison que leur peu d'équité,
Pour vouloir se tirer de leur société?
Tous ces défauts humains nous donnent, dans la vie,
Des moyens d'exercer notre philosophie :
C'est le plus bel emploi que trouve la vertu;
Et, si de probité tout étoit revêtu,

Si tous les cœurs étoient francs, justes et dociles,
La plupart des vertus nous seroient inutiles,
Puisqu'on en met l'usage à pouvoir, sans ennui,
Supporter dans nos droits l'injustice d'autrui ;
Et, de même qu'un cœur d'une vertu profonde....
ALCESTE.
Je sais que vous parlez, monsieur, le mieux du monde ;
En beaux raisonnemens vous abondez toujours ;
Mais vous perdez le temps et tous vos beaux discours.
La raison, pour mon bien, veut que je me retire :
Je n'ai point sur ma langue un assez grand empire ;
De ce que je dirois je ne répondrois pas,
Et je me jetterois cent choses sur les bras.
Laissez-moi, sans dispute, attendre Célimène.
Il faut qu'elle consente au dessein qui m'amène ;
Je vais voir si son cœur a de l'amour pour moi,
Et c'est ce moment-ci qui doit m'en faire foi.
PHILINTE.
Montons chez Éliante, attendant sa venue.
ALCESTE.
Non : de trop de souci je me sens l'âme émue.
Allez-vous-en la voir, et me laissez enfin
Dans ce petit coin sombre avec mon noir chagrin.
PHILINTE.
C'est une compagnie étrange pour attendre ;
Et je vais obliger Éliante à descendre.

SCÈNE II. — CÉLIMÈNE, ORONTE, ALCESTE.
ORONTE.
Oui, c'est à vous de voir si, par des nœuds si doux,
Madame, vous voulez m'attacher tout à vous.
Il me faut de votre âme une pleine assurance :
Un amant là-dessus n'aime point qu'on balance.
Si l'ardeur de mes feux a pu vous émouvoir,
Vous ne devez point feindre à me le faire voir :
Et la preuve, après tout, que je vous en demande,
C'est de ne plus souffrir qu'Alceste vous prétende ;

De le sacrifier, madame, à mon amour,
Et de chez vous enfin le bannir de ce jour.
CÉLIMÈNE.
Mais quel sujet si grand contre lui vous irrite,
Vous à qui j'ai tant vu parler de son mérite?
ORONTE.
Madame, il ne faut point ces éclaircissemens;
Il s'agit de savoir quels sont vos sentimens.
Choisissez, s'il vous plaît, de garder l'un ou l'autre;
Ma résolution n'attend rien que la vôtre.
ALCESTE, sortant du coin où il étoit.
Oui, monsieur a raison; madame, il faut choisir,
Et sa demande ici s'accorde à mon désir.
Pareille ardeur me presse, et même soin m'amène;
Mon amour veut du vôtre une marque certaine :
Les choses ne sont plus pour traîner en longueur,
Et voici le moment d'expliquer votre cœur.
ORONTE.
Je ne veux point, monsieur, d'une flamme importune
Troubler aucunement votre bonne fortune.
ALCESTE.
Je ne veux point, monsieur, jaloux ou non jaloux,
Partager de son cœur rien du tout avec vous.
ORONTE.
Si votre amour au mien lui semble préférable....
ALCESTE.
Si du moindre penchant elle est pour vous capable...
ORONTE.
Je jure de n'y rien prétendre désormais.
ALCESTE.
Je jure hautement de ne la voir jamais.
ORONTE.
Madame, c'est à vous de parler sans contrainte.
ALCESTE.
Madame, vous pouvez vous expliquer sans crainte.
ORONTE.
Vous n'avez qu'à nous dire où s'attachent vos vœux.

ALCESTE.
Vous n'avez qu'à trancher, et choisir de nous deux.
ORONTE.
Quoi! sur un pareil choix vous semblez être en peine!
ALCESTE.
Quoi! votre âme balance et paroît incertaine!
CÉLIMÈNE.
Mon Dieu! que cette instance est là hors de saison,
Et que vous témoignez tous deux peu de raison!
Je sais prendre parti sur cette préférence,
Et ce n'est pas mon cœur maintenant qui balance :
Il n'est point suspendu, sans doute, entre vous deux,
Et rien n'est sitôt fait que le choix de nos vœux.
Mais je souffre, à vrai dire, une gêne trop forte
A prononcer en face un aveu de la sorte :
Je trouve que ces mots qui sont désobligeans,
Ne se doivent point dire en présence des gens ;
Qu'un cœur de son penchant donne assez de lumière,
Sans qu'on nous fasse aller jusqu'à rompre en visière ;
Et qu'il suffit enfin que de plus doux témoins
Instruisent un amant du malheur de ses soins.
ORONTE.
Non, non, un franc aveu n'a rien que j'appréhende,
J'y consens pour ma part.
ALCESTE.
Et moi, je le demande;
C'est son éclat surtout qu'ici j'ose exiger,
Et je ne prétends point vous voir rien ménager.
Conserver tout le monde est votre grande étude :
Mais plus d'amusement, et plus d'incertitude ;
Il faut vous expliquer nettement là-dessus,
Ou bien pour un arrêt je prends votre refus;
Je saurai, de ma part, expliquer ce silence,
Et me tiendrai pour dit tout le mal que j'en pense.
ORONTE.
Je vous sais fort bon gré, monsieur, de ce courroux,
Et je lui dis ici même chose que vous.
CÉLIMÈNE.
Que vous me fatiguez avec un tel caprice!

Ce que vous demandez a-t-il de la justice?
Et ne vous dis-je pas quel motif me retient?
J'en vais prendre pour juge Éliante qui vient.

SCÈNE III. — ÉLIANTE, PHILINTE, CÉLIMÈNE, ORONTE, ALCESTE.

CÉLIMÈNE.

Je me vois, ma cousine, ici persécutée
Par des gens dont l'humeur y paroît concertée.
Ils veulent, l'un et l'autre, avec même chaleur,
Que je prononce entre eux le choix que fait mon cœur;
Et que par un arrêt qu'en face il me faut rendre,
Je défende à l'un d'eux tous les soins qu'il peut prendre.
Dites-moi si jamais cela se fait ainsi.

ÉLIANTE.

N'allez-point là-dessus me consulter ici :
Peut-être y pourriez-vous être mal adressée,
Et je suis pour les gens qui disent leur pensée.

ORONTE.

Madame, c'est en vain que vous vous défendez.

ALCESTE.

Tous vos détours ici seront mal secondés.

ORONTE.

Il faut, il faut parler, et lâcher la balance.

ALCESTE.

Il ne faut que poursuivre à garder le silence.

ORONTE.

Je ne veux qu'un seul mot pour finir nos débats.

ALCESTE.

Et moi, je vous entends, si vous ne parlez pas.

SCÈNE IV. — ARSINOÉ, CÉLIMÈNE, ÉLIANTE, ALCESTE, PHILINTE, ACASTE, CLITANDRE, ORONTE.

ACASTE, à Célimène.

Madame, nous venons tous deux, sans vous déplaire,

Éclaircir avec vous une petite affaire.
CLITANDRE, à Oronte et à Alceste.
Fort à propos, messieurs, vous vous trouvez ici,
Et vous êtes mêlés dans cette affaire aussi.
ARSINOÉ, à Célimène.
Madame, vous serez surprise de ma vue ;
Mais ce sont ces messieurs qui causent ma venue :
Tous deux ils m'ont trouvée, et se sont plaints à moi
D'un trait à qui mon cœur ne sauroit prêter foi.
J'ai du fond de votre âme une trop haute estime,
Pour vous croire jamais capable d'un tel crime ;
Mes yeux ont démenti leurs témoins les plus forts,
Et, l'amitié passant sur de petits discords,
J'ai bien voulu chez vous leur faire compagnie,
Pour vous voir vous laver de cette calomnie.
ACASTE.
Oui, madame, voyons d'un esprit adouci
Comment vous vous prendrez à soutenir ceci.
Cette lettre, par vous, est écrite à Clitandre.
CLITANDRE.
Vous avez pour Acaste, écrit ce billet tendre.
ACASTE, à Oronte et à Alceste.
Messieurs, ces traits pour vous n'ont point d'obscurité,
Et je ne doute pas que sa civilité
A connoître sa main n'ait trop su vous instruire ;
Mais ceci vaut assez la peine de le lire.

Vous êtes un étrange homme, de condamner mon enjouement, et de me reprocher que je n'ai jamais tant de joie que lorsque je ne suis pas avec vous. Il n'y a rien de plus injuste : et, si vous ne venez bien vite me demander pardon de cette offense, je ne vous la pardonnerai de ma vie. Notre grand flandrin de vicomte....

Il devroit être ici.

Notre grand flandrin de vicomte, par qui vous commencez vos plaintes, est un homme qui ne sauroit me revenir, et, depuis que je l'ai vu, trois quarts d'heure du-

ACTE V, SCÈNE IV.

rant, cracher dans un puits pour faire des ronds, je n'ai pu jamais prendre bonne opinion de lui. Pour le petit marquis....

C'est moi-même, messieurs, sans nulle vanité.

Pour le petit marquis qui me tint hier longtemps la main, je trouve qu'il n'y a rien de si mince que toute sa personne ; et ce sont de ces mérites qui n'ont que la cape et l'épée. Pour l'homme aux rubans verts....

(A Alceste.) A vous le dé, monsieur.

Pour l'homme aux rubans verts, il me divertit quelquefois avec ses brusqueries et son chagrin bourru ; mais il est cent momens où je le trouve le plus fâcheux du monde. Et pour l'homme à la veste....

(A Oronte.) Voici votre paquet.

Et pour l'homme à la veste, qui s'est jeté dans le bel esprit et veut être auteur malgré tout le monde, je ne puis me donner la peine d'écouter ce qu'il dit ; et sa prose me fatigue autant que ses vers. Mettez-vous donc en tête que je ne me divertis pas toujours si bien que vous pensez ; que je vous trouve à dire, plus que je ne voudrois, dans toutes les parties où l'on m'entraîne ; et que c'est un merveilleux assaisonnement aux plaisirs qu'on goûte, que la présence des gens qu'on aime.

CLITANDRE. — Me voici maintenant, moi.

Votre Clitandre dont vous me parlez, et qui fait tant le doucereux, est le dernier des hommes pour qui j'aurois de l'amitié. Il est extravagant de se persuader qu'on l'aime, et vous l'êtes de croire qu'on ne vous aime pas. Changez, pour être raisonnable, vos sentimens contre les siens ; et voyez-moi le plus que vous pourrez, pour m'aider à porter le chagrin d'en être obsédée.

D'un fort beau caractère on voit là le modèle,
Madame, et vous savez comment cela s'appelle.
Il suffit. Nous allons l'un et l'autre en tous lieux

Montrer de votre cœur le portrait glorieux.
####### ACASTE.
J'aurois de quoi vous dire, et belle est la matière;
Mais je ne vous tiens pas digne de ma colère;
Et je vous ferai voir que les petits marquis
Ont, pour se consoler, des cœurs du plus haut prix.

SCÈNE V. — CÉLIMÈNE, ÉLIANTE, ARSINOÉ, ALCESTE, ORONTE, PHILINTE.

####### ORONTE.
Quoi! de cette façon je vois qu'on me déchire,
Après tout ce qu'à moi je vous ai vu m'écrire!
Et votre cœur, paré de beaux semblans d'amour,
A tout le genre humain se promet tour à tour!
Allez, j'étois trop dupe, et je vais ne plus l'être;
Vous me faites un bien, me faisant vous connoître :
J'y profite d'un cœur qu'ainsi vous me rendez,
Et trouve ma vengeance en ce que vous perdez.
####### (A Alceste.)
Monsieur, je ne fais plus d'obstacle à votre flamme,
Et vous pouvez conclure affaire avec madame.

SCÈNE VI. — CÉLIMÈNE, ÉLIANTE, ARSINOÉ, ALCESTE, PHILINTE.

####### ARSINOÉ, à Célimène.
Certes, voilà le trait du monde le plus noir :
Je ne m'en saurois taire, et me sens émouvoir.
Voit-on des procédés qui soient pareils aux vôtres?
Je ne prends point de part aux intérêts des autres;
####### (Montrant Alceste.)
Mais, monsieur que chez vous fixoit votre bonheur,
Un homme, comme lui, de mérite et d'honneur,
Et qui vous chérissoit avec idolâtrie,
Devoit-il?...
####### ALCESTE.
Laissez-moi, madame, je vous prie,

Vider mes intérêts moi-même là-dessus ;
Et ne vous chargez point de ces soins superflus.
Mon cœur a beau vous voir prendre ici sa querelle,
Il n'est point en état de payer ce grand zèle,
Et ce n'est pas à vous que je pourrai songer,
Si, par un autre choix, je cherche à me venger.

ARSINOÉ.

Hé ! croyez-vous, monsieur, qu'on ait cette pensée,
Et que de vous avoir on soit tant empressée ?
Je vous trouve un esprit bien plein de vanité,
Si de cette créance il peut s'être flatté.
Le rebut de madame est une marchandise
Dont on aurait grand tort d'être si fort éprise.
Détrompez-vous, de grâce, et portez-le moins haut :
Ce ne sont pas des gens comme moi qu'il vous faut.
Vous ferez bien encor de soupirer pour elle,
Et je brûle de voir une union si belle.

SCÈNE VII. — CÉLIMÈNE, ÉLIANTE, ALCESTE, PHILINTE.

ALCESTE, à Célimène.

Hé bien ! je me suis tu, malgré ce que je voi,
Et j'ai laissé parler tout le monde avant moi.
Ai-je pris sur moi-même un assez long empire ?
Et puis-je maintenant.....

CÉLIMÈNE.

                Oui, vous pouvez tout dire ;
Vous en êtes en droit, lorsque vous vous plaindrez,
Et de me reprocher tout ce que vous voudrez.
J'ai tort, je le confesse ; et mon âme confuse
Ne cherche à vous payer d'aucune vaine excuse.
J'ai des autres ici méprisé le courroux ;
Mais je tombe d'accord de mon crime envers vous.
Votre ressentiment sans doute est raisonnable :
Je sais combien je dois vous paroître coupable,
Que toute chose dit que j'ai pu vous trahir,
Et qu'enfin vous avez sujet de me haïr.
Faites-le, j'y consens.

ALCESTE.

Hé! le puis-je, traîtresse?
Puis-je ainsi triompher de toute ma tendresse?
Et quoique avec ardeur je veuille vous haïr,
Trouvé-je un cœur en moi tout prêt à m'obéir?

(A Eliante et à Philinte.)

Vous voyez ce que peut une indigne tendresse,
Et je vous fais tous deux témoins de ma foiblesse.
Mais à vous dire vrai, ce n'est pas encor tout,
Et vous allez me voir la pousser jusqu'au bout,
Montrer que c'est à tort que sages on nous nomme,
Et que dans tous les cœurs il est toujours de l'homme.

(A Célimène.)

Oui, je veux bien, perfide, oublier vos forfaits;
J'en saurai, dans mon âme, excuser tous les traits,
Et me les couvrirai du nom d'une foiblesse
Où le vice du temps porte votre jeunesse,
Pourvu que votre cœur veuille donner les mains
Au dessein que j'ai fait de fuir tous les humains,
Et que dans mon désert, où j'ai fait vœu de vivre,
Vous soyez, sans tarder, résolue à me suivre.
C'est par là seulement que, dans tous les esprits,
Vous pouvez réparer le mal de vos écrits,
Et qu'après cet éclat qu'un noble cœur abhorre,
Il peut m'être permis de vous aimer encore.

CÉLIMÈNE.

Moi, renoncer au monde avant que de vieillir,
Et dans votre désert aller m'ensevelir!

ALCESTE.

Et s'il faut qu'à mes feux votre flamme réponde,
Que vous doit importer tout le reste du monde?
Vos désirs avec moi ne sont-ils pas contens?

CÉLIMÈNE.

La solitude effraye une âme de vingt ans.
Je ne sens pas la mienne assez grande, assez forte,
Pour me résoudre à prendre un dessein de la sorte.
Si le don de ma main peut contenter vos vœux,

Je pourrai me résoudre à serrer de tels nœuds ;
Et l'hymen....

ALCESTE.

Non ; mon cœur à présent vous déteste,
Et ce refus lui seul fait plus que tout le reste.
Puisque vous n'êtes point, en des liens si doux,
Pour trouver tout en moi, comme moi tout en vous,
Allez, je vous refuse ; et ce sensible outrage
De vos indignes fers pour jamais me dégage.

SCÈNE VIII. — ÉLIANTE, ALCESTE, PHILINTE.

ALCESTE, à Éliante.

Madame, cent vertus ornent votre beauté,
Et je n'ai vu qu'en vous de la sincérité ;
De vous, depuis longtemps, je fais un cas extrême ;
Mais laissez-moi toujours vous estimer de même ;
Et souffrez que mon cœur, dans ses troubles divers,
Ne se présente point à l'honneur de vos fers ;
Je m'en sens trop indigne, et commence à connoître
Que le ciel pour ce nœud ne m'avoit point fait naître ;
Que ce seroit pour vous un hommage trop bas,
Que le rebut d'un cœur qui ne vous valoit pas ;
Et qu'enfin....

ÉLIANTE.

Vous pouvez suivre cette pensée :
Ma main de se donner n'est pas embarrassée,
Et voilà votre ami, sans trop m'inquiéter,
Qui, si je l'en priois, la pourroit accepter.

PHILINTE.

Ah ! cet honneur, madame, est toute mon envie,
Et j'y sacrifierois et mon sang et ma vie.

ALCESTE.

Puissiez-vous pour goûter de vrais contentemens,
L'un pour l'autre, à jamais, garder ces sentimens !
Trahi de toutes parts, accablé d'injustices,
Je vais sortir d'un gouffre où triomphent les vices,

Et chercher, sur la terre, un endroit écarté,
Où d'être homme d'honneur on ait la liberté.
PHILINTE.
Allons, madame, allons employer toute chose
Pour rompre le dessein que son cœur se propose.

FIN DU MISANTHROPE.

LE
MÉDECIN MALGRÉ LUI

COMÉDIE

1666

PERSONNAGES.

GÉRONTE, père de Lucinde.

LUCINDE, fille de Géronte.

LÉANDRE, amant de Lucinde.

SGANARELLE, mari de Martine.

MARTINE, femme de Sganarelle.

M. ROBERT, voisin de Sganarelle.

VALÈRE, domestique de Géronte.

LUCAS, mari de Jacqueline.

JACQUELINE, nourrice chez Géronte, et femme de Lucas.

THIBAUT, père de Perrin, } paysans.
PERRIN, fils de Thibaut,

LE MÉDECIN MALGRÉ LUI.

COMÉDIE[1].

ACTE PREMIER.

Le théâtre représente une forêt.

SCÈNE I. — SGANARELLE, MARTINE.

SGANARELLE. — Non, je te dis que je n'en veux rien faire, et que c'est à moi de parler et d'être le maître.

MARTINE. — Et je te dis, moi, que je veux que tu vives à ma fantaisie, et que je ne me suis point mariée avec toi pour souffrir tes fredaines.

SGANARELLE. — O la grande fatigue que d'avoir une femme! et qu'Aristote a bien raison, quand il dit qu'une femme est pire qu'un démon!

MARTINE. — Voyez un peu l'habile homme, avec son benêt d'Aristote.

SGANARELLE. — Oui, habile homme. Trouve-moi un faiseur de fagots qui sache, comme moi, raisonner des choses; qui ait servi six ans un fameux médecin, et qui ait su, dans son jeune âge, son rudiment par cœur.

MARTINE. — Peste du fou fieffé!

SGANARELLE. — Peste de la carogne!

MARTINE. — Que maudits soient l'heure et le jour où je m'avisai d'aller dire oui!

---

1. Le *Médecin malgré lui* fut représenté sur le théâtre du Palais-Royal le 6 août 1666.

SGANARELLE. — Que maudit soit le bec cornu de notaire qui me fit signer ma ruine!

MARTINE. — C'est bien à toi, vraiment, à te plaindre de cette affaire! Devrois-tu être un seul moment sans rendre grâces au ciel de m'avoir pour ta femme; et méritois-tu d'épouser une personne comme moi?

SGANARELLE. — Il est vrai que tu me fis trop d'honneur, et que j'eus lieu de me louer la première nuit de nos noces! Hé! morbleu! ne me fais point parler là-dessus. Je dirois de certaines choses....

MARTINE. — Quoi? Que dirois-tu?

SGANARELLE. — Baste! laissons-là ce chapitre. Il suffit que nous savons ce que nous savons, et que tu fus bien heureuse de me trouver.

MARTINE. — Qu'appelles-tu bien heureuse de te trouver? Un homme qui me réduit à l'hôpital, un débauché, un traître, qui me mange tout ce que j'ai!

SGANARELLE. — Tu as menti, j'en bois une partie.

MARTINE. — Qui me vend, pièce à pièce, tout ce qui est dans le logis.

SGANARELLE. — C'est vivre de ménage.

MARTINE. — Qui m'a ôté jusqu'au lit que j'avois!

SGANARELLE. — Tu t'en lèveras plus matin.

MARTINE. — Enfin, qui ne laisse aucun meuble dans toute la maison!

SGANARELLE. — On en déménage plus aisément.

MARTINE. — Et qui, du matin jusqu'au soir, ne fait que jouer et que boire!

SGANARELLE. — C'est pour ne me point ennuyer.

MARTINE. — Et que veux-tu, pendant ce temps, que je fasse avec ma famille?

SGANARELLE. — Tout ce qu'il te plaira.

MARTINE. — J'ai quatre pauvres petits enfans sur les bras....

SGANARELLE. — Mets-les à terre.

MARTINE. — Qui me demandent à toute heure du pain.

SGANARELLE. — Donne-leur le fouet. Quand j'ai bien

bu et bien mangé, je veux que tout le monde soit soûl dans ma maison.

MARTINE. — Et tu prétends, ivrogne, que les choses aillent toujours de même?

SGANARELLE. — Ma femme, allons tout doucement, s'il vous plaît.

MARTINE. — Que j'endure éternellement tes insolences et tes débauches?

SGANARELLE. — Ne nous emportons point, ma femme.

MARTINE. — Et que je ne sache pas trouver le moyen de te ranger à ton devoir?

SGANARELLE. — Ma femme, vous savez que je n'ai pas l'âme endurante, et que j'ai le bras assez bon.

MARTINE. — Je me moque de tes menaces.

SGANARELLE. — Ma petite femme, ma mie, votre peau vous démange à votre ordinaire.

MARTINE. — Je te montrerai bien que je ne te crains nullement.

SGANARELLE. — Ma chère moitié, vous avez envie de me dérober quelque chose.

MARTINE. — Crois-tu que je m'épouvante de tes paroles?

SGANARELLE. — Doux objet de mes vœux, je vous frotterai les oreilles.

MARTINE. — Ivrogne que tu es !

SGANARELLE. — Je vous battrai.

MARTINE. — Sac à vin !

SGANARELLE. — Je vous rosserai.

MARTINE. — Infâme !

SGANARELLE. — Je vous étrillerai.

MARTINE. — Traître, insolent, trompeur, lâche, coquin, pendard, gueux, bélître, fripon, maraud, voleur....

SGANARELLE. — Ah! vous en voulez donc?

(Sganarelle prend un bâton et bat sa femme.)

MARTINE, criant. — Ah! ah! ah! ah!

SGANARELLE. — Voilà le vrai moyen de vous apaiser.

SCÈNE II. — M. ROBERT, SGANARELLE, MARTINE.

MONSIEUR ROBERT. — Holà! holà! holà! Fi! Qu'est-ce ci? Quelle infamie! Peste soit le coquin de battre ainsi sa femme!

MARTINE, à M. Robert. — Et je veux qu'il me batte, moi.

MONSIEUR ROBERT. — Ah! j'y consens de tout mon cœur.

MARTINE. — De quoi vous mêlez-vous?

MONSIEUR ROBERT. — J'ai tort.

MARTINE. — Est-ce là votre affaire?

MONSIEUR ROBERT. — Vous avez raison.

MARTINE. — Voyez un peu cet impertinent, qui veut empêcher les maris de battre leurs femmes!

MONSIEUR ROBERT. — Je me rétracte.

MARTINE. — Qu'avez-vous à voir là-dessus?

MONSIEUR ROBERT. — Rien.

MARTINE. — Est-ce à vous d'y mettre le nez?

MONSIEUR ROBERT. — Non.

MARTINE. — Mêlez-vous de vos affaires.

MONSIEUR ROBERT. — Je ne dis plus mot.

MARTINE. — Il me plaît d'être battue.

MONSIEUR ROBERT. — D'accord.

MARTINE. — Ce n'est pas à vos dépens.

MONSIEUR ROBERT. — Il est vrai.

MARTINE. — Et vous êtes un sot de venir vous fourrer où vous n'avez que faire.   (Elle lui donne un soufflet.)

MONSIEUR ROBERT, à Sganarelle. — Compère, je vous demande pardon de tout mon cœur. Faites, rossez, battez comme il faut votre femme; je vous aiderai, si vous le voulez.

SGANARELLE. — Il ne me plaît pas, moi.

MONSIEUR ROBERT. — Ah! c'est une autre chose.

SGANARELLE. — Je la veux battre, si je le veux; et ne la veux pas battre, si je ne le veux pas.

MONSIEUR ROBERT. — Fort bien.
SGANARELLE. — C'est ma femme, et non pas la vôtre.
MONSIEUR ROBERT. — Sans doute.
SGANARELLE. — Vous n'avez rien à me commander.
MONSIEUR ROBERT. — D'accord.
SGANARELLE. — Je n'ai que faire de votre aide.
MONSIEUR ROBERT. — Très-volontiers.
SGANARELLE. — Et vous êtes un impertinent de vous ingérer des affaires d'autrui. Apprenez que Cicéron dit qu'entre l'arbre et le doigt il ne faut point mettre l'écorce.

(Il bat M. Robert, et le chasse.)

SCÈNE III. — SGANARELLE, MARTINE.

SGANARELLE. — Oh! çà, faisons la paix nous deux. Touche là.
MARTINE. — Oui, après m'avoir ainsi battue!
SGANARELLE. — Cela n'est rien. Touche.
MARTINE. — Je ne veux pas.
SGANARELLE. — Eh?
MARTINE. — Non.
SGANARELLE. — Ma petite femme!
MARTINE. — Point.
SGANARELLE. — Allons, te dis-je.
MARTINE. — Je n'en ferai rien.
SGANARELLE. — Viens, viens, viens.
MARTINE. — Non. Je veux être en colère.
SGANARELLE. — Fi! c'est une bagatelle. Allons, allons.
MARTINE. — Laisse-moi là.
SGANARELLE. — Touche, te dis-je.
MARTINE. — Tu m'as trop maltraitée.
SGANARELLE. — Hé bien! va, je te demande pardon; mets là ta main.
MARTINE. — Je te pardonne; (bas, à part) mais tu le payeras.
SGANARELLE. — Tu es une folle de prendre garde à

cela. Ce sont petites choses qui sont de temps en temps nécessaires dans l'amitié; et cinq ou six coups de bâton entre gens qui s'aiment, ne font que ragaillardir l'affection. Va, je m'en vais au bois, et je te promets aujourd'hui plus d'un cent de fagots.

SCÈNE IV. — MARTINE, seule.

Va, quelque mine que je fasse, je n'oublierai pas mon ressentiment; et je brûle en moi-même de trouver les moyens de te punir des coups que tu me donnes. Je sais bien qu'une femme a toujours dans les mains de quoi se venger d'un mari; mais c'est une punition trop délicate pour mon pendard. Je veux une vengeance qui se fasse un peu mieux sentir; et ce n'est pas contentement pour l'injure que j'ai reçue.

SCÈNE V. — VALÈRE, LUCAS, MARTINE.

LUCAS, à Valère, sans voir Martine. — Parguienne! j'avons pris là tous deux une guêble de commission; et je ne sais pas, moi, ce que je pensons attraper.

VALÈRE, à Lucas, sans voir Martine. — Que veux-tu, mon pauvre nourricier? Il faut bien obéir à notre maître; et puis, nous avons intérêt, l'un et l'autre, à la santé de sa fille, notre maîtresse; et sans doute son mariage, différé par sa maladie, nous vaudra quelque récompense. Horace, qui est libéral, a bonne part aux prétentions qu'on peut avoir sur sa personne; et, quoiqu'elle ait fait voir de l'amitié pour un certain Léandre, tu sais bien que son père n'a jamais voulu consentir à le recevoir pour son gendre.

MARTINE, rêvant à part, se croyant seule. — Ne puis-je point trouver quelque invention pour me venger?

LUCAS, à Valère. — Mais quelle fantaisie s'est-il boutée là dans la tête, puisque les médecins y avont tous pardu leur latin?

VALÈRE, à Lucas. — On trouve quelquefois, à force de

chercher, ce qu'on ne trouve pas d'abord; et souvent, en de simples lieux....

MARTINE, se croyant toujours seule. — Oui, il faut que je m'en venge, à quelque prix que ce soit. Ces coups de bâton me reviennent au cœur, je ne les saurois digérer, et.... (Heurtant Valère et Lucas.) Ah! messieurs, je vous demande pardon; je ne vous voyois pas, et cherchois dans ma tête quelque chose qui m'embarrasse.

VALÈRE. — Chacun a ses soins dans le monde, et nous cherchons aussi ce que nous voudrions bien trouver.

MARTINE. — Seroit-ce quelque chose où je vous puisse aider?

VALÈRE. — Cela se pourroit faire; et nous tâchons de rencontrer quelque habile homme, quelque médecin particulier, qui pût donner quelque soulagement à la fille de notre maître, attaquée d'une maladie qui lui a ôté tout d'un coup l'usage de la langue. Plusieurs médecins ont déjà épuisé toute leur science après elle; mais on trouve, parfois, des gens avec des secrets admirables, de certains remèdes particuliers, qui font le plus souvent ce que les autres n'ont su faire; et c'est là ce que nous cherchons.

MARTINE, bas, à part. — Ah! que le ciel m'inspire une admirable invention pour me venger de mon pendard! (Haut.) Vous ne pouviez jamais vous mieux adresser pour rencontrer ce que vous cherchez; et nous avons ici un homme, le plus merveilleux homme du monde, pour les maladies désespérées.

VALÈRE. — Eh! de grâce, où pouvons-nous le rencontrer?

MARTINE. — Vous le trouverez maintenant vers ce petit lieu que voilà, qui s'amuse à couper du bois.

LUCAS. — Un médecin qui coupe du bois!

VALÈRE. — Qui s'amuse à cueillir des simples, voulez-vous dire?

MARTINE. — Non. C'est un homme extraordinaire, qui se plaît à cela, fantasque, bizarre, quinteux, et que vous ne prendriez jamais pour ce qu'il est. Il va vêtu d'une façon extravagante, affecte quelquefois de paroître ignorant, tient sa science renfermée, et ne fuit rien tant, tous les jours, que d'exercer les merveilleux talens qu'il a eus du ciel pour la médecine.

VALÈRE. — C'est une chose admirable, que tous les grands hommes ont toujours du caprice, quelque petit grain de folie mêlé à leur science.

MARTINE. — La folie de celui-ci est plus grande qu'on ne peut croire; car elle va parfois jusqu'à vouloir être battu pour demeurer d'accord de sa capacité; et je vous donne avis que vous n'en viendrez pas à bout, qu'il n'avouera jamais qu'il est médecin, s'il se le met en fantaisie, que vous ne preniez chacun un bâton, et ne le réduisiez, à force de coups, à vous confesser à la fin ce qu'il vous cachera d'abord. C'est ainsi que nous en usons, quand nous avons besoin de lui.

VALÈRE. — Voilà une étrange folie!

MARTINE. — Il est vrai; mais, après cela, vous verrez qu'il fait des merveilles.

VALÈRE. — Comment s'appelle-t-il?

MARTINE. — Il s'appelle Sganarelle; mais il est aisé à connoître. C'est un homme qui a une large barbe noire, et qui porte une fraise, avec un habit jaune et vert.

LUCAS. — Un habit jaune et vart! c'est donc le médecin des parroquets?

VALÈRE. — Mais est-il bien vrai qu'il soit si habile que vous le dites?

MARTINE. — Comment! C'est un homme qui fait des miracles. Il y a six mois qu'une femme fut abandonnée de tous les autres médecins : on la tenoit morte il y avoit déjà six heures et l'on se disposoit à l'ensevelir, lorsqu'on y fit venir de force l'homme dont nous parlons. Il lui mit, l'ayant vue, une petite goutte de je ne sais quoi dans la bouche; et, dans le même instant, elle se leva de son lit, et se mit aussitôt à se promener dans sa chambre, comme si de rien n'eût été.

LUCAS. — Ah!

VALÈRE. — Il falloit que ce fût quelque goutte d'or potable.

MARTINE. — Cela pourroit bien être. Il n'y a pas trois semaines encore qu'un jeune enfant de douze ans tomba du haut du clocher en bas, et se brisa sur le pavé la tête, les bras et les jambes. On n'y eut pas plutôt amené notre homme, qu'il le frotta par tout le corps d'un certain onguent qu'il sait faire; et l'enfant aussitôt se leva sur ses pieds, et courut jouer à la fossette.

LUCAS. — Ah!

VALÈRE. — Il faut que cet homme-là ait la médecine universelle.

MARTINE. — Qui en doute?

LUCAS. — Tétigué! v'là justement l'homme qu'il nous faut. Allons vite le charcher.

VALÈRE. — Nous vous remercions du plaisir que vous nous faites.

MARTINE. — Mais souvenez-vous bien, au moins, de l'avertissement que je vous ai donné.

LUCAS. — Hé! morguenne! laissez-nous faire. S'il ne tient qu'à battre, la vache est à nous.

VALÈRE, à Lucas. — Nous sommes bien heureux d'avoir fait cette rencontre ; et j'en conçois, pour moi, la meilleure espérance du monde.

SCÈNE VI. — SGANARELLE, VALÈRE, LUCAS.

SGANARELLE, chantant derrière le théâtre. — La, la, la.

VALÈRE. — J'entends quelqu'un qui chante, et qui coupe du bois.

SGANARELLE, entrant sur le théâtre avec une bouteille à sa main, sans apercevoir Valère ni Lucas. — La, la, la.... Ma foi, c'est assez travaillé pour boire un coup. Prenons un peu d'haleine. (Après avoir bu.) Voilà du bois qui est salé comme tous les diables.

(Il chante.)

   Qu'ils sont doux,
  Bouteille jolie,
   Qu'ils sont doux,

Vos petits glougloux !
Mais mon sort feroit bien des jaloux,
Si vous étiez toujours remplie.
Ah ! bouteille, ma mie,
Pourquoi vous videz-vous ?

Allons, morbleu ! il ne faut point engendrer de mélancolie.

VALÈRE, bas, à part. — Le voilà lui-même.

LUCAS, bas, à Valère. — Je pense que vous dites vrai, et que j'avons bouté le nez dessus.

VALÈRE. — Voyons de près.

SGANARELLE, embrassant sa bouteille. — Ah ! ma petite friponne, que je t'aime, mon petit bouchon !

(Il chante. Apercevant Valère et Lucas qui l'examinent, il baisse la voix.)

Mais mon sort.... feroit.... bien des.... jaloux,
Si....

(Voyant qu'on l'examine de plus près.)

Que diable ! à qui en veulent ces gens-là ?

VALÈRE, à Lucas. — C'est lui assurément.

LUCAS, à Valère. — Le v'là tout craché comme on nous l'a défiguré.

(Sganarelle pose la bouteille à terre ; et, Valère se baissant pour le saluer, comme il croit que c'est à dessein de la prendre, il la met de l'autre côté ; Lucas faisant la même chose que Valère, Sganarelle reprend sa bouteille, et la tient contre son estomac, avec divers gestes, qui font un jeu de théâtre.)

SGANARELLE, à part. — Ils consultent en me regardant. Quel dessein auroient-ils ?

VALÈRE. — Monsieur, n'est-ce pas vous qui vous appelez Sganarelle ?

SGANARELLE. — Hé ! Quoi ?

VALÈRE. — Je vous demande si ce n'est pas vous qui se nomme Sganarelle ?

SGANARELLE, se tournant vers Valère, puis vers Lucas. — Oui et non, selon ce que vous lui voulez.

ACTE I, SCÈNE VI.

VALÈRE. — Nous ne voulons que lui faire toutes les civilités que nous pourrons.

SGANARELLE. — En ce cas, c'est moi qui se nomme Sganarelle.

VALÈRE. — Monsieur, nous sommes ravis de vous voir. On nous a adressé à vous pour ce que nous cherchons ; et nous venons implorer votre aide, dont nous avons besoin.

SGANARELLE. — Si c'est quelque chose, messieurs, qui dépende de mon petit négoce, je suis tout prêt à vous rendre service.

VALÈRE. — Monsieur, c'est trop de grâce que vous nous faites. Mais, monsieur, couvrez-vous, s'il vous plaît ; le soleil pourroit vous incommoder.

LUCAS. — Monsieu, boutez dessus.

SGANARELLE, à part. — Voici des gens bien pleins de cérémonie. (Il se couvre.)

VALÈRE. — Monsieur, il ne faut pas trouver étrange que nous venions à vous ; les habiles gens sont toujours recherchés, et nous sommes instruits de votre capacité.

SGANARELLE. — Il est vrai, messieurs, que je suis le premier homme du monde pour faire des fagots.

VALÈRE. — Ah ! monsieur....

SGANARELLE. — Je n'y épargne aucune chose, et les fais d'une façon qu'il n'y a rien à dire.

VALÈRE. — Monsieur, ce n'est pas cela dont il est question.

SGANARELLE. — Mais aussi, je les vends cent dix sols le cent.

VALÈRE. — Ne parlons point de cela, s'il vous plaît.

SGANARELLE. — Je vous promets que je ne saurois le donner à moins.

VALÈRE. — Monsieur, nous savons les choses.

SGANARELLE. — Si vous savez les choses, vous savez que je les vends cela.

VALÈRE. — Monsieur, c'est se moquer, que....

SGANARELLE. — Je ne me moque point, je n'en puis rien rabattre.

VALÈRE. — Parlons d'autre façon, de grâce.

SGANARELLE. — Vous en pourrez trouver autre part à moins : il y a fagots et fagots ; mais pour ceux que je fais....

VALÈRE. — Hé ! monsieur, laissons là ce discours.

SGANARELLE. — Je vous jure que vous ne les auriez pas, s'il s'en falloit un double.

VALÈRE. — Hé ! Fi !

SGANARELLE. — Non, en conscience, vous en payerez cela. Je vous parle sincèrement, et ne suis pas homme à surfaire.

VALÈRE. — Faut-il, monsieur, qu'une personne comme vous s'amuse à ces grossières feintes, s'abaisse à parler de la sorte ? qu'un homme si savant, un fameux médecin, comme vous êtes, veuille se déguiser aux yeux du monde, et tenir enterrés les beaux talens qu'il a ?

SGANARELLE, à part. — Il est fou.

VALÈRE. — De grâce, monsieur, ne dissimulez point avec nous.

SGANARELLE. — Comment ?

LUCAS. — Tout ce tripotage ne sart de rian ; je savons c'en que je savons.

SGANARELLE. — Quoi donc ? Que me voulez-vous dire ? Pour qui me prenez-vous ?

VALÈRE. — Pour ce que vous êtes, pour un grand médecin.

SGANARELLE. — Médecin vous-même ; je ne le suis point, et je ne l'ai jamais été.

VALÈRE, bas. — Voilà sa folie qui le tient. (Haut.) Monsieur, ne veuillez point nier les choses davantage ; et n'en venons point, s'il vous plaît, à de fâcheuses extrémités.

SGANARELLE. — A quoi donc ?

VALÈRE. — A de certaines choses dont nous serions marris.

SGANARELLE. — Parbleu ! venez-en à tout ce qu'il vous plaira ; je ne suis point médecin, et ne sais ce que vous me voulez dire.

ACTE I, SCÈNE VI.

VALÈRE, bas. — Je vois bien qu'il faut se servir du remède. (Haut.) Monsieur, encore un coup, je vous prie d'avouer ce que vous êtes.

LUCAS. — Hé! tétigué! ne lantiponnez point davantage et confessez à la franquette que v's êtes médecin.

SGANARELLE, à part. — J'enrage.

VALÈRE. — A quoi bon nier ce qu'on sait?

LUCAS. — Pourquoi toutes ces fraimes-là? A quoi est-ce que ça vous sart?

SGANARELLE. — Messieurs, en un mot, autant qu'en deux mille, je vous dis que je ne suis point médecin.

VALÈRE. — Vous n'êtes point médecin?

SGANARELLE. — Non.

LUCAS. — V'n'êtes pas médecin?

SGANARELLE. — Non, vous dis-je.

VALÈRE. — Puisque vous le voulez, il faut s'y résoudre.

(Ils prennent chacun un bâton et le frappent.)

SGANARELLE. — Ah! ah! ah! messieurs, je suis tout ce qu'il vous plaira.

VALÈRE. — Pourquoi, monsieur, nous obligez-vous à cette violence?

LUCAS. — A quoi bon nous bailler la peine de vous battre?

VALÈRE. — Je vous assure que j'en ai tous les regrets du monde.

LUCAS. — Par ma figué, j'en sis fâché franchement.

SGANARELLE. — Que diable est ceci, messieurs? De grâce, est-ce pour rire, ou si tous deux vous extravaguez, de vouloir que je sois médecin?

VALÈRE. — Quoi! vous ne vous rendez pas encore, et vous vous défendez d'être médecin?

SGANARELLE. — Diable emporte si je le suis!

LUCAS. — Il n'est pas vrai qu'ous sayez médecin?

SGANARELLE. — Non, la peste m'étouffe. (Ils recommencent à le battre.) Ah! ah! Hé bien! messieurs, oui, puisque vous le voulez, je suis médecin, je suis médecin; apothicaire encore, si vous le trouvez bon. J'aime mieux consentir à tout, que de me faire assommer.

VALÈRE. — Ah! voilà qui va bien, monsieur; je suis ravi de vous voir raisonnable.

LUCAS. — Vous me boutez la joie au cœur, quand je vous vois parler comme ça.

VALÈRE. — Je vous demande pardon de toute mon âme.

LUCAS. — Je vous demandons excuse de la libarté que j'avons prise.

SGANARELLE, à part. — Ouais! seroit-ce bien moi qui me tromperois, et serois-je devenu médecin sans m'en être aperçu?

VALÈRE. — Monsieur, vous ne vous repentirez pas de nous montrer ce que vous êtes, et vous verrez assurément que vous en serez satisfait.

SGANARELLE. — Mais, messieurs, dites-moi, ne vous trompez-vous point vous-mêmes? Est-il bien assuré que je sois médecin?

LUCAS. — Oui, par ma figué.

SGANARELLE. — Tout de bon?

VALÈRE. — Sans doute.

SGANARELLE. — Diable emporte, si je le savois.

VALÈRE. — Comment! vous êtes le plus habile médecin du monde.

SGANARELLE. — Ah! ah!

LUCAS. — Un médecin qui a gari je ne sais combien de maladies.

SGANARELLE. — Tudieu!

VALÈRE. — Une femme étoit tenue pour morte il y avoit six heures; elle étoit prête à ensevelir, lorsque avec une goutte de quelque chose, vous la fîtes revenir, et marcher d'abord par la chambre.

SGANARELLE. — Peste!

LUCAS. — Un petit enfant de douze ans se laissit choir du haut d'un clocher, de quoi il eut la tête, les jambes et les bras cassés; et vous, avec je ne sais quel onguent, vous fîtes qu'aussitôt il se relevit sur ses pieds, et s'en fut jouer à la fossette.

SGANARELLE. — Diantre!

VALÈRE. — Enfin, monsieur, vous aurez contentement

avec nous, et vous gagnerez ce que vous voudrez, en vous laissant conduire où nous prétendons vous mener.

SGANARELLE. — Je gagnerai ce que je voudrai?

VALÈRE. — Oui.

SGANARELLE. — Ah! je suis médecin, sans contredit. Je l'avois oublié, mais je m'en ressouviens. De quoi est-il question? Où faut-il se transporter?

VALÈRE. — Nous vous conduirons. Il est question d'aller voir une fille qui a perdu la parole.

SGANARELLE. — Ma foi, je ne l'ai pas trouvée.

VALÈRE, bas, à Lucas. — Il aime à rire. (A Sganarelle.) Allons, monsieur.

SGANARELLE. — Sans une robe de médecin?

VALÈRE. — Nous en prendrons une.

SGANARELLE, présentant sa bouteille à Valère. — Tenez cela, vous : voilà où je mets mes juleps. (Puis se tournant vers Lucas en crachant.) — Vous, marchez là-dessus par ordonnance du médecin.

LUCAS. — Palsanguenne! v'là un médecin qui me plaît; je pense qu'il réussira, car il est bouffon.

ACTE DEUXIÈME.

Le théâtre représente une chambre de la maison de Géronte.

SCÈNE I. — GÉRONTE, VALÈRE, LUCAS, JACQUELINE.

VALÈRE. — Oui, monsieur, je crois que vous serez satisfait; et nous vous avons amené le plus grand médecin du monde.

LUCAS. — Oh! morguenne! il faut tirer l'échelle après ceti-là; et tous les autres ne sont pas daignes de li déchausser ses souliés.

VALÈRE. — C'est un homme qui a fait des cures merveilleuses.

LUCAS. — Qui a gari des gens qui étiant morts.

VALÈRE. — Il est un peu capricieux, comme je vous ai dit; et, parfois, il a des momens où son esprit s'échappe, et ne paroît pas ce qu'il est.

LUCAS. — Oui, il aime à bouffonner; et l'an diroit parfois, ne v's en déplaise, qu'il a quelque petit coup de hache à la tête.

VALÈRE. — Mais, dans le fond, il est toute science; et, bien souvent, il dit des choses tout à fait relevées.

LUCAS. — Quand il s'y boute, il parle tout fin drait comme s'il lisoit dans un livre.

VALÈRE. — Sa réputation s'est déjà répandue ici; et tout le monde vient à lui.

GÉRONTE. — Je meurs d'envie de le voir; faites-le-moi vite venir.

VALÈRE. — Je le vais quérir.

SCÈNE II. — GÉRONTE, JACQUELINE, LUCAS.

JACQUELINE. — Par ma fi, monsieur, ceti-ci fera justement ce qu'ant fait les autres. Je pense que ce sera queussi queumi; et la meilleure médeçaine que l'an pourroit bailler à votre fille, ce seroit, selon moi, un biau et bon mari, pour qui alle eût de l'amiquié.

GÉRONTE. — Ouais! nourrice, mamie, vous vous mêlez de bien des choses.

LUCAS. — Taisez-vous, notre minagère Jacquelaine : ce n'est pas à vous à bouter là votre nez.

JACQUELINE. — Je vous dis et vous douze que tous ces médecins n'y feront rian que de liau claire; que votre fille a besoin d'autre chose que de rhibarbe et de séné, et qu'un mari est un emplâtre qui garit tous les maux des filles.

GÉRONTE. — Est-elle en état maintenant qu'on s'en voulût charger avec l'infirmité qu'elle a? Et, lorsque j'ai été dans le dessein de la marier, ne s'est-elle pas opposée à mes volontés?

JACQUELINE. — Je le crois bian, vous li vouliez bailler eun homme qu'alle n'aime point. Que ne preniais-vous ce monsieur Liandre, qui li touchoit au cœur? Alle auroit été fort obéissante; et je m'en vais gager qu'il la prendroit, li, comme alle est, si vous la li vouillais donner.

GÉRONTE. — Ce Léandre n'est pas ce qu'il lui faut; il n'a pas du bien comme l'autre.

JACQUELINE. — Il a eun oncle qui est si riche, dont il est hériquié.

GÉRONTE. — Tous ces biens à venir me semblent autant de chansons. Il n'est rien tel que ce qu'on tient; et l'on court grand risque de s'abuser, lorsque l'on compte sur le bien qu'un autre vous garde. La mort n'a pas toujours les oreilles ouvertes aux vœux et aux prières de messieurs les héritiers; et l'on a le temps d'avoir les dents longues, lorsqu'on attend, pour vivre, le trépas de quelqu'un.

JACQUELINE. — Enfin, j'ai toujours ouï dire qu'en mariage, comme ailleurs, contentement passe richesse. Les pères et les mères ant cette maudite couteume, de demander toujours: Qu'a-t-il? et qu'a-t-elle? Et le compère Piarre a marié sa fille Simonette au gros Thomas pour un quarquié de vaigne qu'il avoit davantage que le jeune Robin, où elle avoit bouté son amiquié; et vlà que la pauvre creyature en est devenue jaune comme un coing et n'a point profité tout depuis ce temps-là. C'est un bel exemple pour vous, monsieu. On n'a que son plaisir en ce monde; et j'aimerois mieux bailler à ma fille eun bon mari qui li fût agriable, que toutes les rentes de la Biausse.

GÉRONTE. — Peste! madame la nourrice, comme vous dégoisez! Taisez-vous, je vous prie; vous prenez trop de soin, et vous échauffez votre lait.

LUCAS, frappant, à chaque phrase qu'il dit, sur la poitrine de Géronte. — Morgué! tais-toi, t'es eune impartinente.

Monsieu n'a que faire de tes discours, et il sait ce qu'il a à faire. Mêle-toi de donner à teter à ton enfant, sans tant faire la raisonneuse. Monsieu est le père de sa fille; et il est bon et sage pour voir ce qu'il li faut.

GÉRONTE. — Tout doux. Oh! tout doux.

LUCAS, frappant encore sur la poitrine de Géronte. — Monsieu, je veux un peu la mortifier, et li apprendre le respect qu'alle vous doit.

GÉRONTE. — Oui. Mais ces gestes ne sont pas nécessaires.

SCÈNE III. — VALÈRE, SGANARELLE, GÉRONTE, LUCAS, JACQUELINE.

VALÈRE. — Monsieur, préparez-vous. Voici notre médecin qui entre.

GÉRONTE, à Sganarelle. — Monsieur, je suis ravi de vous voir chez moi, et nous avons grand besoin de vous.

SGANARELLE, en robe de médecin, avec un chapeau des plus pointus. — Hippocrate dit.... que nous nous couvrions tous deux.

GÉRONTE. — Hippocrate dit cela ?

SGANARELLE. — Oui.

GÉRONTE. — Dans quel chapitre, s'il vous plaît ?

SGANARELLE. — Dans son chapitre.... des chapeaux.

GÉRONTE. — Puisque Hippocrate le dit, il le faut faire.

SGANARELLE. — Monsieur le médecin, ayant appris les merveilleuses choses....

GÉRONTE. — A qui parlez-vous, de grâce ?

SGANARELLE. — A vous.

GÉRONTE. — Je ne suis pas médecin.

SGANARELLE. — Vous n'êtes pas médecin ?

GÉRONTE. — Non vraiment.

SGANARELLE. — Tout de bon ?

GÉRONTE. — Tout de bon.

(Sganarelle prend un bâton, et frappe Géronte.)
Ah! ah! ah!

SGANARELLE. — Vous êtes médecin maintenant; je n'ai jamais eu d'autres licences.

GÉRONTE, à Valère. — Quel diable d'homme m'avez-vous là amené?

VALÈRE. — Je vous ai bien dit que c'étoit un médecin goguenard.

GÉRONTE. — Oui. Mais je l'enverrois promener avec ses goguenarderies.

LUCAS. — Ne prenez pas garde à çà, monsieu; ce n'est que pour rire.

GÉRONTE. — Cette raillerie ne me plaît pas.

SGANARELLE. — Monsieur, je vous demande pardon de la liberté que j'ai prise.

GÉRONTE. — Monsieur, je suis votre serviteur.

SGANARELLE. — Je suis fâché....

GÉRONTE. — Cela n'est rien.

SGANARELLE. — Des coups de bâton....

GÉRONTE. — Il n'y a pas de mal.

SGANARELLE. — Que j'ai eu l'honneur de vous donner.

GÉRONTE. — Ne parlons plus de cela. Monsieur, j'ai une fille qui est tombée dans une étrange maladie.

SGANARELLE. — Je suis ravi, monsieur, que votre fille ait besoin de moi; et je souhaiterois de tout mon cœur que vous en eussiez besoin aussi, vous et toute votre famille, pour vous témoigner l'envie que j'ai de vous servir.

GÉRONTE. — Je vous suis obligé de ces sentimens.

SGANARELLE. — Je vous assure que c'est du meilleur de mon âme que je vous parle.

GÉRONTE. — C'est trop d'honneur que vous me faites.

SGANARELLE. — Comment s'appelle votre fille?

GÉRONTE. — Lucinde.

SGANARELLE. — Lucinde! Ah! beau nom à médicamenter. Lucinde!

GÉRONTE. — Je m'en vais voir un peu ce qu'elle fait.

SGANARELLE. — Qui est cette grande femme-là?

GÉRONTE. — C'est la nourrice d'un petit enfant que j'ai.

SCÈNE IV. — SGANARELLE, JACQUELINE, LUCAS.

SGANARELLE, à part. — Peste! le joli meuble que voilà (Haut.) Ah! nourrice, charmante nourrice, ma médecine est la très-humble esclave de votre nourricerie, et je voudrois bien être le petit poupon fortuné qui tetât le lait de vos bonnes grâces. (Il lui porte la main sur le sein.) Tous mes remèdes, toute ma science, toute ma capacité est à votre service, et....

LUCAS. — Avec votre parmission, monsieu le médecin, laissez là ma femme, je vous prie.

SGANARELLE. — Quoi! est-elle votre femme?

LUCAS. — Oui.

SGANARELLE. — Ah! vraiment, je ne savois pas cela, et je m'en réjouis pour l'amour de l'un et de l'autre.

(Il fait semblant de vouloir embrasser Lucas, et embrasse la nourrice.)

LUCAS, tirant Sganarelle, et se remettant entre lui et sa femme. — Tout doucement, s'il vous plaît.

SGANARELLE. — Je vous assure que je suis ravi que vous soyez unis ensemble. Je la félicite d'avoir un mari comme vous; et je vous félicite, vous, d'avoir une femme si belle, si sage, et si bien faite comme elle est.

(Faisant encore semblant d'embrasser Lucas, qui lui tend les bras, il passe dessous, et embrasse encore la nourrice.)

LUCAS, le tirant encore. — Hé! tétigué! point tant de complimens, je vous supplie.

SGANARELLE. — Ne voulez-vous pas que je me réjouisse avec vous d'un si bel assemblage?

LUCAS. — Avec moi, tant qu'il vous plaira; mais, avec ma femme, trêve de sarimonie.

SGANARELLE. — Je prends part également au bonheur de tous deux. Et, si je vous embrasse pour vous témoigner ma joie, je l'embrasse de même pour lui en témoigner aussi.

(Il continue le même jeu.)

LUCAS, le tirant pour la troisième fois. — Ah! vartigué! monsieu le médecin, que de lantiponnages!

SCÈNE V. — GÉRONTE, SGANARELLE, LUCAS, JACQUELINE.

GÉRONTE. — Monsieur, voici tout à l'heure ma fille qu'on va vous amener.

SGANARELLE. — Je l'attends, monsieur, avec toute la médecine.

GÉRONTE. — Où est-elle?

SGANARELLE, se touchant le front. — Là-dedans.

GÉRONTE. — Fort bien.

SGANARELLE. — Mais, comme je m'intéresse à toute votre famille, il faut que j'essaye un peu le lait de votre nourrice, et que je visite son sein.

(Il s'approche de Jacqueline.)

LUCAS, le tirant et lui faisant faire la pirouette. — Nannain, nannain, je n'avons que faire de ça.

SGANARELLE. — C'est l'office du médecin, de voir les tetons des nourrices.

LUCAS. — Il gnia office qui quienne, je sis votre sarviteur.

SGANARELLE. — As-tu bien la hardiesse de t'opposer au médecin? Hors de là.

LUCAS. — Je me moque de ça.

SGANARELLE, en le regardant de travers. — Je te donnerai la fièvre.

JACQUELINE, prenant Lucas par le bras, et lui faisant faire aussi la pirouette. — Ote-toi de là aussi. Est-ce que je ne sis pas assez grande pour me défendre moi-même, s'il me fait queuque chose qui ne soit pas à faire?

LUCAS. — Je ne veux pas qu'il te tâte, moi.

SGANARELLE. — Fi, le vilain, qui est jaloux de sa femme!

GÉRONTE. — Voici ma fille.

SCÈNE VI. — LUCINDE, GÉRONTE, SGANARELLE, VALÈRE, LUCAS, JACQUELINE.

SGANARELLE. — Est-ce là la malade?

GÉRONTE. — Oui. Je n'ai qu'elle de fille; et j'aurois tous les regrets du monde, si elle venoit à mourir.

SGANARELLE. — Qu'elle s'en garde bien. Il ne faut pas qu'elle meure sans l'ordonnance du médecin.

GÉRONTE. — Allons, un siége.

SGANARELLE, assis entre Géronte et Lucinde. — Voilà une malade qui n'est pas tant dégoûtante, et je tiens qu'un homme bien sain s'en accommoderoit assez.

GÉRONTE. — Vous l'avez fait rire, monsieur.

SGANARELLE. — Tant mieux; lorsque le médecin fait rire le malade, c'est le meilleur signe du monde. (A Lucinde.) Hé bien? de quoi est-il question? Qu'avez-vous? Quel est le mal que vous sentez?

LUCINDE, portant sa main à sa bouche, à sa tête, et sous son menton. — Han, hi, hon, han.

SGANARELLE. — Hé! que dites-vous?

LUCINDE continue les mêmes gestes. — Han, hi, hon, han, han, hi, hon.

SGANARELLE. — Quoi?

LUCINDE. — Han, hi, hon.

SGANARELLE. — Han, hi, hon, han, ha. Je ne vous entends point. Quel diable de langage est-ce là?

GÉRONTE. — Monsieur, c'est là sa maladie. Elle est devenue muette, sans que jusques ici on en ait pu savoir la cause; et c'est un accident qui a fait reculer son mariage.

SGANARELLE. — Et pourquoi?

GÉRONTE. — Celui qu'elle doit épouser veut attendre sa guérison pour conclure les choses.

SGANARELLE. — Et qui est ce sot-là, qui ne veut pas que sa femme soit muette? Plût à Dieu que la mienne eût cette maladie! Je me garderois de la vouloir guérir.

GÉRONTE. — Enfin, monsieur, nous vous prions d'employer tous vos soins, pour la soulager de son mal.

SGANARELLE. — Ah! ne vous mettez pas en peine. Dites-moi un peu, ce mal l'oppresse-t-il beaucoup?

GÉRONTE. — Oui, monsieur.

SGANARELLE. — Tant mieux. Sent-elle de grandes douleurs?

GÉRONTE. — Fort grandes.

SGANARELLE. — C'est fort bien fait. Va-t-elle où vous savez?

GÉRONTE. — Oui.

SGANARELLE. — Copieusement?

GÉRONTE. — Je n'entends rien à cela.

SGANARELLE. — La matière est-elle louable?

GÉRONTE. — Je ne me connois pas à ces choses.

SGANARELLE, à Lucinde. — Donnez-moi votre bras. (A Géronte.) Voilà un pouls qui marque que votre fille est muette.

GÉRONTE. — Hé! oui, monsieur, c'est là son mal; vous l'avez trouvé tout du premier coup.

SGANARELLE. — Ah! ah!

JACQUELINE. — Voyez comme il a deviné sa maladie!

SGANARELLE. — Nous autres grands médecins, nous connoissons d'abord les choses. Un ignorant auroit été embarrassé, et vous eût été dire: C'est ceci, c'est cela, mais moi, je touche au but du premier coup, et je vous apprends que votre fille est muette.

GÉRONTE. — Oui; mais je voudrois bien que vous me puissiez dire d'où cela vient.

SGANARELLE. — Il n'est rien de plus aisé. Cela vient de ce qu'elle a perdu la parole.

GÉRONTE. — Fort bien; mais la cause, s'il vous plaît, qui fait qu'elle a perdu la parole?

SGANARELLE. — Tous nos meilleurs auteurs vous diront que c'est l'empêchement de l'action de sa langue.

GÉRONTE. — Mais encore, vos sentimens sur cet empêchement de l'action de sa langue?

SGANARELLE. — Aristote, là-dessus, dit.... de fort belles choses.

GÉRONTE. — Je le crois.

SGANARELLE. — Ah ! c'étoit un grand homme.

GÉRONTE. — Sans doute.

SGANARELLE. — Grand homme tout à fait ; (levant le bras depuis le coude) un homme qui étoit plus grand que moi de tout cela. Pour revenir donc à notre raisonnement, je tiens que cet empêchement de l'action de sa langue est causé par de certaines humeurs, qu'entre nous autres savans, nous appelons humeurs peccantes, c'est-à-dire.... humeurs peccantes ; d'autant que les vapeurs formées par les exhalaisons des influences qui s'élèvent dans la région des maladies, venant.... pour ainsi dire.... à.... Entendez-vous le latin ?

GÉRONTE. — En aucune façon.

SGANARELLE, se levant brusquement. — Vous n'entendez point le latin ?

GÉRONTE. — Non.

SGANARELLE, avec enthousiasme. — *Cabricias arci thuram, catalamus, singulariter, nominativo, hæc musa,* la muse, *bonus, bona, bonum. Deus sanctus, est-ne oratio latinas? Etiam,* oui. *Quare,* pourquoi? *Quia substantivo, et adjectivum, concordat in generi, numerum, et casus.*

GÉRONTE. — Ah! que n'ai-je étudié!

JACQUELINE. — L'habile homme que vlà !

LUCAS. — Oui, ça est si biau que je n'y entends goutte.

SGANARELLE. — Or, ces vapeurs, dont je vous parle, venant à passer du côté gauche où est le foie, au côté droit où est le cœur, il se trouve que le poumon, que nous appelons en latin *armyan*, ayant communication avec le cerveau, que nous nommons en grec *nasmus*, par le moyen de la veine cave, que nous appelons en hébreu *cubile*, rencontre en son chemin lesdites vapeurs qui remplissent les ventricules de l'omoplate ; et parce que lesdites vapeurs.... Comprenez bien ce raisonnement, je vous prie ; et parce que lesdites vapeurs ont une certaine malignité.... Écoutez bien ceci, je vous conjure.

GÉRONTE. — Oui.

SGANARELLE. — Ont une certaine malignité qui est causée.... Soyez attentif, s'il vous plaît.

GÉRONTE. — Je le suis.

SGANARELLE. — Qui est causée par l'âcreté des humeurs engendrées dans la concavité du diaphragme, il arrive que ces vapeurs.... *Ossabandus, nequeis, nequer, potarinum, quipsa milus.* Voilà justement ce qui fait que votre fille est muette.

JACQUELINE. — Ah! que ça est bian dit, notre homme!

LUCAS. — Que n'ai-je la langue aussi bian pendue!

GÉRONTE. — On ne peut pas mieux raisonner, sans doute. Il n'y a qu'une seule chose qui m'a choqué; c'est l'endroit du foie et du cœur. Il me semble que vous les placez autrement qu'ils ne sont; que le cœur est du côté gauche, et le foie du côté droit.

SGANARELLE. — Oui, cela étoit autrefois ainsi; mais nous avons changé tout cela, et nous faisons maintenant la médecine d'une méthode toute nouvelle.

GÉRONTE. — C'est ce que je ne savois pas, et je vous demande pardon de mon ignorance.

SGANARELLE. — Il n'y a point de mal; et vous n'êtes pas obligé d'être aussi habile que nous.

GÉRONTE. — Assurément. Mais, monsieur, que croyez-vous qu'il faille faire à cette maladie?

SGANARELLE. — Ce que je crois qu'il faille faire?

GÉRONTE. — Oui.

SGANARELLE. — Mon avis est qu'on la remette sur son lit, et qu'on lui fasse prendre, pour remède, quantité de pain trempé dans du vin.

GÉRONTE. — Pourquoi cela, monsieur?

SGANARELLE. — Parce qu'il y a dans le vin et le pain, mêlés ensemble, une vertu sympathique qui fait parler. Ne voyez-vous pas bien qu'on ne donne autre chose aux perroquets, et qu'ils apprennent à parler en mangeant de cela?

GÉRONTE. — Cela est vrai. Ah! le grand homme! Vite, quantité de pain et de vin.

SGANARELLE. — Je reviendrai voir, sur le soir, en quel état elle sera.

SCÈNE VII. — GÉRONTE, SGANARELLE, JACQUELINE.

SGANARELLE, à Jacqueline. — Doucement, vous. (A Géronte.) Monsieur, voilà une nourrice à laquelle il faut que je fasse quelques petits remèdes.

JACQUELINE. — Qui? Moi? Je me porte le mieux du monde.

SGANARELLE. — Tant pis, nourrice, tant pis. Cette grande santé est à craindre; et il ne sera pas mauvais de vous faire quelque petite saignée amiable, de vous donner quelque petit clystère dulcifiant.

GÉRONTE. — Mais, monsieur, voilà une mode que je ne comprends point. Pourquoi s'aller faire saigner, quand on n'a point de maladie?

SGANARELLE. — Il n'importe, la mode en est salutaire; et, comme on boit pour la soif à venir, il faut se faire aussi saigner pour la maladie à venir.

JACQUELINE, en s'en allant. — Ma fi, je me moque de ça; et je ne veux point faire de mon corps une boutique d'apothicaire.

SGANARELLE. — Vous êtes rétive aux remèdes; mais nous saurons vous soumettre à la raison.

SCÈNE VIII. — GÉRONTE, SGANARELLE.

SGANARELLE. — Je vous donne le bonjour.

GÉRONTE. — Attendez un peu, s'il vous plaît.

SGANARELLE. — Que voulez-vous faire?

GÉRONTE. — Vous donner de l'argent, monsieur,

SGANARELLE, tendant sa main par derrière, tandis que Géronte ouvre sa bourse. — Je n'en prendrai pas, monsieur.

GÉRONTE. — Monsieur.

SGANARELLE. — Point du tout.

GÉRONTE. — Un petit moment.

SGANARELLE. — En aucune façon.

GÉRONTE. — De grâce.

SGANARELLE. — Vous vous moquez.

GÉRONTE. — Voilà qui est fait.

SGANARELLE. — Je n'en ferai rien.

GÉRONTE. — Eh !

SGANARELLE. — Ce n'est pas l'argent qui me fait agir.

GÉRONTE. — Je le crois.

SGANARELLE, après avoir pris l'argent. — Cela est-il de poids?

GÉRONTE. — Oui, monsieur.

SGANARELLE. — Je ne suis pas un médecin mercenaire.

GÉRONTE. — Je le sais bien.

SGANARELLE. — L'intérêt ne me gouverne point.

GÉRONTE. — Je n'ai pas cette pensée.

SGANARELLE, seul, regardant l'argent qu'il a reçu. — Ma foi, cela ne va pas mal; et pourvu que.....

SCÈNE IX. — LÉANDRE, SGANARELLE.

LÉANDRE. — Monsieur, il y a longtemps que je vous attends, et je viens implorer votre assistance.

SGANARELLE, lui tâtant le pouls. — Voilà un pouls qui est fort mauvais.

LÉANDRE. — Je ne suis point malade, monsieur, et ce n'est pas pour cela que je viens à vous.

SGANARELLE. — Si vous n'êtes pas malade, que diable ne le dites-vous donc?

LÉANDRE. — Non. Pour vous dire la chose en deux mots, je m'appelle Léandre, qui suis amoureux de Lucinde, que vous venez de visiter; et, comme, par la mauvaise humeur de son père, toute sorte d'accès m'est fermé auprès d'elle, je me hasarde à vous prier de vouloir servir mon amour, et de me donner lieu d'exécuter un stratagème que j'ai trouvé, pour lui pouvoir dire deux mots d'où dépendent absolument mon bonheur et ma vie.

SGANARELLE. — Pour qui me prenez-vous? Comment! oser vous adresser à moi pour vous servir dans votre amour, et vouloir ravaler la dignité de médecin à des emplois de cette nature?

LÉANDRE. — Monsieur, ne faites point de bruit.

SGANARELLE, en le faisant reculer. — J'en veux faire, moi. Vous êtes un impertinent.

LÉANDRE. — Hé! monsieur, doucement.

SGANARELLE. — Un malavisé.

LÉANDRE. — De grâce.

SGANARELLE. — Je vous apprendrai que je ne suis point homme à cela, et que c'est une insolence extrême....

LÉANDRE, tirant une bourse. — Monsieur....

SGANARELLE. — De vouloir m'employer.... (Recevant la bourse.) Je ne parle pas pour vous; car vous êtes honnête homme, et je serois ravi de vous rendre service. Mais il y a de certains impertinens au monde, qui viennent prendre les gens pour ce qu'ils ne sont pas; et je vous avoue que cela me met en colère.

LÉANDRE. — Je vous demande pardon, monsieur, de la liberté que....

SGANARELLE. — Vous vous moquez. De quoi est-il question?

LÉANDRE. — Vous saurez donc, monsieur, que cette maladie que vous voulez guérir, est une feinte maladie. Les médecins ont raisonné là-dessus comme il faut, et ils n'ont pas manqué de dire que cela procédoit, qui du cerveau, qui des entrailles, qui de la rate, qui du foie; mais il est certain que l'amour en est la véritable cause, et que Lucinde n'a trouvé cette maladie que pour se délivrer d'un mariage dont elle étoit importunée. Mais de crainte qu'on ne nous voie ensemble, retirons-nous d'ici; et je vous dirai en marchant ce que je souhaite de vous.

SGANARELLE. — Allons, monsieur. Vous m'avez donné pour votre amour une tendresse qui n'est pas concevable, et j'y perdrai toute ma médecine; ou la malade crèvera, ou bien elle sera à vous.

ACTE TROISIÈME.

Le théâtre représente un lieu voisin de la maison de Géronte.

SCÈNE I. — LÉANDRE, SGANARELLE.

LÉANDRE. — Il me semble que je ne suis pas mal ainsi pour un apothicaire ; et, comme le père ne m'a guère vu, ce changement d'habit et de perruque est assez capable, je crois, de me déguiser à ses yeux.

SGANARELLE. — Sans doute.

LÉANDRE. — Tout ce que je souhaiterois, seroit de savoir cinq ou six grands mots de médecine pour parer mon discours et me donner l'air d'habile homme.

SGANARELLE. — Allez, allez, tout cela n'est pas nécessaire : il suffit de l'habit ; et je n'en sais pas plus que vous.

LÉANDRE. — Comment !

SGANARELLE. — Diable emporte si j'entends rien en médecine ! Vous êtes honnête homme, et je veux bien me confier à vous, comme vous vous confiez à moi.

LÉANDRE. — Quoi ! vous n'êtes pas effectivement....

SGANARELLE. — Non, vous dis-je, ils m'ont fait médecin malgré mes dents. Je ne m'étois jamais mêlé d'être si savant que cela ; et toutes mes études n'ont été que jusqu'en sixième. Je ne sais point sur quoi cette imagination leur est venue ; mais, quand j'ai vu qu'à toute force ils vouloient que je fusse médecin, je me suis résolu de l'être aux dépens de qui il appartiendra. Cependant vous ne sauriez croire comment l'erreur s'est répandue, et de quelle façon chacun est endiablé à me croire habile homme. On me vient chercher de tous les côtés ; et, si les choses vont toujours de même, je suis d'avis de m'en tenir toute ma vie à la médecine. Je trouve que c'est le métier le meilleur de tous ; car, soit qu'on fasse bien, ou soit qu'on fasse mal, on est toujours payé de même sorte. La méchante besogne ne retombe jamais sur notre dos, et nous taillons comme il nous plaît sur l'étoffe où nous travaillons. Un cordonnier, en faisant des souliers, ne sauroit gâter un morceau de cuir, qu'il n'en paye les pots cassés ; mais ici l'on peut gâter un homme sans qu'il en coûte rien. Les bévues ne sont point pour nous, et c'est toujours la faute de celui qui meurt. Enfin le bon de cette profession est qu'il y a parmi les morts une honnêteté, une discrétion la plus grande du monde ; et jamais on n'en voit se plaindre du médecin qui l'a tué.

LÉANDRE. — Il est vrai que les morts sont fort honnêtes gens sur cette matière.

SGANARELLE, voyant des hommes qui viennent à lui. — Voilà des gens qui ont la mine de me venir consulter. (A Léandre.) Allez toujours m'attendre auprès du logis de votre maîtresse.

SCÈNE II. — THIBAUT, PERRIN, SGANARELLE.

THIBAUT. — Monsieu, je venons vous charcher, mon fils Perrin et moi.

SGANARELLE. — Qu'y a-t-il ?

THIBAUT. — Sa pauvre mère, qui a nom Parrette, est dans un lit malade il y a six mois.

SGANARELLE, tendant la main comme pour recevoir de l'argent. — Que voulez-vous que j'y fasse ?

THIBAUT. — Je voudrions, monsieu, que vous nous baillissiez queuque petite drôlerie pour la garir.

SGANARELLE. — Il faut voir de quoi est-ce qu'elle est malade.

THIBAUT. — Alle est malade d'hypocrisie, monsieu.

SGANARELLE. — D'hypocrisie ?

THIBAUT. — Oui, c'est-à-dire qu'alle est enflée partout ; et l'an dit que c'est quantité de sériosités qu'alle a dans le corps, et que son foie, son ventre, ou sa rate, comme vous voudrais l'appeler, au glieu de faire du sang, ne fait plus que de liau. Alle a, de deux jours l'un, la fièvre quotiguienne, avec des lassitudes et des douleurs dans les mufles des jambes. On entend dans sa gorge des fleumes qui sont tout prêts à l'étouffer; et parfois il lui prend des syncoles et des conversions, que je crayons qu'alle est passée. J'avons dans notre village un apothicaire, révérence parler, qui li a donné je ne sais combien d'histoires; et il m'en coûte plus d'eune douzaine de bons écus, en lavemens, ne v's en déplaise, en aposthumes qu'on li a fait prendre, en infections de jacinthe, et en portions cordales. Mais tout ça, comme dit l'autre, n'a été que de l'onguent miton-mitaine. Il veloit li bailler d'une certaine drogue que l'on appelle du vin amétile; mais j'ai-z-eu peur franchement que ça l'envoyît *à patres*, et l'an dit que ces gros médecins tuont je ne sais combien de monde avec cette invention-là.

SGANARELLE, tendant toujours la main. — Venons au fait, mon ami, venons au fait.

THIBAUT. — Le fait est, monsieu, que je venons vous prier de nous dire ce qu'il faut que je fassions.

SGANARELLE. — Je ne vous entends point du tout.

PERRIN. — Monsieu, ma mère est malade, et vlà deux écus que je vous apportons, pour nous bailler queuque remède.

SGANARELLE. — Ah! je vous entends, vous. Voilà un garçon qui parle clairement, et qui s'explique comme il faut. Vous dites que votre mère est malade d'hydropisie, qu'elle est enflée par tout le corps; qu'elle a la fièvre, avec des douleurs dans les jambes, et qu'il lui prend parfois des syncopes et des convulsions, c'est-à-dire des évanouissemens.

PERRIN. — Hé! oui, monsieu, c'est justement ça.

SGANARELLE. — J'ai compris d'abord vos paroles. Vous avez un père qui ne sait ce qu'il dit. Maintenant, vous me demandez un remède?

PERRIN. — Oui, monsieu.

SGANARELLE. — Un remède pour la guérir?

PERRIN. — C'est comme je l'entendons.

SGANARELLE. — Tenez, voilà un morceau de fromage qu'il faut que vous lui fassiez prendre.

PERRIN. — Du fromage, monsieu?

SGANARELLE. — Oui, c'est un fromage préparé, où il entre de l'or, du corail et des perles, et quantité d'autres choses précieuses.

PERRIN. — Monsieu, je vous sommes bien obligés, et j'allons li faire prendre ça tout à l'heure.

SGANARELLE. — Allez. Si elle meurt, ne manquez pas de la faire enterrer du mieux que vous pourrez.

SCÈNE III.

(Le théâtre change, et représente, comme au second acte, une chambre de la maison de Géronte.)

JACQUELINE, SGANARELLE, LUCAS, dans le fond du théâtre.

SGANARELLE. — Voici la belle nourrice. Ah ! nourrice de mon cœur, je suis ravi de cette rencontre ; et votre vue est la rhubarbe, la casse et le séné qui purgent toute la mélancolie de mon âme.

JACQUELINE. — Par ma figué, monsieu le médecin, ça est trop bian dit pour moi, et je n'entends rian à tout votre latin.

SGANARELLE. — Devenez malade, nourrice, je vous prie, devenez malade pour l'amour de moi. J'aurois toutes les joies du monde de vous guérir.

JACQUELINE. — Je sis votre sarvante, j'aime bian mieux qu'an né me garisse pas.

SGANARELLE. — Que je vous plains, belle nourrice, d'avoir un mari jaloux et fâcheux, comme celui que vous avez !

JACQUELINE. — Que velez-vous, monsieu ? C'est pour la pénitence de mes fautes ; et là où la chèvre est liée, il faut bian qu'alle y broute.

SGANARELLE. — Comment ! un rustre comme cela ! Un homme qui vous observe toujours, et ne veut pas que personne vous parle !

JACQUELINE. — Hélas ! vous n'avez rian vu encore, et ce n'est qu'un petit échantillon de sa mauvaise humeur.

SGANARELLE. — Est-il possible? et qu'un homme ait l'âme assez basse pour maltraiter une personne comme vous? Ah! que j'en sais, belle nourrice, et qui ne sont pas loin d'ici, qui se tiendroient heureux de baiser seulement les petits bouts de vos petons. Pourquoi faut-il qu'une personne si bien faite soit tombée en de telles mains? et qu'un franc animal, un brutal, un stupide, un sot.... Pardonnez-moi, nourrice, si je parle ainsi de votre mari.

JACQUELINE. — Hé! monsieu, je sais bian qu'il mérite tous ces noms-là.

SGANARELLE. — Oui, sans doute, nourrice, il les mérite; et il mériteroit encore que vous lui missiez quelque chose sur la tête, pour le punir des soupçons qu'il a.

JACQUELINE. — Il est bian vrai que, si je n'avois devant les yeux que son intérêt, il pourroit m'obliger à queuque étrange chose.

SGANARELLE. — Ma foi, vous ne feriez pas mal de vous venger de lui avec quelqu'un. C'est un homme, je vous le dis, qui mérite bien cela; et, si j'étois assez heureux, belle nourrice, pour être choisi pour....

(Dans le temps que Sganarelle tend les bras pour embrasser Jacqueline, Lucas passe sa tête par-dessous, et se met entre eux deux; Sganarelle et Jacqueline regardent Lucas, et sortent chacun de leur côté.)

SCÈNE IV. — GÉRONTE, LUCAS.

GÉRONTE. — Holà! Lucas, n'as-tu point vu ici notre médecin?

LUCAS. — Et oui, de par tous les diantres, je l'ai vu, et ma femme aussi!

GÉRONTE. — Où est-ce donc qu'il peut être?

LUCAS. — Je ne sais; mais je voudrois qu'il fût à tous les guèbles.

GÉRONTE. — Va-t'en voir un peu ce que fait ma fille.

SCÈNE V. — SGANARELLE, LÉANDRE, GÉRONTE.

GÉRONTE. — Ah! monsieur, je demandois où vous étiez.

SGANARELLE. — Je m'étois amusé dans votre cour à expulser le superflu de la boisson. Comment se porte la malade?

GÉRONTE. — Un peu plus mal depuis votre remède.

SGANARELLE. — Tant mieux. C'est signe qu'il opère.

GÉRONTE. — Oui; mais, en opérant, je crains qu'il ne l'étouffe.

SGANARELLE. — Ne vous mettez pas en peine; j'ai des remèdes qui se moquent de tout, et je l'attends à l'agonie.

GÉRONTE, montrant Léandre. — Qui est cet homme-là que vous amenez?

SGANARELLE, faisant des signes avec la main, pour montrer que c'est un apothicaire. — C'est....

GÉRONTE. — Quoi?

SGANARELLE. — Celui....

GÉRONTE. — Hé?

SGANARELLE. — Qui....

GÉRONTE. — Je vous entends.

SGANARELLE. — Votre fille en aura besoin.

SCÈNE VI. — LUCINDE, GÉRONTE, LÉANDRE, JACQUELINE, SGANARELLE.

JACQUELINE. — Monsieu, vlà votre fille qui veut un peu marcher.

SGANARELLE. — Cela lui fera du bien. Allez-vous-en, monsieur l'apothicaire, tâter un peu son pouls, afin que je raisonne tantôt avec vous de sa maladie.

(Sganarelle tire Géronte dans un coin du théâtre, et lui passe un bras sur les épaules pour l'empêcher de tourner la tête du côté où sont Léandre et Lucinde.)

Monsieur, c'est une grande et subtile question, entre

les docteurs, de savoir si les femmes sont plus faciles à guérir que les hommes. Je vous prie d'écouter ceci, s'il vous plaît. Les uns disent que non, les autres disent que oui ; et moi je dis que oui et non ; d'autant que l'incongruité des humeurs opaques, qui se rencontrent au tempérament naturel des femmes, étant cause que la partie brutale veut toujours prendre empire sur la sensitive, on voit que l'inégalité de leurs opinions dépend du mouvement oblique du cercle de la lune ; et, comme le soleil qui darde ses rayons sur la concavité de la terre, trouve....

LUCINDE, à Léandre. — Non, je ne suis point du tout capable de changer de sentiment.

GÉRONTE. — Voilà ma fille qui parle ! O grande vertu du remède ! O admirable médecin ! Que je vous suis obligé, monsieur, de cette guérison merveilleuse ! et que puis-je faire pour vous après un tel service ?

SGANARELLE, se promenant sur le théâtre, et s'éventant avec son chapeau. — Voilà une maladie qui m'a bien donné de la peine !

LUCINDE. — Oui, mon père, j'ai recouvré la parole ; mais je l'ai recouvrée pour vous dire que je n'aurai jamais d'autre époux que Léandre, et que c'est inutilement que vous voulez me donner Horace.

GÉRONTE. — Mais....

LUCINDE. — Rien n'est capable d'ébranler la résolution que j'ai prise.

GÉRONTE. — Quoi?...

LUCINDE. — Vous m'opposerez en vain de belles raisons.

GÉRONTE. — Si....

LUCINDE. — Tous vos discours ne serviront de rien.

GÉRONTE. — Je....

LUCINDE. — C'est une chose où je suis déterminée.

GÉRONTE. — Mais....

LUCINDE. — Il n'est puissance paternelle qui me puisse obliger à me marier malgré moi.

GÉRONTE. — J'ai....

UCINDE. — Vous avez beau faire tous vos efforts.

GÉRONTE. — Il....

LUCINDE. — Mon cœur ne sauroit se soumettre à cette tyrannie.

GÉRONTE. — La....

LUCINDE. — Et je me jetterai plutôt dans un couvent, que d'épouser un homme que je n'aime point.

GÉRONTE. — Mais....

LUCINDE, avec vivacité. — Non. En aucune façon. Point d'affaires. Vous perdez le temps. Je n'en ferai rien. Cela est résolu.

GÉRONTE. — Ah! quelle impétuosité de paroles! Il n'y a pas moyen d'y résister. (A Sganarelle.) Monsieur, je vous prie de la faire redevenir muette.

SGANARELLE. — C'est une chose qui m'est impossible. Tout ce que je puis faire pour votre service, est de vous rendre sourd, si vous voulez.

GÉRONTE. — Je vous remercie. (A Lucinde.) Penses-tu donc?...

LUCINDE. — Non, toutes vos raisons ne gagneront rien sur mon âme.

GÉRONTE. — Tu épouseras Horace dès ce soir.

LUCINDE. — J'épouserai plutôt la mort.

SGANARELLE, à Géronte. — Mon Dieu! arrêtez-vous, laissez-moi médicamenter cette affaire. C'est une maladie qui la tient; et je sais le remède qu'il y faut apporter.

GÉRONTE. — Serait-il possible, monsieur, que vous pussiez aussi guérir cette maladie d'esprit?

SGANARELLE. — Oui, laissez-moi faire, j'ai des remèdes pour tout, et notre apothicaire nous servira pour cette cure. (A Léandre.) Un mot : vous voyez que l'ardeur qu'elle a pour ce Léandre est tout à fait contraire aux volontés du père, qu'il n'y a point de temps à perdre, que les humeurs sont fort aigries, et qu'il est nécessaire de trouver promptement un remède à ce mal, qui pourroit empirer par le retardement. Pour moi, je n'y en vois qu'un seul, qui est une prise de fuite purgative, que vous mêlerez, comme il faut, avec deux dragmes de matrimonium en pilules. Peut-être fera-t-elle quelque difficulté à prendre ce remède; mais, comme vous êtes habile homme dans votre métier, c'est à vous de l'y résoudre, et de lui faire avaler la chose du mieux que vous pourrez. Allez-vous-en lui faire faire un petit tour de jardin, afin de préparer les humeurs, tandis que j'entretiendrai ici son père; mais surtout ne perdez point de temps. Au remède, vite! au remède spécifique!

SCÈNE VII. — GÉRONTE, SGANARELLE.

GÉRONTE. — Quelles drogues, monsieur, sont celles que vous venez de dire? Il me semble que je ne les ai jamais ouï nommer.

SGANARELLE. — Ce sont drogues dont on se sert dans les nécessités urgentes.

GÉRONTE. — Avez-vous jamais vu une insolence pareille à la sienne?

SGANARELLE. — Les filles sont quelquefois un peu têtues.

GÉRONTE. — Vous ne sauriez croire comme elle est affolée de ce Léandre.

SGANARELLE. — La chaleur du sang fait cela dans les jeunes esprits.

GÉRONTE. — Pour moi, dès que j'ai eu découvert la violence de cet amour, j'ai su tenir toujours ma fille renfermée.

SGANARELLE. — Vous avez fait sagement.

GÉRONTE. — Et j'ai bien empêché qu'ils n'aient eu communication ensemble.

SGANARELLE. — Fort bien.

GÉRONTE. — Il seroit arrivé quelque folie, si j'avois souffert qu'ils se fussent vus.

SGANARELLE. — Sans doute.

GÉRONTE. — Et je crois qu'elle auroit été fille à s'en aller avec lui.

SGANARELLE. — C'est prudemment raisonné.

GÉRONTE. — On m'avertit qu'il fait tous ses efforts pour lui parler.

SGANARELLE. — Quel drôle?

GÉRONTE. — Mais il perdra son temps.

SGANARELLE. — Ah! ah!

GÉRONTE. — Et j'empêcherai bien qu'il ne la voie.

SGANARELLE. — Il n'a pas affaire à un sot, et vous savez des rubriques qu'il ne sait pas. Plus fin que vous n'est pas bête.

SCÈNE VIII.— LUCAS, GÉRONTE, SGANARELLE.

LUCAS. — Ah! palsanguenne, monsieu, voici bian du tintamarre; votre fille s'en est enfuie avec son Liandre. C'étoit lui qui étoit l'apothicaire; et vlà monsieu le médecin qui a fait cette belle opération-là.

GÉRONTE. — Comment! m'assassiner de la façon! Allons, un commissaire, et qu'on empêche qu'il ne sorte. Ah! traître! je vous ferai punir par la justice.

LUCAS. — Ah! par ma fi, monsieu le médecin, vous serez pendu; ne bougez de là seulement.

SCÈNE IX. — MARTINE, SGANARELLE, LUCAS.

MARTINE, à Lucas. — Ah! mon Dieu! que j'ai eu de peine à trouver ce logis! Dites-moi un peu des nouvelles du médecin que je vous ai donné.

LUCAS. — Le vlà qui va être pendu.

MARTINE. — Quoi! mon mari pendu! Hélas! et qu'a-t-il fait pour cela?

LUCAS. — Il a fait enlever la fille de notre maître.

MARTINE. — Hélas! mon cher mari, est-il bien vrai qu'on te va pendre?

SGANARELLE. — Tu vois. Ah!

MARTINE. — Faut-il que tu te laisses mourir en présence de tant de gens?

SGANARELLE. — Que veux-tu que j'y fasse?

MARTINE. — Encore si tu avois achevé de couper notre bois, je prendrois quelque consolation.

SGANARELLE. — Retire-toi de là, tu me fends le cœur.

MARTINE. — Non; je veux demeurer pour t'encourager à la mort; et je ne quitterai point que je ne t'aie vu pendu.

SGANARELLE. — Ah!

SCÈNE X. — GÉRONTE, SGANARELLE, MARTINE.

GÉRONTE, à Sganarelle. — Le commissaire viendra bientôt, et l'on s'en va vous mettre en lieu où l'on me répondra de vous.

SGANARELLE, à genoux. — Hélas! cela ne se peut-il point changer en quelques coups de bâton?

GÉRONTE. — Non, non, la justice en ordonnera. Mais, que vois-je?

SCÈNE XI. — GÉRONTE, LÉANDRE, LUCINDE, SGANARELLE, LUCAS, MARTINE.

LÉANDRE. — Monsieur, je viens faire paroître Léandre à vos yeux, et remettre Lucinde en votre pouvoir. Nous avons eu dessein de prendre la fuite nous deux, et de nous aller marier ensemble; mais cette entreprise a fait place à un procédé plus honnête. Je ne prétends point vous voler votre fille, et ce n'est que de votre main que je veux la recevoir. Ce que je vous dirai, monsieur, c'est que je viens tout à l'heure de recevoir des lettres, par où j'apprends que mon oncle est mort et que je suis héritier de tous ses biens.

GÉRONTE. — Monsieur, votre vertu m'est tout à fait considérable, et je vous donne ma fille avec la plus grande joie du monde.

SGANARELLE, à part. — La médecine l'a échappé belle.

MARTINE. — Puisque tu ne seras point pendu, rends-moi grâce d'être médecin; car c'est moi qui t'ai procuré cet honneur.

SGANARELLE. — Oui! c'est toi qui m'as procuré je ne sais combien de coups de bâton?

LÉANDRE, à Sganarelle. — L'effet en est trop beau pour en garder du ressentiment.

SGANARELLE. — Soit. (A Martine.) Je te pardonne ces coups de bâton, en faveur de la dignité où tu m'as élevé ; mais prépare-toi désormais à vivre dans un grand respect avec un homme de ma conséquence, et songe que la colère d'un médecin est plus à craindre qu'on ne peut croire.

FIN DU MÉDECIN MALGRÉ LUI.

LE TARTUFFE

ou

L'IMPOSTEUR

COMÉDIE

1664

PERSONNAGES.

MADAME PERNELLE, mère d'Orgon.
ORGON, mari d'Elmire.
ELMIRE, femme d'Orgon.
DAMIS, fils d'Orgon.
MARIANE, fille d'Orgon et amante de Valère.
VALÈRE, amant de Mariane.
CLÉANTE, beau-frère d'Orgon.
TARTUFFE, faux dévot.
DORINE, suivante de Mariane.
M. LOYAL, sergent.
UN EXEMPT.
FLIPOTE, servante de madame Pernelle.

La scène est à Paris, dans la maison d'Orgon.

LE TARTUFFE

ou

L'IMPOSTEUR.

COMÉDIE.

ACTE PREMIER.

SCÈNE I. — MADAME PERNELLE, ELMIRE, MARIANE, CLÉANTE, DAMIS, DORINE, FLIPOTE.

MADAME PERNELLE.
Allons, Flipote, allons ; que d'eux je me délivre.
ELMIRE.
Vous marchez d'un tel pas, qu'on a peine à vous suivre.
MADAME PERNELLE.
Laissez, ma bru, laissez ; ne venez pas plus loin.
Ce sont toutes façons dont je n'ai pas besoin.
ELMIRE.
De ce que l'on vous doit envers vous l'on s'acquitte.
Mais, ma mère, d'où vient que vous sortez si vite ?
MADAME PERNELLE.
C'est que je ne puis voir tout ce ménage-ci,
Et que de me complaire on ne prend nul souci.
Oui, je sors de chez vous fort mal édifiée :
Dans toutes mes leçons j'y suis contrariée ;
On n'y respecte rien, chacun y parle haut,
Et c'est tout justement la cour du roi Pétaud.
DORINE.
Si....

MADAME PERNELLE.
Vous êtes, ma mie, une fille suivante
Un peu trop forte en gueule, et fort impertinente;
Vous vous mêlez sur tout de dire votre avis.

DAMIS.
Mais....

MADAME PERNELLE.
Vous êtes un sot, en trois lettres, mon fils;
C'est moi qui vous le dis, qui suis votre grand'mère;
Et j'ai prédit cent fois à mon fils, votre père,
Que vous preniez tout l'air d'un méchant garnement,
Et ne lui donneriez jamais que du tourment.

MARIANE.
Je crois....

MADAME PERNELLE.
Mon Dieu! sa sœur, vous faites la discrète,
Et vous n'y touchez pas, tant vous semblez doucette!
Mais il n'est, comme on dit, pire eau que l'eau qui dort;
Et vous menez, sous chape, un train que je hais fort.

ELMIRE.
Mais, ma mère....

MADAME PERNELLE.
Ma bru, qu'il ne vous en déplaise,
Votre conduite, en tout, est tout à fait mauvaise;
Vous devriez leur mettre un bon exemple aux yeux;
Et leur défunte mère en usoit beaucoup mieux.
Vous êtes dépensière; et cet état me blesse,
Que vous alliez vêtue ainsi qu'une princesse.
Quiconque à son mari veut plaire seulement,
Ma bru, n'a pas besoin de tant d'ajustement.

CLÉANTE.
Mais, madame, après tout....

MADAME PERNELLE.
Pour vous, monsieur son frère,
Je vous estime fort, vous aime, et vous révère:
Mais enfin, si j'étois de mon fils, son époux,
Je vous prierois bien fort de n'entrer point chez nous;
Sans cesse vous prêchez des maximes de vivre

Qui par d'honnêtes gens ne se doivent point suivre.
Je vous parle un peu franc; mais c'est là mon humeur,
Et je ne mâche point ce que j'ai sur le cœur.

DAMIS.

Votre monsieur Tartuffe est bien heureux, sans doute....

MADAME PERNELLE.

C'est un homme de bien, qu'il faut que l'on écoute;
Et je ne puis souffrir, sans me mettre en courroux,
De le voir querellé par un fou comme vous.

DAMIS.

Quoi! je souffrirai, moi, qu'un cagot de critique
Vienne usurper céans un pouvoir tyrannique;
Et que nous ne puissions à rien nous divertir,
Si ce beau monsieur-là n'y daigne consentir?

DORINE.

S'il le faut écouter et croire à ses maximes,
On ne peut faire rien qu'on ne fasse des crimes;
Car il contrôle tout, ce critique zélé.

MADAME PERNELLE.

Et tout ce qu'il contrôle est fort bien contrôlé.
C'est au chemin du ciel qu'il prétend vous conduire;
Et mon fils à l'aimer vous devroit tous induire.

DAMIS.

Non, voyez-vous, ma mère, il n'est père, ni rien,
Qui me puisse obliger à lui vouloir du bien :
Je trahirois mon cœur de parler d'autre sorte.
Sur ses façons de faire à tous coups je m'emporte;
J'en prévois une suite, et qu'avec ce pied-plat
Il faudra que j'en vienne à quelque grand éclat.

DORINE.

Certes, c'est une chose aussi qui scandalise
De voir qu'un inconnu céans s'impatronise;
Qu'un gueux, qui, quand il vint, n'avoit pas de souliers,
Et dont l'habit entier valoit bien six deniers,
En vienne jusque-là que de se méconnoître,
De contrarier tout, et de faire le maître.

MADAME PERNELLE.

Hé! merci de ma vie! il en iroit bien mieux

Si tout se gouvernoit par ses ordres pieux.
DORINE.
Il passe pour un saint dans votre fantaisie :
Tout son fait, croyez-moi, n'est rien qu'hypocrisie.
MADAME PERNELLE.
Voyez la langue !
DORINE.
A lui, non plus qu'à son Laurent,
Je ne me fierois, moi, que sur un bon garant.
MADAME PERNELLE.
J'ignore ce qu'au fond le serviteur peut être ;
Mais pour homme de bien je garantis le maître.
Vous ne lui voulez mal et ne le rebutez
Qu'à cause qu'il vous dit à tous vos vérités.
C'est contre le péché que son cœur se courrouce,
Et l'intérêt du ciel est tout ce qui le pousse.
DORINE.
Oui, mais pourquoi, surtout depuis un certain temps,
Ne sauroit-il souffrir qu'aucun hante céans?
En quoi blesse le ciel une visite honnête,
Pour en faire un vacarme à nous rompre la tête ?
Veut-on que là-dessus je m'explique entre nous ?...
(Montrant Elmire.)
Je crois que de madame il est, ma foi, jaloux.
MADAME PERNELLE.
Taisez-vous, et songez aux choses que vous dites.
Ce n'est pas lui tout seul qui blâme ces visites :
Tout ce tracas qui suit les gens que vous hantez,
Ces carrosses sans cesse à la porte plantés,
Et de tant de laquais le bruyant assemblage
Font un éclat fâcheux dans tout le voisinage.
Je veux croire qu'au fond il ne se passe rien :
Mais enfin, on en parle ; et cela n'est pas bien.
CLÉANTE.
Hé ! voulez-vous, madame, empêcher qu'on ne cause ?
Ce seroit dans la vie une fâcheuse chose,
Si, pour les sots discours où l'on peut être mis,
Il falloit renoncer à ses meilleurs amis.

Et, quand même on pourroit se résoudre à le faire,
Croiriez-vous obliger tout le monde à se taire?
Contre la médisance il n'est point de rempart.
A tous les sots caquets n'ayons donc nul égard;
Efforçons-nous de vivre avec toute innocence,
Et laissons aux causeurs une pleine licence.

DORINE.

Daphné, notre voisine, et son petit époux,
Ne seroient-ils point ceux qui parlent mal de nous?
Ceux de qui la conduite offre le plus à rire,
Sont toujours sur autrui les premiers à médire :
Ils ne manquent jamais de saisir promptement
L'apparente lueur du moindre attachement,
D'en semer la nouvelle avec beaucoup de joie
Et d'y donner le tour qu'ils veulent qu'on y croie :
Des actions d'autrui, teintes de leurs couleurs,
Ils pensent dans le monde autoriser les leurs,
Et, sous le faux espoir de quelque ressemblance,
Aux intrigues qu'ils ont donner de l'innocence,
Ou faire ailleurs tomber quelques traits partagés
De ce blâme public dont ils sont trop chargés.

MADAME PERNELLE.

Tous ces raisonnements ne font rien à l'affaire.
On sait qu'Orante mène une vie exemplaire;
Tous ses soins vont au ciel : et j'ai su par des gens
Qu'elle condamne fort le train qui vient céans.

DORINE.

L'exemple est admirable, et cette dame est bonne !
Il est vrai qu'elle vit en austère personne ;
Mais l'âge dans son âme a mis ce zèle ardent,
Et l'on sait qu'elle est prude à son corps défendant.
Tant qu'elle a pu des cœurs attirer les hommages,
Elle a fort bien joui de tous ses avantages :
Mais, voyant de ses yeux tous les brillants baisser,
Au monde, qui la quitte, elle veut renoncer,
Et du voile pompeux d'une haute sagesse
De ses attraits usés déguiser la foiblesse.
Ce sont là les retours des coquettes du temps.

Il leur est dur de voir déserter les galants.
Dans un tel abandon, leur sombre inquiétude
Ne voit d'autre recours que le métier de prude ;
Et la sévérité de ces femmes de bien
Censure toute chose, et ne pardonne à rien.
Hautement d'un chacun elles blâment la vie,
Non point par charité, mais par un trait d'envie
Qui ne sauroit souffrir qu'une autre ait les plaisirs
Dont le penchant de l'âge a sevré leurs désirs.
   MADAME PERNELLE, à Elmire.
Voilà les contes bleus qu'il vous faut pour vous plaire,
Ma bru ; l'on est chez vous contrainte de se taire,
Car madame, à jaser, tient le dé tout le jour.
Mais enfin je prétends discourir à mon tour :
Je vous dis que mon fils n'a rien fait de plus sage
Qu'en recueillant chez soi ce dévot personnage ;
Que le ciel au besoin l'a céans envoyé
Pour redresser à tous votre esprit fourvoyé ;
Que, pour votre salut, vous le devez entendre,
Et qu'il ne reprend rien qui ne soit à reprendre.
Ces visites, ces bals, ces conversations,
Sont du malin esprit toutes inventions.
Là, jamais on n'entend de pieuses paroles ;
Ce sont propos oisifs, chansons et fariboles :
Bien souvent le prochain en a sa bonne part,
Et l'on y sait médire et du tiers et du quart.
Enfin les gens sensés ont leurs têtes troublées
De la confusion de telles assemblées :
Mille caquets divers s'y font en moins de rien ;
Et, comme l'autre jour un docteur dit fort bien,
C'est véritablement la tour de Babylone,
Car chacun y babille, et tout du long de l'aune :
Et pour conter l'histoire où ce point l'engagea....
  (Montrant Cléante.)
Voilà-t-il pas monsieur qui ricane déjà !
Allez chercher vos fous qui vous donnent à rire,
  (A Elmire.)
Et sans.... Adieu, ma bru ; je ne veux plus rien dire.

Sachez que pour céans j'en rabats la moitié,
Et qu'il fera beau temps quand j'y mettrai le pied.
(Donnant un soufflet à Flipote.)
Allons, vous, vous rêvez, et bayez aux corneilles.
Jour de Dieu! je saurai vous frotter les oreilles.
Marchons, gaupe, marchons.

SCÈNE II. — CLÉANTE, DORINE.

CLÉANTE.

Je n'y veux point aller[1],
De peur qu'elle ne vînt encor me quereller;
Que cette bonne femme....

DORINE.

Ah! certes, c'est dommage
Qu'elle ne vous ouît tenir un tel langage :
Elle vous diroit bien qu'elle vous trouve bon,
Et qu'elle n'est point d'âge à lui donner ce nom.

CLÉANTE.

Comme elle s'est pour rien contre nous échauffée!
Et que de son Tartuffe elle paroît coiffée!

DORINE.

Oh! vraiment, tout cela n'est rien au prix du fils,
Et, si vous l'aviez vu, vous diriez : « C'est bien pis! »
Nos troubles l'avoient mis sur le pied d'homme sage,
Et, pour servir son prince, il montra du courage :
Mais il est devenu comme un homme hébété,
Depuis que de Tartuffe on le voit entêté;
Il l'appelle son frère, et l'aime dans son âme
Cent fois plus qu'il ne fait mère, fils, fille, et femme.
C'est de tous ses secrets l'unique confident,
Et de ses actions le directeur prudent;
Il le choie, il l'embrasse; et pour une maîtresse
On ne sauroit, je pense, avoir plus de tendresse :

---

1. C'est-à-dire, je ne veux point aller reconduire Mme Pernelle, avec laquelle sont sortis tous les personnages de la première scène, à l'exception de Cléante et de Dorine.

A table, au plus haut bout il veut qu'il soit assis ;
Avec joie il l'y voit manger autant que six ;
Les bons morceaux de tout, il fait qu'on les lui cède ;
Et, s'il vient à roter, il lui dit : « Dieu vous aide ! »
Enfin il en est fou ; c'est son tout, son héros ;
Il l'admire à tous coups, le cite à tous propos ;
Ses moindres actions lui semblent des miracles,
Et tous les mots qu'il dit sont pour lui des oracles.
Lui, qui connoît sa dupe, et qui veut en jouir,
Par cent dehors fardés a l'art de l'éblouir ;
Son cagotisme en tire, à toute heure, des sommes,
Et prend droit de gloser sur tous tant que nous sommes.
Il n'est pas jusqu'au fat qui lui sert de garçon
Qui ne se mêle aussi de nous faire leçon ;
Il vient nous sermonner avec des yeux farouches,
Et jeter nos rubans, notre rouge et nos mouches.
Le traître, l'autre jour, nous rompit de ses mains
Un mouchoir qu'il trouva dans une *Fleur des Saints*,
Disant que nous mêlions, par un crime effroyable,
Avec la sainteté les parures du diable.

SCÈNE III. — ELMIRE, MARIANE, DAMIS, CLÉANTE, DORINE.

ELMIRE, à Cléante.

Vous êtes bien heureux de n'être point venu
Au discours qu'à la porte elle nous a tenu.
Mais j'ai vu mon mari ; comme il ne m'a point vue
Je veux aller là-haut attendre sa venue.

CLÉANTE.

Moi, je l'attends ici pour moins d'amusement ;
Et je vais lui donner le bonjour seulement.

SCÈNE IV. — CLÉANTE, DAMIS, DORINE.

DAMIS.

De l'hymen de ma sœur touchez-lui quelque chose.
J'ai soupçon que Tartuffe à son effet s'oppose,

Qu'il oblige mon père à des détours si grands ;
Et vous n'ignorez pas quel intérêt j'y prends.
Si même ardeur enflamme et ma sœur et Valère,
La sœur de cet ami, vous le savez, m'est chère ;
Et s'il falloit....

DORINE.

Il entre.

SCÈNE V. — ORGON, CLÉANTE, DORINE.

ORGON.

Ah ! mon frère, bonjour.

CLÉANTE.

Je sortois, et j'ai joie à vous voir de retour.
La campagne à présent n'est pas beaucoup fleurie.

ORGON.

(A Cléante.)
Dorine.... Mon beau-frère, attendez, je vous prie.
Vous voulez bien souffrir, pour m'ôter de souci,
Que je m'informe un peu des nouvelles d'ici.
(A Dorine.)
Tout s'est-il, ces deux jours, passé de bonne sorte?
Qu'est-ce qu'on fait céans? Comme est-ce qu'on s'y porte?

DORINE.

Madame eut avant-hier la fièvre jusqu'au soir,
Avec un mal de tête étrange à concevoir.

ORGON.

Et Tartuffe?

DORINE.

Tartuffe ? Il se porte à merveille,
Gros et gras, le teint frais, et la bouche vermeille.

ORGON.

Le pauvre homme !

DORINE.

Le soir, elle eut un grand dégoût,
Et ne put, au souper, toucher à rien du tout,
Tant sa douleur de tête étoit encor cruelle !

ORGON.

Et Tartuffe ?

DORINE.

Il soupa, lui tout seul, devant elle ;
Et fort dévotement il mangea deux perdrix,
Avec une moitié de gigot en hachis.

ORGON.

Le pauvre homme !

DORINE.

La nuit se passa tout entière
Sans qu'elle pût fermer un moment la paupière ;
Des chaleurs l'empêchoient de pouvoir sommeiller,
Et jusqu'au jour près d'elle il nous fallut veiller.

ORGON.

Et Tartuffe ?

DORINE.

Pressé d'un sommeil agréable,
Il passa dans sa chambre au sortir de la table ;
Et dans son lit bien chaud il se mit tout soudain,
Où, sans trouble, il dormit jusques au lendemain.

ORGON.

Le pauvre homme !

DORINE.

A la fin, par nos raisons gagnée,
Elle se résolut à souffrir la saignée ;
Et le soulagement suivit tout aussitôt.

ORGON.

Et Tartuffe ?

DORINE.

Il reprit courage comme il faut ;
Et, contre tous les maux fortifiant son âme,
Pour réparer le sang qu'avoit perdu madame,
But, à son déjeuner, quatre grands coups de vin.

ORGON.

Le pauvre homme !

DORINE.

Tous deux se portent bien enfin ;
Et je vais à madame annoncer, par avance,
La part que vous prenez à sa convalescence.

SCÈNE VI. — ORGON, CLÉANTE.

CLÉANTE.

A votre nez, mon frère, elle se rit de vous;
Et, sans avoir dessein de vous mettre en courroux,
Je vous dirai tout franc que c'est avec justice.
A-t-on jamais parlé d'un semblable caprice?
Et se peut-il qu'un homme ait un charme aujourd'hui
A vous faire oublier toutes choses pour lui;
Qu'après avoir chez vous réparé sa misère,
Vous en veniez au point?...

ORGON.

              Halte-là, mon beau-frère;
Vous ne connoissez pas celui dont vous parlez.

CLÉANTE.

Je ne le connois pas, puisque vous le voulez;
Mais enfin, pour savoir quel homme ce peut être....

ORGON.

Mon frère, vous seriez charmé de le connoître,
Et vos ravissemens ne prendroient point de fin. [enfin.
C'est un homme.... qui.... ah!...un homme....un homme,
Qui suit bien ses leçons goûte une paix profonde,
Et comme du fumier regarde tout le monde.
Oui, je deviens tout autre avec son entretien;
Il m'enseigne à n'avoir affection pour rien;
De toutes amitiés il détache mon âme;
Et je verrois mourir frère, enfans, mère, et femme,
Que je m'en soucierois autant que de cela.

CLÉANTE.

Les sentimens humains, mon frère, que voilà!

ORGON.

Ah! si vous aviez vu comme j'en fis rencontre,
Vous auriez pris pour lui l'amitié que je montre.
Chaque jour à l'église, il venoit, d'un air doux,
Tout vis-à-vis de moi se mettre à deux genoux.
Il attiroit les yeux de l'assemblée entière
Par l'ardeur dont au ciel il poussait sa prière;

Il faisoit des soupirs, de grands élancemens,
Et baisoit humblement la terre à tous momens :
Et, lorsque je sortois, il me devançoit vite
Pour m'aller, à la porte, offrir de l'eau bénite.
Instruit par son garçon, qui dans tout l'imitoit,
Et de son indigence, et de ce qu'il étoit,
Je lui faisois des dons : mais, avec modestie,
Il me vouloit toujours en rendre une partie.
« C'est trop, me disoit-il, c'est trop de la moitié ;
Je ne mérite pas de vous faire pitié. »
Et quand je refusois de le vouloir reprendre,
Aux pauvres, à mes yeux, il alloit le répandre.
Enfin le ciel chez moi me le fit retirer,
Et depuis ce temps-là tout semble y prospérer.
Je vois qu'il reprend tout, et qu'à ma femme même
Il prend, pour mon honneur, un intérêt extrême ;
Il m'avertit des gens qui lui font les yeux doux,
Et plus que moi six fois il s'en montre jaloux.
Mais vous ne croiriez point jusqu'où monte son zèle :
Il s'impute à péché la moindre bagatelle ;
Un rien presque suffit pour le scandaliser ;
Jusque-là qu'il se vint, l'autre jour, accuser
D'avoir pris une puce en faisant sa prière,
Et de l'avoir tuée avec trop de colère.

CLÉANTE.

Parbleu ! vous êtes fou, mon frère, que je croi.
Avec de tels discours, vous moquez-vous de moi ?
Et que prétendez-vous ? Que tout ce badinage....

ORGON.

Mon frère, ce discours sent le libertinage :
Vous en êtes un peu dans votre âme entiché ;
Et, comme je vous l'ai plus de dix fois prêché,
Vous vous attirerez quelque méchante affaire.

CLÉANTE.

Voilà de vos pareils le discours ordinaire :
Ils veulent que chacun soit aveugle comme eux.
C'est être libertin que d'avoir de bons yeux ;
Et qui n'adore pas de vaines simagrées,

N'a ni respect ni foi pour les choses sacrées.
Allez, tous vos discours ne me font point de peur;
Je sais comme je parle, et le ciel voit mon cœur.
De tous vos façonniers on n'est point les esclaves.
Il est de faux dévots ainsi que de faux braves :
Et, comme on ne voit pas qu'où l'honneur les conduit
Les vrais braves soient ceux qui font beaucoup de bruit,
Les bons et vrais dévots, qu'on doit suivre à la trace,
Ne sont pas ceux aussi qui font tant de grimace.
Hé quoi ! vous ne ferez nulle distinction
Entre l'hypocrisie et la dévotion?
Vous les voulez traiter d'un semblable langage,
Et rendre même honneur au masque qu'au visage,
Égaler l'artifice à la sincérité,
Confondre l'apparence avec la vérité,
Estimer le fantôme autant que la personne,
Et la fausse monnoie à l'égal de la bonne?
Les hommes la plupart sont étrangement faits !
Dans la juste nature on ne les voit jamais :
La raison a pour eux des bornes trop petites;
En chaque caractère ils passent ses limites,
Et la plus noble chose, ils la gâtent souvent
Pour la vouloir outrer et pousser trop avant.
Que cela vous soit dit en passant, mon beau-frère.

ORGON.

Oui, vous êtes sans doute un docteur qu'on révère;
Tout le savoir du monde est chez vous retiré;
Vous êtes le seul sage et le seul éclairé,
Un oracle, un Caton dans le siècle où nous sommes;
Et près de vous ce sont des sots que tous les hommes.

CLÉANTE.

Je ne suis point, mon frère, un docteur révéré,
Et le savoir chez moi n'est pas tout retiré.
Mais, en un mot, je sais, pour toute ma science,
Du faux avec le vrai faire la différence.
Et comme je ne vois nul genre de héros
Qui soient plus à priser que les parfaits dévots,
Aucune chose au monde et plus noble et plus belle

Que la sainte ferveur d'un véritable zèle ;
Aussi ne vois-je rien qui soit plus odieux
Que le dehors plâtré d'un zèle spécieux,
Que ces francs charlatans, que ces dévots de place,
De qui la sacrilége et trompeuse grimace
Abuse impunément, et se joue, à leur gré,
De ce qu'ont les mortels de plus saint et sacré ;
Ces gens qui, par une âme à l'intérêt soumise,
Font de dévotion métier et marchandise,
Et veulent acheter crédit et dignités
A prix de faux clins d'yeux et d'élans affectés ;
Ces gens, dis-je, qu'on voit, d'une ardeur non commune
Par le chemin du ciel courir à leur fortune ;
Qui, brûlans et prians, demandent chaque jour,
Et prêchent la retraite au milieu de la cour ;
Qui savent ajuster leur zèle avec leurs vices,
Sont prompts, vindicatifs, sans foi, pleins d'artifices,
Et, pour perdre quelqu'un, couvrent insolemment
De l'intérêt du ciel leur fier ressentiment ;
D'autant plus dangereux dans leur âpre colère,
Qu'ils prennent contre nous des armes qu'on révère,
Et que leur passion, dont on leur sait bon gré,
Veut nous assassiner avec un fer sacré.
De ce faux caractère on en voit trop paroître.
Mais les dévots de cœur sont aisés à connoître.
Notre siècle, mon frère, en expose à nos yeux
Qui peuvent nous servir d'exemples glorieux.
Regardez Ariston, regardez Périandre,
Oronte, Alcidamas, Polydore, Clitandre ;
Ce titre par aucun ne leur est débattu ;
Ce ne sont point du tout fanfarons de vertu ;
On ne voit point en eux ce faste insupportable,
Et leur dévotion est humaine, est traitable :
Ils ne censurent point toutes nos actions,
Ils trouvent trop d'orgueil dans ces corrections ;
Et, laissant la fierté des paroles aux autres,
C'est par leurs actions qu'ils reprennent les nôtres.
L'apparence du mal a chez eux peu d'appui,

Et leur âme est portée à juger bien d'autrui.
Point de cabale en eux, point d'intrigues à suivre ;
On les voit, pour tous soins, se mêler de bien vivre.
Jamais contre un pécheur ils n'ont d'acharnement,
Ils attachent leur haine au péché seulement,
Et ne veulent point prendre, avec un zèle extrême,
Les intérêts du ciel plus qu'il ne veut lui-même.
Voilà mes gens, voilà comme il en faut user,
Voilà l'exemple enfin qu'il se faut proposer.
Votre homme, à dire vrai, n'est pas de ce modèle :
C'est de fort bonne foi que vous vantez son zèle ;
Mais par un faux éclat je vous crois ébloui.

ORGON.

Monsieur mon cher beau-frère, avez-vous tout dit?

CLÉANTE.

Oui.

ORGON, s'en allant.

Je suis votre valet.

CLÉANTE.

De grâce, un mot, mon frère.
Laissons là ce discours. Vous savez que Valère
Pour être votre gendre a parole de vous.

ORGON.

Oui.

CLÉANTE.

Vous aviez pris jour pour un lien si doux.

ORGON.

Il est vrai.

CLÉANTE.

Pourquoi donc en différer la fête?

ORGON.

Je ne sais.

CLÉANTE.

Auriez-vous autre pensée en tête?

ORGON.

Peut-être.

CLÉANTE.

Vous voulez manquer à votre foi?

ORGON.

Je ne dis pas cela.

CLÉANTE.

Nul obstacle, je croi,
Ne vous peut empêcher d'accomplir vos promesses.

ORGON.

Selon.

CLÉANTE.

Pour dire un mot faut-il tant de finesses?
Valère, sur ce point, me fait vous visiter.

ORGON.

Le ciel en soit loué!

CLÉANTE.

Mais que lui reporter?

ORGON.

Tout ce qu'il vous plaira.

CLÉANTE.

Mais il est nécessaire
De savoir vos desseins. Quels sont-ils donc?

ORGON.

De faire
Ce que le ciel voudra.

CLÉANTE.

Mais parlons tout de bon.
Valère a votre foi; la tiendrez-vous, ou non?

ORGON.

Adieu.

CLÉANTE, seul.

Pour son amour je crains une disgrâce,
Et je dois l'avertir de tout ce qui se passe.

ACTE DEUXIÈME.

SCÈNE I. — ORGON, MARIANE.

ORGON.

Mariane.

MARIANE.

Mon père.

ORGON.

Approchez, j'ai de quoi
Vous parler en secret.

MARIANE, à Orgon qui regarde dans un cabinet.

Que cherchez-vous?

ORGON.

Je voi
Si quelqu'un n'est point là qui pourroit nous entendre;
Car ce petit endroit est propre pour surprendre.
Or sus, nous voilà bien. J'ai, Mariane, en vous
Reconnu de tout temps un esprit assez doux,
Et de tout temps aussi vous m'avez été chère.

MARIANE.

Je suis fort redevable à cet amour de père.

ORGON.

C'est fort bien dit, ma fille; et, pour le mériter,
Vous devez n'avoir soin que de me contenter.

MARIANE.

C'est où je mets aussi ma gloire la plus haute.

ORGON.

Fort bien. Que dites-vous de Tartuffe notre hôte?

MARIANE.

Qui, moi?

ORGON.

Vous. Voyez bien comme vous répondrez.

MARIANE.

Hélas! j'en dirai, moi, tout ce que vous voudrez.

SCÈNE II. — ORGON, MARIANE, DORINE, entrant
doucement, et se tenant derrière Orgon, sans être vue.

ORGON.
C'est parler sagement. Dites-moi donc, ma fille,
Qu'en toute sa personne un haut mérite brille,
Qu'il touche votre cœur, et qu'il vous seroit doux
De le voir, par mon choix, devenir votre époux.
Hé?

MARIANE.
Hé?

ORGON.
Qu'est-ce?

MARIANE.
Plaît-il?

ORGON.
Quoi?

MARIANE.
Me suis-je méprise?

ORGON.
Comment?

MARIANE.
Qui voulez-vous, mon père, que je dise
Qui me touche le cœur, et qu'il me seroit doux
De voir, par votre choix, devenir mon époux?

ORGON.
Tartuffe.

MARIANE.
Il n'en est rien, mon père, je vous jure.
Pourquoi me faire dire une telle imposture?

ORGON.
Mais je veux que cela soit une vérité;
Et c'est assez pour vous que je l'aie arrêté.

MARIANE.
Quoi! vous voulez, mon père?...

ORGON.
Oui, je prétends, ma fille,

Unir, par votre hymen, Tartuffe à ma famille.
Il sera votre époux, j'ai résolu cela.
{Apercevant Dorine.)
Et comme sur vos yeux je.... Que faites-vous là?
La curiosité qui vous presse est bien forte,
Ma mie, à nous venir écouter de la sorte.

DORINE.

Vraiment, je ne sais pas si c'est un bruit qui part
De quelque conjecture, ou d'un coup de hasard;
Mais de ce mariage on m'a dit la nouvelle,
Et j'ai traité cela de pure bagatelle.

ORGON.

Quoi donc! la chose est-elle incroyable!

DORINE.

A tel point
Que vous-même, monsieur, je ne vous en crois point.

ORGON.

Je sais bien le moyen de vous le faire croire.

DORINE.

Oui! oui! vous nous contez une plaisante histoire!

ORGON.

Je conte justement ce qu'on verra dans peu.

DORINE.

Chansons!

ORGON.

Ce que je dis, ma fille, n'est point jeu.

DORINE.

Allez, ne croyez point à monsieur votre père;
Il raille.

ORGON.

Je vous dis....

DORINE.

Non, vous avez beau faire,
On ne vous croira point.

ORGON.

A la fin mon courroux....

DORINE

Hé bien! on vous croit donc; et c'est tant pis pour vous.

Quoi! se peut-il, monsieur, qu'avec l'air d'homme sage,
Et cette large barbe au milieu du visage,
Vous soyez assez fou pour vouloir!...

ORGON.

Écoutez :
Vous avez pris céans certaines privautés
Qui ne me plaisent point; je vous le dis, ma mie.

DORINE.

Parlons sans nous fâcher, monsieur, je vous supplie.
Vous moquez-vous des gens d'avoir fait ce complot?
Votre fille n'est point l'affaire d'un bigot :
Il a d'autres emplois auxquels il faut qu'il pense.
Et puis, que vous apporte une telle alliance?
A quel sujet aller, avec tout votre bien,
Choisir un gendre gueux?...

ORGON.

Taisez-vous. S'il n'a rien,
Sachez que c'est par là qu'il faut qu'on le révère.
Sa misère est sans doute une honnête misère;
Au-dessus des grandeurs elle doit l'élever,
Puisque enfin de son bien il s'est laissé priver
Par son trop peu de soin des choses temporelles,
Et sa puissante attache aux choses éternelles.
Mais mon secours pourra lui donner les moyens
De sortir d'embarras, et rentrer dans ses biens :
Ce sont fiefs qu'à bon titre au pays on renomme;
Et, tel que l'on le voit, il est bien gentilhomme.

DORINE.

Oui, c'est lui qui le dit; et cette vanité,
Monsieur, ne sied pas bien avec la piété.
Qui d'une sainte vie embrasse l'innocence,
Ne doit point tant prôner son nom et sa naissance;
Et l'humble procédé de la dévotion
Souffre mal les éclats de cette ambition.
A quoi bon cet orgueil?... Mais ce discours vous blesse :
Parlons de sa personne, et laissons sa noblesse.
Ferez-vous possesseur, sans quelque peu d'ennui,
D'une fille comme elle un homme comme lui?

Et ne devez-vous pas songer aux bienséances,
Et de cette union prévoir les conséquences?
Sachez que d'une fille on risque la vertu,
Lorsque dans son hymen son goût est combattu;
Que le dessein d'y vivre en honnête personne
Dépend des qualités du mari qu'on lui donne;
Et que ceux dont partout on montre au doigt le front
Font leurs femmes souvent ce qu'on voit qu'elles sont.
Il est bien difficile enfin d'être fidèle
A de certains maris faits d'un certain modèle;
Et qui donne à sa fille un homme qu'elle hait,
Est responsable au ciel des fautes qu'elle fait.
Songez à quels périls votre dessein vous livre.

ORGON.

Je vous dis qu'il me faut apprendre d'elle à vivre !

DORINE.

Vous n'en feriez que mieux de suivre mes leçons.

ORGON.

Ne nous amusons point, ma fille, à ces chansons;
Je sais ce qu'il vous faut, et je suis votre père.
J'avois donné pour vous ma parole à Valère :
Mais, outre qu'à jouer on dit qu'il est enclin,
Je le soupçonne encor d'être un peu libertin;
Je ne remarque point qu'il hante les églises.

DORINE.

Voulez-vous qu'il y coure à vos heures précises,
Comme ceux qui n'y vont que pour être aperçus?

ORGON.

Je ne demande pas votre avis là-dessus.
Enfin avec le ciel l'autre est le mieux du monde,
Et c'est une richesse à nulle autre seconde.
Cet hymen de tous biens comblera vos désirs,
Il sera tout confit en douceurs et plaisirs.
Ensemble vous vivrez, dans vos ardeurs fidèles,
Comme deux vrais enfants, comme deux tourterelles :
A nul fâcheux débat jamais vous n'en viendrez;
Et vous ferez de lui tout ce que vous voudrez.

DORINE.

Elle? Elle n'en fera qu'un sot, je vous assure.

ORGON.

Ouais! quel discours!

DORINE.

Je dis qu'il en a l'encolure,
Et que son ascendant, monsieur, l'emportera
Sur toute la vertu que votre fille aura.

ORGON.

Cessez de m'interrompre, et songez à vous taire,
Sans mettre votre nez où vous n'avez que faire.

DORINE.

Je n'en parle, monsieur, que pour votre intérêt.

ORGON.

C'est prendre trop de soin; taisez-vous, s'il vous plaît.

DORINE.

Si l'on ne vous aimoit....

ORGON.

Je ne veux pas qu'on m'aime.

DORINE.

Et je veux vous aimer, monsieur, malgré vous-même.

ORGON.

Ah!

DORINE.

Votre honneur m'est cher, et je ne puis souffrir
Qu'aux brocards d'un chacun vous alliez vous offrir.

ORGON.

Vous ne vous tairez point!

DORINE.

C'est une conscience
Que de vous laisser faire une telle alliance.

ORGON.

Te tairas-tu, serpent, dont les traits effrontés?...

DORINE.

Ah! vous êtes dévot, et vous vous emportez!

ORGON.

Oui, ma bile s'échauffe à toutes ces fadaises,
Et tout résolûment je veux que tu te taises.

DORINE.
Soit. Mais, ne disant mot, je n'en pense pas moins.
ORGON.
Pense, si tu le veux; mais applique tes soins
(A sa fille.)
A ne m'en point parler, ou.... Suffit.... Comme sage,
J'ai pesé mûrement toutes choses.
DORINE, à part.
J'enrage
De ne pouvoir parler.
ORGON.
Sans être damoiseau,
Tartuffe est fait de sorte....
DORINE, à part.
Oui c'est un beau museau.
ORGON.
Que, quand tu n'aurois même aucune sympathie
Pour tous les autres dons....
DORINE, à part.
La voilà bien lotie !
(Orgon se tourne du côté de Dorine, et, les bras croisés,
l'écoute et la regarde en face.)
Si j'étois en sa place, un homme assurément
Ne m'épouseroit pas de force impunément;
Et je lui ferois voir, bientôt après la fête,
Qu'une femme a toujours une vengeance prête.
ORGON, à Dorine.
Donc de ce que je dis on ne fera nul cas ?
DORINE.
De quoi vous plaignez-vous? Je ne vous parle pas.
ORGON.
Qu'est-ce que tu fais donc ?
DORINE.
Je me parle à moi-même.
ORGON, à part.
Fort bien. Pour châtier son insolence extrême,
Il faut que je lui donne un revers de ma main.
(Il se met en posture de donner un soufflet à Dorine, et, à chaque

mot qu'il dit à sa fille, il se tourne pour regarder Dorine, qui se tient droite sans parler.)
Ma fille, vous devez approuver mon dessein....
Croire que le mari.... que j'ai su vous élire....
(A Dorine.)
Que ne te parles-tu?

DORINE.
Je n'ai rien à me dire.

ORGON.
Encore un petit mot.

DORINE.
Il ne me plaît pas, moi.

ORGON.
Certes, je t'y guettois.

DORINE.
Quelque sotte, ma foi !...

ORGON.
Enfin, ma fille, il faut payer d'obéissance,
Et montrer pour mon choix entière déférence.

DORINE, en s'enfuyant.
Je me moquerois fort de prendre un tel époux.

ORGON, après avoir manqué de donner un soufflet à Dorine.
Vous avez là, ma fille, une peste avec vous,
Avec qui, sans péché, je ne saurois plus vivre.
Je me sens hors d'état maintenant de poursuivre;
Ses discours insolents m'ont mis l'esprit en feu,
Et je vais prendre l'air pour me rasseoir un peu.

SCÈNE III. — MARIANE, DORINE.

DORINE.
Avez-vous donc perdu, dites-moi, la parole?
Et faut-il qu'en ceci je fasse votre rôle?
Souffrir qu'on vous propose un projet insensé,
Sans que du moindre mot vous l'ayez repoussé !

MARIANE.
Contre un père absolu que veux-tu que je fasse?

DORINE.
Ce qu'il faut pour parer une telle menace.
MARIANE.
Quoi?
DORINE.
Lui dire qu'un cœur n'aime point par autrui;
Que vous vous mariez pour vous, non pas pour lui;
Qu'étant celle pour qui se fait toute l'affaire,
C'est à vous, non à lui, que le mari doit plaire;
Et que si son Tartuffe est pour lui si charmant,
Il le peut épouser sans nul empêchement.
MARIANE.
Un père, je l'avoue, a sur nous tant d'empire,
Que je n'ai jamais eu la force de rien dire.
DORINE.
Mais raisonnons. Valère a fait pour vous des pas :
L'aimez-vous, je vous prie, ou ne l'aimez-vous pas?
MARIANE.
Ah! qu'envers mon amour ton injustice est grande,
Dorine! Me dois-tu faire cette demande?
T'ai-je pas là-dessus ouvert cent fois mon cœur?
Et sais-tu pas pour lui jusqu'où va mon ardeur?
DORINE.
Que sais-je si le cœur a parlé par la bouche,
Et si c'est tout de bon que cet amant vous touche?
MARIANE.
Tu me fais un grand tort, Dorine, d'en douter;
Et mes vrais sentiments ont su trop éclater.
DORINE.
Enfin, vous l'aimez donc?
MARIANE.
Oui, d'une ardeur extrême.
DORINE.
Et selon l'apparence il vous aime de même?
MARIANE.
Je le crois.
DORINE.
Et tous deux brûlez également
De vous voir mariés ensemble?

MARIANE.
Assurément.
DORINE.
Sur cette autre union quelle est donc votre attente ?
MARIANE.
De me donner la mort, si l'on me violente.
DORINE.
Fort bien. C'est un recours où je ne songeois pas.
Vous n'avez qu'à mourir pour sortir d'embarras.
Le remède sans doute est merveilleux. J'enrage
Lorsque j'entends tenir ces sortes de langage.
MARIANE.
Mon Dieu ! de quelle humeur, Dorine, tu te rends !
Tu ne compatis point aux déplaisirs des gens.
DORINE.
Je ne compatis point à qui dit des sornettes,
Et dans l'occasion mollit comme vous faites.
MARIANE.
Mais que veux-tu ? si j'ai de la timidité.
DORINE.
Mais l'amour dans un cœur veut de la fermeté.
MARIANE.
Mais n'en gardé-je pas pour les feux de Valère ?
Et n'est-ce pas à lui de m'obtenir d'un père ?
DORINE.
Mais quoi ! si votre père est un bourru fieffé,
Qui s'est de son Tartuffe entièrement coiffé
Et manque à l'union qu'il avoit arrêtée,
La faute à votre amant doit-elle être imputée ?
MARIANE.
Mais, par un haut refus et d'éclatans mépris,
Ferai-je, dans mon choix, voir un cœur trop épris ?
Sortirai-je pour lui, quelque éclat dont il brille,
De la pudeur du sexe et du devoir de fille ?
Et veux-tu que mes feux par le monde étalés ?...
DORINE.
Non, non, je ne veux rien. Je vois que vous voulez
Être à monsieur Tartuffe ; et j'aurois, quand j'y pense,

ACTE II, SCÈNE III.

Tort de vous détourner d'une telle alliance.
Quelle raison aurois-je à combattre vos vœux?
Le parti de soi-même est fort avantageux.
Monsieur Tartuffe! oh! oh! n'est-ce rien qu'on propose?
Certes, monsieur Tartuffe, à bien prendre la chose,
N'est pas un homme, non, qui se mouche du pied;
Et ce n'est pas peu d'heur que d'être sa moitié.
Tout le monde déjà de gloire le couronne;
Il est noble chez lui, bien fait de sa personne;
Il a l'oreille rouge et le teint bien fleuri :
Vous vivrez trop contente avec un tel mari.

MARIANE.

Mon Dieu!...

DORINE.

Quelle allégresse aurez-vous dans votre âme,
Quand d'un époux si beau vous vous verrez la femme!

MARIANE.

Ah! cesse, je te prie, un semblable discours;
Et contre cet hymen ouvre-moi du secours.
C'en est fait, je me rends, et suis prête à tout faire.

DORINE.

Non, il faut qu'une fille obéisse à son père,
Voulût-on lui donner un singe pour époux.
Votre sort est fort beau : de quoi vous plaignez-vous
Vous irez par le coche en sa petite ville,
Qu'en oncles et cousins vous trouverez fertile,
Et vous vous plairez fort à les entretenir.
D'abord chez le beau monde on vous fera venir.
Vous irez visiter, pour votre bienvenue,
Madame la baillive et madame l'élue,
Qui d'un siége pliant vous feront honorer.
Là, dans le carnaval, vous pourrez espérer
Le bal et la grand'bande, à savoir, deux musettes,
Et parfois Fagotin et les marionnettes;
Si pourtant votre époux....

MARIANE.

Ah! tu me fais mourir.
De tes conseils plutôt songe à me secourir.

DORINE.

Je suis votre servante.

MARIANE.

Hé ! Dorine, de grâce....

DORINE.

Il faut, pour vous punir, que cette affaire passe.

MARIANE.

Ma pauvre fille !

DORINE.

Non.

MARIANE.

Si mes vœux déclarés....

DORINE.

Point. Tartuffe est votre homme, et vous en tâterez.

MARIANE.

Tu sais qu'à toi toujours je me suis confiée :
Fais-moi....

DORINE.

Non, vous serez, ma foi, tartuffiée.

MARIANE.

Hé bien ! puisque mon sort ne sauroit t'émouvoir,
Laisse-moi désormais toute à mon désespoir :
C'est de lui que mon cœur empruntera de l'aide ;
Et je sais de mes maux l'infaillible remède.

(Mariane veut s'en aller.)

DORINE.

Hé ! là, là, revenez. Je quitte mon courroux.
Il faut, nonobstant tout, avoir pitié de vous.

MARIANE.

Vois-tu, si l'on m'expose à ce cruel martyre,
Je te le dis, Dorine, il faudra que j'expire.

DORINE.

Ne vous tourmentez point. On peut adroitement
Empêcher.... Mais voici Valère, votre amant.

SCÈNE IV. — VALÈRE, MARIANE, DORINE.

VALÈRE.

On vient de débiter, madame, une nouvelle

ACTE II, SCÈNE IV.

Que je ne savois pas, et qui sans doute est belle.

MARIANE.

Quoi?

VALÈRE.

Que vous épousez Tartuffe.

MARIANE.

Il est certain
Que mon père s'est mis en tête ce dessein.

VALÈRE.

Votre père, madame....

MARIANE.

A changé de visée :
La chose vient par lui de m'être proposée.

VALÈRE.

Quoi! sérieusement?

MARIANE.

Oui, sérieusement :
Il s'est pour cet hymen déclaré hautement.

VALÈRE.

Et quel est le dessein où votre âme s'arrête,
Madame?

MARIANE.

Je ne sais.

VALÈRE.

La réponse est honnête.
Vous ne savez?

MARIANE.

Non.

VALÈRE.

Non?

MARIANE.

Que me conseillez-vous?

VALÈRE.

Je vous conseille, moi, de prendre cet époux.

MARIANE.

Vous me le conseillez?

VALÈRE.

Oui.

MARIANE.
>   Tout de bon ?

VALÈRE.
>   Sans doute.
Le choix est glorieux, et vaut bien qu'on l'écoute.

MARIANE.
Hé bien! c'est un conseil, monsieur, que je reçois.

VALÈRE.
Vous n'aurez pas grand'peine à le suivre, je crois.

MARIANE.
Pas plus qu'à le donner n'en a souffert votre âme.

VALÈRE.
Moi, je vous l'ai donné pour vous plaire, madame.

MARIANE.
Et moi, je le suivrai pour vous faire plaisir.

DORINE, se retirant dans le fond du théâtre.
Voyons ce qui pourra de ceci réussir.

VALÈRE.
C'est donc ainsi qu'on aime! Et c'étoit tromperie
Quand vous....

MARIANE.
>   Ne parlons point de cela, je vous prie;
Vous m'avez dit tout franc que je dois accepter
Celui que pour époux on me veut présenter :
Et je déclare, moi, que je prétends le faire,
Puisque vous m'en donnez le conseil salutaire.

VALÈRE.
Ne vous excusez point sur mes intentions.
Vous aviez pris déjà vos résolutions;
Et vous vous saisissez d'un prétexte frivole
Pour vous autoriser à manquer de parole.

MARIANE.
Il est vrai, c'est bien dit.

VALÈRE.
>   Sans doute; et votre cœur
N'a jamais eu pour moi de véritable ardeur.

MARIANE.
Hélas! permis à vous d'avoir cette pensée.

VALÈRE.

Oui, oui, permis à moi : mais mon âme offensée
Vous préviendra peut-être en un pareil dessein,
Et je sais où porter et mes vœux et ma main.

MARIANE.

Ah! je n'en doute point; et les ardeurs qu'excite
Le mérite....

VALÈRE.

    Mon Dieu! laissons là le mérite;
J'en ai fort peu, sans doute, et vous en faites foi.
Mais j'espère aux bontés qu'une autre aura pour moi,
Et j'en sais de qui l'âme, à ma retraite ouverte,
Consentira sans honte à réparer ma perte.

MARIANE.

La perte n'est pas grande; et de ce changement
Vous vous consolerez assez facilement.

VALÈRE.

J'y ferai mon possible, et vous le pouvez croire;
Un cœur qui nous oublie engage notre gloire;
Il faut à l'oublier mettre aussi tous nos soins :
Si l'on n'en vient à bout, on le doit feindre au moins;
Et cette lâcheté jamais ne se pardonne,
De montrer de l'amour pour qui nous abandonne.

MARIANE.

Ce sentiment, sans doute, est noble et relevé.

VALÈRE.

Fort bien; et d'un chacun il doit être approuvé.
Hé! quoi! vous voudriez qu'à jamais dans mon âme
Je gardasse pour vous les ardeurs de ma flamme,
Et vous visse, à mes yeux, passer en d'autres bras,
Sans mettre ailleurs un cœur dont vous ne voulez pas?

MARIANE.

Au contraire; pour moi, c'est ce que je souhaite;
Et je voudrois déjà que la chose fût faite.

VALÈRE.

Vous le voudriez?

MARIANE.

    Oui

VALÈRE.

C'est assez m'insulter,
Madame ; et, de ce pas, je vais vous contenter.

(Il fait un pas pour s'en aller.)

MARIANE.

Fort bien.

VALÈRE, revenant.

Souvenez-vous au moins que c'est vous-même
Qui contraignez mon cœur à cet effort extrême.

MARIANE.

Oui.

VALÈRE, revenant encore.

Et que le dessein que mon âme conçoit
N'est rien qu'à votre exemple.

MARIANE.

A mon exemple, soit.

VALÈRE, en sortant.

Suffit : vous allez être à point nommé servie.

MARIANE.

Tant mieux.

VALÈRE, revenant encore.

Vous me voyez, c'est pour toute ma vie.

MARIANE.

A la bonne heure.

VALÈRE, se retournant lorsqu'il est prêt à sortir.

Euh?

MARIANE.

Quoi?

VALÈRE.

Ne m'appelez-vous pas?

MARIANE.

Moi! Vous rêvez.

VALÈRE.

Hé bien! je poursuis donc mes pas.
Adieu, madame.

(Il s'en va lentement.)

MARIANE.

Adieu, monsieur.

ACTE II, SCÈNE IV.

DORINE, à Mariane.

Pour moi, je pense
Que vous perdez l'esprit par cette extravagance;
Et je vous ai laissés tout du long quereller,
Pour voir où tout cela pourroit enfin aller.
Holà ! seigneur Valère.

(Elle arrête Valère par le bras.)

VALÈRE, feignant de résister

Hé ! que veux-tu, Dorine?

DORINE.

Venez ici.

VALÈRE.

Non, non, le dépit me domine.
Ne me détourne point de ce qu'elle a voulu.

DORINE.

Arrêtez.

VALÈRE.

Non, vois-tu, c'est un point résolu.

DORINE.

Ah !

MARIANE, à part.

Il souffre à me voir, ma présence le chasse;
Et je ferai bien mieux de lui quitter la place.

DORINE, quittant Valère et courant après Mariane.

A l'autre ! Où courez-vous?

MARIANE.

Laisse.

DORINE.

Il faut revenir.

MARIANE.

Non, non, Dorine; en vain tu veux me retenir.

VALÈRE, à part.

Je vois bien que ma vue est pour elle un supplice;
Et, sans doute, il vaut mieux que je l'en affranchisse.

DORINE, quittant Mariane, et courant après Valère.

Encor ! Diantre soit fait de vous, si je le veux.
Cessez ce badinage; et venez çà tous deux.

(Elle prend Valère et Mariane par la main, et les ramène.)

VALÈRE, à Dorine.

Mais quel est ton dessein?
MARIANE, à Dorine.

Qu'est-ce que tu veux faire?
DORINE.

Vous bien remettre ensemble, et vous tirer d'affaire.
(A Valère.)
Êtes-vous fou d'avoir un pareil démêlé?
VALÈRE.

N'as-tu pas entendu comme elle m'a parlé?
DORINE, à Mariane.

Êtes-vous folle, vous, de vous être emportée?
MARIANE.

N'as-tu pas vu la chose, et comme il m'a traitée?
DORINE.

(A Valère.)
Sottise des deux parts. Elle n'a d'autre soin
Que de se conserver à vous, j'en suis témoin.
(A Mariane.)
Il n'aime que vous seule, et n'a point d'autre envie
Que d'être votre époux; j'en réponds sur ma vie.
MARIANE, à Valère.

Pourquoi donc me donner un semblable conseil?
VALÈRE, à Mariane.

Pourquoi m'en demander sur un sujet pareil?
DORINE.

Vous êtes fous tous deux. Çà, la main l'un et l'autre.
(A Valère.)
Allons, vous.
VALÈRE, en donnant sa main à Dorine.

A quoi bon ma main?
DORINE, à Mariane.

Ah çà! la vôtre.
MARIANE, en donnant aussi sa main.

De quoi sert tout cela?
DORINE.

Mon Dieu! vite, avancez.
Vous vous aimez tous deux plus que vous ne pensez.

ACTE II; SCÈNE IV.

(**Valère et Mariane** se tiennent quelque temps par la main sans se regarder.)

VALÈRE, se tournant vers Mariane.

Mais ne faites donc point les choses avec peine;
Et regardez un peu les gens sans nulle haine.

(Mariane se tourne du côté de Valère en lui souriant.)

DORINE.

A vous dire le vrai, les amans sont bien fous!

VALÈRE, à Mariane.

Oh çà! n'ai-je pas lieu de me plaindre de vous?
Et, pour n'en point mentir, n'êtes-vous pas méchante
De vous plaire à me dire une chose affligeante?

MARIANE.

Mais vous, n'êtes-vous pas l'homme le plus ingrat?...

DORINE.

Pour une autre saison laissons tout ce débat,
Et songeons à parer ce fâcheux mariage.

MARIANE.

Dis-nous donc quels ressorts il faut mettre en usage.

DORINE.

Nous en ferons agir de toutes les façons.

(A Mariane.)   (A Valère.)

Votre père se moque; et ce sont des chansons.

(A Mariane.)

Mais, pour vous, il vaut mieux qu'à son extravagance
D'un doux consentement vous prêtiez l'apparence,
Afin qu'en cas d'alarme il vous soit plus aisé
De tirer en longueur cet hymen proposé.
En attrapant du temps, à tout on remédie.
Tantôt vous payerez de quelque maladie
Qui viendra tout à coup, et voudra des délais;
Tantôt vous payerez de présages mauvais;
Vous aurez fait d'un mort la rencontre fâcheuse,
Cassé quelque miroir, ou songé d'eau bourbeuse :
Enfin, le bon de tout, c'est qu'à d'autres qu'à lui
On ne vous peut lier, que vous ne disiez oui.
Mais, pour mieux réussir, il est bon, ce me semble,

Qu'on ne vous trouve point tous deux parlant ensemble.
(A Valère.)
Sortez; et, sans tarder, employez vos amis
Pour vous faire tenir ce qu'on vous a promis.
Nous allons réveiller les efforts de son frère,
Et dans notre parti jeter la belle-mère.
Adieu.

VALÈRE, à Mariane.

Quelques efforts que nous préparions tous,
Ma plus grande espérance, à vrai dire, est en vous.

MARIANE, à Valère.

Je ne vous réponds pas des volontés d'un père;
Mais je ne serai point à d'autre qu'à Valère.

VALÈRE.

Que vous me comblez d'aise! Et quoi que puisse oser....

DORINE.

Ah! jamais les amans ne sont las de jaser.
Sortez, vous dis-je.

VALÈRE, revenant sur ses pas.

Enfin....

DORINE.

Quel caquet est le vôtre!
Tirez de cette part; et vous, tirez de l'autre.
(Dorine les pousse chacun par l'épaule, et les oblige à se séparer.)

ACTE TROISIÈME.

SCÈNE I. — DAMIS, DORINE.

DAMIS.

Que la foudre, sur l'heure, achève mes destins,
Qu'on me traite partout du plus grand des faquins,
S'il est aucun respect, ni pouvoir qui m'arrête,
Et si je ne fais pas quelque coup de ma tête!

ACTE III, SCÈNE I.

DORINE.
De grâce, modérez un tel emportement :
Votre père n'a fait qu'en parler simplement.
On n'exécute pas tout ce qui se propose;
Et le chemin est long du projet à la chose.

DAMIS.
Il faut que de ce fat j'arrête les complots,
Et qu'à l'oreille un peu je lui dise deux mots.

DORINE.
Ah! tout doux! envers lui, comme envers votre père,
Laissez agir les soins de votre belle-mère.
Sur l'esprit de Tartuffe elle a quelque crédit ;
Il se rend complaisant à tout ce qu'elle dit,
Et pourroit bien avoir douceur de cœur pour elle.
Plût à Dieu qu'il fût vrai! la chose serait belle.
Enfin, votre intérêt l'oblige à le mander :
Sur l'hymen qui vous trouble elle veut le sonder,
Savoir ses sentimens, et lui faire connoître
Quels fâcheux démêlés il pourra faire naître,
S'il faut qu'à ce dessein il prête quelque espoir.
Son valet dit qu'il prie, et je n'ai pu le voir ;
Mais ce valet m'a dit qu'il s'en alloit descendre.
Sortez donc, je vous prie, et me laissez l'attendre.

DAMIS.
Je puis être présent à tout cet entretien.

DORINE.
Point. Il faut qu'ils soient seuls.

DAMIS.
     Je ne lui dirai rien.

DORINE.
Vous vous moquez : on sait vos transports ordinaires,
Et c'est le vrai moyen de gâter les affaires.
Sortez.

DAMIS.
  Non; je veux voir, sans me mettre en courroux.

DORINE.
Que vous êtes fâcheux! Il vient. Retirez-vous.
(Damis va se cacher dans un cabinet qui est au fond du théâtre.)

SCÈNE II. — TARTUFFE, DORINE.

TARTUFFE, parlant haut à son valet, qui est dans la maison, dès qu'il aperçoit Dorine.

Laurent, serrez ma haire avec ma discipline,
Et priez que toujours le ciel vous illumine.
Si l'on vient pour me voir, je vais aux prisonniers
Des aumônes que j'ai partager les deniers.

DORINE, à part.

Que d'affectation et de forfanterie !

TARTUFFE.

Que voulez-vous ?

DORINE.

Vous dire....

TARTUFFE, tirant un mouchoir de sa poche.

Ah ! mon Dieu ! je vous prie.
Avant que de parler, prenez-moi ce mouchoir.

DORINE.

Comment !

TARTUFFE.

Couvrez ce sein que je ne saurois voir.
Par de pareils objets les âmes sont blessées,
Et cela fait venir de coupables pensées.

DORINE.

Vous êtes donc bien tendre à la tentation,
Et la chair sur vos sens fait grande impression !
Certes, je ne sais pas quelle chaleur vous monte :
Mais à convoiter, moi, je ne suis point si prompte,
Et je vous verrois nu, du haut jusques en bas,
Que toute votre peau ne me tenteroit pas.

TARTUFFE.

Mettez dans vos discours un peu de modestie,
Ou je vais sur-le-champ vous quitter la partie.

DORINE.

Non, non, c'est moi qui vais vous laisser en repos,
Et je n'ai seulement qu'à vous dire deux mots.
Madame va venir dans cette salle basse,
Et d'un mot d'entretien vous demande la grâce.

TARTUFFE.
Hélas! très-volontiers.
DORINE, à part.
Comme il se radoucit !
Ma foi, je suis toujours pour ce que j'en ai dit.
TARTUFFE.
Viendra-t-elle bientôt?
DORINE.
Je l'entends, ce me semble.
Oui, c'est elle en personne, et je vous laisse ensemble.

SCÈNE III. — ELMIRE, TARTUFFE.

TARTUFFE.
Que le ciel, à jamais, par sa toute bonté,
Et de l'âme et du corps vous donne la santé,
Et bénisse vos jours autant que le désire
Le plus humble de ceux que son amour inspire!
ELMIRE.
Je suis fort obligée à ce souhait pieux.
Mais prenons une chaise, afin d'être un peu mieux.
TARTUFFE, assis.
Comment de votre mal vous sentez-vous remise?
ELMIRE, assise.
Fort bien; et cette fièvre a bientôt quitté prise.
TARTUFFE.
Mes prières n'ont pas le mérite qu'il faut
Pour avoir attiré cette grâce d'en haut;
Mais je n'ai fait au ciel nulle dévote instance
Qui n'ait eu pour objet votre convalescence.
ELMIRE.
Votre zèle pour moi s'est trop inquiété.
TARTUFFE.
On ne peut trop chérir votre chère santé;
Et pour la rétablir, j'aurais donné la mienne.
ELMIRE.
C'est pousser bien avant la charité chrétienne,
Et je vous dois beaucoup pour toutes ces bontés.

TARTUFFE.
Je fais bien moins pour vous que vous ne méritez.
ELMIRE.
J'ai voulu vous parler en secret d'une affaire,
Et suis bien aise, ici, qu'aucun ne nous éclaire.
TARTUFFE.
J'en suis ravi de même ; et, sans doute, il m'est doux,
Madame, de me voir seul à seul avec vous.
C'est une occasion qu'au ciel j'ai demandée,
Sans que, jusqu'à cette heure, il me l'ait accordée.
ELMIRE.
Pour moi, ce que je veux, c'est un mot d'entretien,
Où tout votre cœur s'ouvre, et ne me cache rien.

(Damis, sans se montrer, entr'ouvre la porte du cabinet dans lequel il s'étoit retiré, pour entendre la conversation.)

TARTUFFE.
Et je ne veux aussi, pour grâce singulière,
Que montrer à vos yeux mon âme tout entière,
Et vous faire serment que les bruits que j'ai faits
Des visites qu'ici reçoivent vos attraits
Ne sont pas envers vous l'effet d'aucune haine,
Mais plutôt d'un transport de zèle qui m'entraîne,
Et d'un pur mouvement....
ELMIRE.
Je le prends bien ainsi,
Et crois que mon salut vous donne ce souci.
TARTUFFE, prenant la main d'Elmire, et lui serrant les doigts.
Oui, madame, sans doute ; et ma ferveur est telle....
ELMIRE.
Ouf! vous me serrez trop.
TARTUFFE.
C'est par excès de zèle.
De vous faire aucun mal je n'eus jamais dessein,
Et j'aurois bien plutôt....
(Il met la main sur les genoux d'Elmire.)
ELMIRE.
Que fait là votre main ?

TARTUFFE.
Je tâte votre habit: l'étoffe en est moelleuse.
ELMIRE.
Ah! de grâce, laissez, je suis fort chatouilleuse.
(Elmire recule son fauteuil, et Tartuffe se rapproche d'elle.)

TARTUFFE, maniant le fichu d'Elmire.
Mon Dieu! que de ce point l'ouvrage est merveilleux!
On travaille aujourd'hui d'un air miraculeux;
Jamais, en toute chose, on n'a vu si bien faire.
ELMIRE.
Il est vrai. Mais parlons un peu de notre affaire.
On tient que mon mari veut dégager sa foi,
Et vous donner sa fille. Est-il vrai? dites-moi.
TARTUFFE.
Il m'en a dit deux mots; mais, madame, à vrai dire,
Ce n'est pas le bonheur après quoi je soupire;
Et je vois autre part les merveilleux attraits
De la félicité qui fait tous mes souhaits.
ELMIRE.
C'est que vous n'aimez rien des choses de la terre.
TARTUFFE.
Mon sein n'enferme pas un cœur qui soit de pierre.
ELMIRE.
Pour moi, je crois qu'au ciel tendent tous vos soupirs,
Et que rien ici-bas n'arrête vos désirs.
TARTUFFE.
L'amour qui nous attache aux beautés éternelles
N'étouffe pas en nous l'amour des temporelles;
Nos sens facilement peuvent être charmés
Des ouvrages parfaits que le ciel a formés.
Ses attraits réfléchis brillent dans vos pareilles,
Mais il étale en vous ses plus rares merveilles;
Il a sur votre face épanché des beautés
Dont les yeux sont surpris, et les cœurs transportés;
Et je n'ai pu vous voir, parfaite créature,
Sans admirer en vous l'auteur de la nature,
Et d'une ardente amour sentir mon cœur atteint,
Au plus beau des portraits où lui-même il s'est peint.

D'abord j'appréhendai que cette ardeur secrète
Ne fût du noir esprit une surprise adroite ;
Et même à fuir vos yeux mon cœur se résolut,
Vous croyant un obstacle à faire mon salut.
Mais enfin je connus, ô beauté tout aimable,
Que cette passion peut n'être point coupable,
Que je puis l'ajuster avecque la pudeur ;
Et c'est ce qui m'y fait abandonner mon cœur.
Ce m'est, je le confesse, une audace bien grande
Que d'oser de ce cœur vous adresser l'offrande ;
Mais j'attends en mes vœux tout de votre bonté,
Et rien des vains efforts de mon infirmité.
En vous est mon espoir, mon bien, ma quiétude ;
De vous dépend ma peine ou ma béatitude ;
Et je vais être enfin, par votre seul arrêt,
Heureux, si vous voulez ; malheureux, s'il vous plaît.

ELMIRE.

La déclaration est tout à fait galante ;
Mais elle est, à vrai dire, un peu bien surprenante.
Vous deviez, ce me semble, armer mieux votre sein,
Et raisonner un peu sur un pareil dessein.
Un dévot comme vous, et que partout on nomme....

TARTUFFE.

Ah! pour être dévot, je n'en suis pas moins homme :
Et, lorsqu'on vient à voir vos célestes appas,
Un cœur se laisse prendre, et ne raisonne pas.
Je sais qu'un tel discours de moi paroît étrange :
Mais, madame, après tout, je ne suis pas un ange ;
Et, si vous condamnez l'aveu que je vous fais,
Vous devez vous en prendre à vos charmans attraits.
Dès que j'en vis briller la splendeur plus qu'humaine,
De mon intérieur vous fûtes souveraine ;
De vos regards divins l'ineffable douceur
Força la résistance où s'obstinoit mon cœur ;
Elle surmonta tout, jeûnes, prières, larmes,
Et tourna tous mes vœux du côté de vos charmes.
Mes yeux et mes soupirs vous l'ont dit mille fois ;
Et, pour mieux m'expliquer, j'emploie ici la voix.

Que si vous contemplez, d'une âme un peu bénigne,
Les tribulations de votre esclave indigne;
S'il faut que vos bontés veuillent me consoler,
Et jusqu'à mon néant daignent se ravaler,
J'aurai toujours pour vous, ô suave merveille,
Une dévotion à nulle autre pareille.
Votre honneur avec moi ne court point de hasard,
Et n'a nulle disgrâce à craindre de ma part.
Tous ces galans de cour, dont les femmes sont folles,
Sont bruyans dans leurs faits et vains dans leurs paroles;
De leurs progrès sans cesse on les voit se targuer;
Ils n'ont point de faveurs qu'ils n'aillent divulguer;
Et leur langue indiscrète, en qui l'on se confie,
Déshonore l'autel où leur cœur sacrifie.
Mais les gens comme nous brûlent d'un feu discret,
Avec qui, pour toujours, on est sûr du secret.
Le soin que nous prenons de notre renommée
Répond de toute chose à la personne aimée;
Et c'est en nous qu'on trouve, acceptant notre cœur,
De l'amour sans scandale, et du plaisir sans peur.

ELMIRE.

Je vous écoute dire; et votre rhétorique
En termes assez forts à mon âme s'explique.
N'appréhendez-vous point que je ne sois d'humeur
A dire à mon mari cette galante ardeur,
Et que le prompt avis d'un amour de la sorte
Ne pût bien altérer l'amitié qu'il vous porte?

TARTUFFE.

Je sais que vous avez trop de bénignité,
Et que vous ferez grâce à ma témérité;
Que vous m'excuserez, sur l'humaine foiblesse,
Des violens transports d'un amour qui vous blesse,
Et considérerez, en regardant votre air,
Que l'on n'est pas aveugle, et qu'un homme est de chair.

ELMIRE.

D'autres prendroient cela d'autre façon peut-être;
Mais ma discrétion se veut faire paroître.
Je ne redirai point l'affaire à mon époux;

Mais je veux, en revanche, une chose de vous :
C'est de presser tout franc, et sans nulle chicane,
L'union de Valère avecque Mariane,
De renoncer vous-même à l'injuste pouvoir
Qui veut du bien d'un autre enrichir votre espoir ;
Et....

SCÈNE IV. — ELMIRE, DAMIS, TARTUFFE.

DAMIS, sortant du cabinet où il s'était retiré.

Non, madame, non ; ceci doit se répandre.
J'étois en cet endroit, d'où j'ai pu tout entendre ;
Et la bonté du ciel m'y semble avoir conduit
Pour confondre l'orgueil d'un traître qui me nuit,
Pour m'ouvrir une voie à prendre la vengeance
De son hypocrisie et de son insolence,
A détromper mon père, et lui mettre en plein jour
L'âme d'un scélérat qui vous parle d'amour.

ELMIRE.

Non, Damis ; il suffit qu'il se rende plus sage,
Et tâche à mériter la grâce où je m'engage.
Puisque je l'ai promis, ne m'en dédites pas.
Ce n'est point mon humeur de faire des éclats ;
Une femme se rit de sottises pareilles,
Et jamais d'un mari n'en trouble les oreilles.

DAMIS.

Vous avez vos raisons pour en user ainsi ;
Et pour faire autrement j'ai les miennes aussi.
Le vouloir épargner est une raillerie ;
Et l'insolent orgueil de sa cagoterie
N'a triomphé que trop de mon juste courroux,
Et que trop excité de désordre chez nous.
Le fourbe trop longtemps a gouverné mon père
Et desservi mes feux avec ceux de Valère.
Il faut que du perfide il soit désabusé,
Et le ciel pour cela m'offre un moyen aisé.
De cette occasion je lui suis redevable,
Et pour la négliger, elle est trop favorable :

Ce seroit mériter qu'il me la vînt ravir
Que de l'avoir en main et ne m'en pas servir.
ELMIRE.
Damis....
DAMIS.
Non, s'il vous plaît, il faut que je me croie.
Mon âme est maintenant au comble de sa joie;
Et vos discours en vain prétendent m'obliger
A quitter le plaisir de me pouvoir venger.
Sans aller plus avant, je vais vider l'affaire;
Et, voici justement de quoi me satisfaire.

SCÈNE V. — ORGON, ELMIRE, DAMIS, TARTUFFE.

DAMIS.
Nous allons régaler, mon père, votre abord
D'un incident tout frais qui vous surprendra fort.
Vous êtes bien payé de toutes vos caresses,
Et monsieur d'un beau prix reconnoît vos tendresses.
Son grand zèle pour vous vient de se déclarer :
Il ne va pas à moins qu'à vous déshonorer;
Et je l'ai surpris là qui faisoit à madame
L'injurieux aveu d'une coupable flamme.
Elle est d'une humeur douce, et son cœur trop discret
Vouloit à toute force en garder le secret;
Mais je ne puis flatter une telle impudence,
Et crois que vous la taire est vous faire une offense
ELMIRE.
Oui, je tiens que jamais de tous ces vains propos
On ne doit d'un mari traverser le repos;
Que ce n'est point de là que l'honneur peut dépendre;
Et qu'il suffit pour nous de savoir nous défendre.
Ce sont mes sentimens; et vous n'auriez rien dit,
Damis, si j'avois eu sur vous quelque crédit.

SCÈNE VI. — ORGON, DAMIS, TARTUFFE.
ORGON.
Ce que je viens d'entendre, ô ciel! est-il croyable!

LE TARTUFFE.

TARTUFFE.

Oui, mon frère, je suis un méchant, un coupable,
Un malheureux pécheur, tout plein d'iniquité,
Le plus grand scélérat qui jamais ait été.
Chaque instant de ma vie est chargé de souillures;
Elle n'est qu'un amas de crimes et d'ordures;
Et je vois que le ciel, pour ma punition,
Me veut mortifier en cette occasion.
De quelque grand forfait qu'on me puisse reprendre,
Je n'ai garde d'avoir l'orgueil de m'en défendre.
Croyez ce qu'on vous dit, armez votre courroux,
Et comme un criminel chassez-moi de chez vous;
Je ne saurois avoir tant de honte en partage,
Que je n'en aie encor mérité davantage.

ORGON, à son fils.

Ah! traître, oses-tu bien, par cette fausseté,
Vouloir de sa vertu ternir la pureté?

DAMIS.

Quoi! la feinte douceur de cette âme hypocrite
Vous fera démentir....

ORGON.

Tais-toi, peste maudite.

TARTUFFE.

Ah! laissez-le parler; vous l'accusez à tort,
Et vous ferez bien mieux de croire à son rapport.
Pourquoi sur un tel fait m'être si favorable?
Savez-vous, après tout, de quoi je suis capable?
Vous fiez-vous, mon frère, à mon extérieur?
Et, pour tout ce qu'on voit, me croyez-vous meilleur?
Non, non : vous vous laissez tromper à l'apparence;
Et je ne suis rien moins, hélas! que ce qu'on pense.
Tout le monde me prend pour un homme de bien;
Mais la vérité pure est que je ne vaux rien.

(S'adressant à Damis.)

Oui, mon cher fils, parlez; traitez-moi de perfide,
D'infâme, de perdu, de voleur, d'homicide;
Accablez-moi de noms encor plus détestés:
Je n'y contredis point, je les ai mérités;

ACTE III, SCÈNE VI.

Et j'en veux à genoux souffrir l'ignominie,
Comme une honte due aux crimes de ma vie.

ORGON.

(A Tartuffe.) (A son fils.)
Mon frère, c'en est trop. Ton cœur ne se rend point,
Traître!

DAMIS.

Quoi! ses discours vous séduiront au point....

ORGON.

(Relevant Tartuffe.)
Tais-toi, pendard. Mon frère, hé! levez-vous de grâce!
(A son fils.)
Infâme!

DAMIS.

Il peut....

ORGON.

Tais-toi.

DAMIS.

J'enrage. Quoi! je passe....

ORGON.

Si tu dis un seul mot, je te romprai les bras.

TARTUFFE.

Mon frère, au nom de Dieu, ne vous emportez pas!
J'aimerois mieux souffrir la peine la plus dure,
Qu'il eût reçu pour moi la moindre égratignure.

ORGON, à son fils.

Ingrat!

TARTUFFE.

Laissez-le en paix. S'il faut, à deux genoux,
Vous demander sa grâce....

ORGON, se jetant aussi à genoux et embrassant Tartuffe.

Hélas! vous moquez-vous?
(A son fils.)
Coquin! vois sa bonté!

DAMIS.

Donc....

ORGON.

Paix.

DAMIS.

  Quoi! je....

ORGON.

          Paix, dis-je :
Je sais bien quel motif à l'attaquer t'oblige.
Vous le haïssez tous; et je vois aujourd'hui
Femme, enfans, et valets, déchaînés contre lui.
On met impudemment toute chose en usage
Pour ôter de chez moi ce dévot personnage :
Mais plus on fait d'efforts afin de l'en bannir,
Plus j'en veux employer à l'y mieux retenir,
Et je vais me hâter de lui donner ma fille,
Pour confondre l'orgueil de toute ma famille.

DAMIS.

A recevoir sa main on pense l'obliger?

ORGON.

Oui, traître, et dès ce soir, pour vous faire enrager.
Ah! je vous brave tous, et vous ferai connoître
Qu'il faut qu'on m'obéisse, et que je suis le maître.
Allons, qu'on se rétracte; et qu'à l'instant, fripon,
On se jette à ses pieds pour demander pardon.

DAMIS.

Qui? moi! de ce coquin, qui, par ses impostures...

ORGON.

Ah! tu résistes, gueux, et lui dis des injures!

(A Tartuffe.)

Un bâton! un bâton! Ne me retenez pas.

(A son fils.)

Sus, que de ma maison on sorte de ce pas,
Et que d'y revenir on n'ait jamais l'audace.

DAMIS.

Oui, je sortirai; mais....

ORGON.

        Vite, quittons la place.
Je te prive, pendard, de ma succession,
Et te donne, de plus, ma malédiction.

SCÈNE VII. — ORGON, TARTUFFE.

ORGON.
Offenser de la sorte une sainte personne!
TARTUFFE.
O ciel! pardonne-lui comme je lui pardonne!
(A Orgon.)
Si vous pouviez savoir avec quel déplaisir
Je vois qu'envers mon frère on tâche à me noircir....
ORGON.
Hélas!
TARTUFFE.
Le seul penser de cette ingratitude
Fait souffrir à mon âme un supplice si rude....
L'horreur que j'en conçois.... J'ai le cœur si serré
Que je ne puis parler, et crois que j'en mourrai.

ORGON, *courant tout en larmes à la porte par où il a chassé son fils.*

Coquin! je me repens que ma main t'ait fait grâce,
Et ne t'ait pas d'abord assommé sur la place.
(A Tartuffe.)
Remettez-vous, mon frère, et ne vous fâchez pas.
TARTUFFE.
Rompons, rompons le cours de ces fâcheux débats.
Je regarde céans quels grands troubles j'apporte,
Et crois qu'il est besoin, mon frère, que j'en sorte.
ORGON.
Comment! vous moquez-vous?
TARTUFFE.
On m'y hait, et je voi
Qu'on cherche à vous donner des soupçons de ma foi.
ORGON.
Qu'importe? Voyez-vous que mon cœur les écoute?
TARTUFFE.
On ne manquera pas de poursuivre, sans doute;
Et ces mêmes rapports qu'ici vous rejetez
Peut-être une autre fois seront-ils écoutés.
ORGON.
Non, mon frère, jamais.

TARTUFFE.

Ah! mon frère, une femme
Aisément d'un mari peut bien surprendre l'âme.

ORGON.

Non, non.

TARTUFFE.

Laissez-moi vite, en m'éloignant d'ici,
Leur ôter tout sujet de m'attaquer ainsi.

ORGON.

Non, vous demeurerez; il y va de ma vie.

TARTUFFE.

Hé bien! il faudra donc que je me mortifie.
Pourtant, si vous vouliez....

ORGON.

Ah!

TARTUFFE.

Soit : n'en parlons plus
Mais je sais comme il faut en user là-dessus.
L'honneur est délicat, et l'amitié m'engage
A prévenir les bruits et les sujets d'ombrage.
Je fuirai votre épouse, et vous ne me verrez....

ORGON.

Non, en dépit de tous vous la fréquenterez.
Faire enrager le monde est ma plus grande joie;
Et je veux qu'à toute heure avec elle on vous voie.
Ce n'est pas tout encor : pour les mieux braver tous,
Je ne veux point avoir d'autre héritier que vous;
Et je vais, de ce pas, en fort bonne manière,
Vous faire de mon bien donation entière.
Un bon et franc ami, que pour gendre je prends,
M'est bien plus cher que fils, que femme et que parens.
N'accepterez-vous pas ce que je vous propose?

TARTUFFE.

La volonté du ciel soit faite en toute chose!

ORGON.

Le pauvre homme! Allons vite en dresser un écrit :
Et que puisse l'envie en crever de dépit!

ACTE QUATRIÈME.

SCÈNE I. — CLÉANTE, TARTUFFE.

CLÉANTE.

Oui, tout le monde en parle, et vous m'en pouvez croire.
L'éclat que fait ce bruit n'est point à votre gloire;
Et je vous ai trouvé, monsieur, fort à propos
Pour vous en dire net ma pensée en deux mots.
Je n'examine point à fond ce qu'on expose;
Je passe là-dessus, et prends au pis la chose.
Supposons que Damis n'en ait pas bien usé,
Et que ce soit à tort qu'on vous ait accusé;
N'est-il pas d'un chrétien de pardonner l'offense,
Et d'éteindre en son cœur tout désir de vengeance?
Et devez-vous souffrir, pour votre démêlé,
Que du logis d'un père un fils soit exilé ?
Je vous le dis encore, et parle avec franchise,
Il n'est petit ni grand qui ne s'en scandalise;
Et, si vous m'en croyez, vous pacifierez tout,
Et ne pousserez point les affaires à bout.
Sacrifiez à Dieu toute votre colère,
Et remettez le fils en grâce avec le père.

TARTUFFE.

Hélas! je le voudrois, quant à moi, de bon cœur
Je ne garde pour lui, monsieur, aucune aigreur,
Je lui pardonne tout; de rien je ne le blâme,
Et voudrois le servir du meilleur de mon âme :
Mais l'intérêt du ciel n'y sauroit consentir;
Et, s'il rentre céans, c'est à moi d'en sortir.
Après son action, qui n'eut jamais d'égale,
Le commerce entre nous porteroit du scandale :
Dieu sait ce que d'abord tout le monde en croiroit!
A pure politique on me l'imputeroit;
Et l'on diroit partout que, me sentant coupable,
Je feins pour qui m'accuse un zèle charitable;
Que mon cœur l'appréhende; et veut le ménager

Pour le pouvoir, sous main, au silence engager.
CLÉANTE.
Vous nous payez ici d'excuses colorées,
Et toutes vos raisons, monsieur, sont trop tirées.
Des intérêts du ciel pourquoi vous chargez-vous?
Pour punir le coupable a-t-il besoin de nous?
Laissez-lui, laissez-lui le soin de ses vengeances.
Ne songez qu'au pardon qu'il prescrit des offenses;
Et ne regardez point aux jugemens humains,
Quand vous suivez du ciel les ordres souverains.
Quoi! le foible intérêt de ce qu'on pourra croire
D'une bonne action empêchera la gloire!
Non, non, faisons toujours ce que le ciel prescrit,
Et d'aucun autre soin ne nous brouillons l'esprit.
TARTUFFE.
Je vous ai déjà dit que mon cœur lui pardonne,
Et c'est faire, monsieur, ce que le ciel ordonne;
Mais, après le scandale et l'affront d'aujourd'hui,
Le ciel n'ordonne pas que je vive avec lui.
CLÉANTE.
Et vous ordonne-t-il, monsieur, d'ouvrir l'oreille
A ce qu'un pur caprice à son père conseille,
Et d'accepter le don qui vous est fait d'un bien
Où le droit vous oblige à ne prétendre rien?
TARTUFFE.
Ceux qui me connoîtront n'auront pas la pensée
Que ce soit un effet d'une âme intéressée.
Tous les biens de ce monde ont pour moi peu d'appâts.
De leur éclat trompeur je ne m'éblouis pas :
Et si je me résous à recevoir du père
Cette donation qu'il a voulu me faire,
Ce n'est, à dire vrai, que parce que je crains
Que tout ce bien ne tombe en de méchantes mains;
Qu'il ne trouve des gens qui, l'ayant en partage,
En fassent dans le monde un criminel usage,
Et ne s'en servent pas, ainsi que j'ai dessein,
Pour la gloire du ciel et le bien du prochain.
CLÉANTE.
Hé! monsieur, n'ayez point ces délicates craintes,

Qui d'un juste héritier peuvent causer les plaintes.
Souffrez, sans vous vouloir embarrasser de rien,
Qu'il soit, à ses périls, possesseur de son bien,
Et songez qu'il vaut mieux encor qu'il en mésuse,
Que si de l'en frustrer il faut qu'on vous accuse.
J'admire seulement que, sans confusion,
Vous en ayez souffert la proposition.
Car enfin le vrai zèle a-t-il quelque maxime
Qui montre à dépouiller l'héritier légitime ?
Et, s'il faut que le ciel dans votre cœur ait mis
Un invincible obstacle à vivre avec Damis,
Ne vaudroit-il pas mieux qu'en personne discrète
Vous fissiez de céans une honnête retraite,
Que de souffrir ainsi, contre toute raison,
Qu'on en chasse pour vous le fils de la maison ?
Croyez-moi, c'est donner de votre prud'homie,
Monsieur....

TARTUFFE.

Il est, monsieur, trois heures et demie :
Certain devoir pieux me demande là-haut,
Et vous m'excuserez de vous quitter sitôt.

CLÉANTE, seul.

Ah !

SCÈNE II. — ELMIRE, MARIANE, CLÉANTE, DORINE.

DORINE, à Cléante.

De grâce avec nous employez-vous pour elle,
Monsieur : son âme souffre une douleur mortelle :
Et l'accord que son père a conclu pour ce soir
La fait à tous momens entrer en désespoir.
Il va venir. Joignons nos efforts, je vous prie.
Et tâchons d'ébranler, de force ou d'industrie,
Ce malheureux dessein qui nous a tous troublés.

SCÈNE III. — ORGON, ELMIRE, MARIANE, CLÉANTE, DORINE.

ORGON.

Ah! je me réjouis de vous voir assemblés.
(A Mariane.)
Je porte en ce contrat de quoi vous faire rire,
Et vous savez déjà ce que cela veut dire.

MARIANE, aux genoux d'Orgon.

Mon père, au nom du ciel qui connoît ma douleur,
Et par tout ce qui peut émouvoir votre cœur,
Relâchez-vous un peu des droits de la naissance,
Et dispensez mes vœux de cette obéissance.
Ne me réduisez point, par cette dure loi,
Jusqu'à me plaindre au ciel de ce que je vous doi·
Et cette vie, hélas! que vous m'avez donnée,
Ne me la rendez pas, mon père, infortunée.
Si, contre un doux espoir que j'avois pu former,
Vous me défendez d'être à ce que j'ose aimer,
Au moins, par vos bontés qu'à vos genoux j'implore,
Sauvez-moi du tourment d'être à ce que j'abhorre ;
Et ne me portez point à quelque désespoir,
En vous servant sur moi de tout votre pouvoir.

ORGON, se sentant attendrir.

Allons, ferme, mon cœur! point de foiblesse humaine!

MARIANE.

Vos tendresses pour lui ne me font point de peine;
Faites-les éclater, donnez-lui votre bien,
Et, si ce n'est assez, joignez-y tout le mien;
J'y consens de bon cœur, et je vous l'abandonne :
Mais, au moins, n'allez pas jusques à ma personne ;
Et souffrez qu'un couvent, dans les austérités,
Use les tristes jours que le ciel m'a comptés.

ORGON.

Ah! voilà justement de mes religieuses,
Lorsqu'un père combat leurs flammes amoureuses!
Debout. Plus votre cœur répugne à l'accepter,

Plus ce sera pour vous matière à mériter.
Mortifiez vos sens avec ce mariage,
Et ne me rompez pas la tête davantage.
DORINE.
Mais quoi !
ORGON.
Taisez-vous, vous. Parlez à votre écot.
Je vous défends, tout net, d'oser dire un seul mot.
CLÉANTE.
Si par quelque conseil vous souffrez qu'on réponde....
ORGON.
Mon frère, vos conseils sont les meilleurs du monde,
Ils sont bien raisonnés, et j'en fais un grand cas :
Mais vous trouverez bon que je n'en use pas.
ELMIRE, à Orgon.
A voir ce que je vois, je ne sais plus que dire,
Et votre aveuglement fait que je vous admire.
C'est être bien coiffé, bien prévenu de lui,
Que de nous démentir sur le fait d'aujourd'hui !
ORGON.
Je suis votre valet, et crois les apparences.
Pour mon fripon de fils je sais vos complaisances;
Et vous avez eu peur de le désavouer
Du trait qu'à ce pauvre homme il a voulu jouer.
Vous étiez trop tranquille, enfin, pour être crue,
Et vous auriez paru d'autre manière émue.
ELMIRE.
Est-ce qu'au simple aveu d'un amoureux transport
Il faut que notre honneur se gendarme si fort?
Et ne peut-on répondre à tout ce qui le touche,
Que le feu dans les yeux et l'injure à la bouche?
Pour moi, de tels propos je me ris simplement;
Et l'éclat, là-dessus, ne me plaît nullement.
J'aime qu'avec douceur nous nous montrions sages;
Et ne suis point du tout pour ces prudes sauvages
Dont l'honneur est armé de griffes et de dents,
Et veut, au moindre mot, dévisager les gens.
Me préserve le ciel d'une telle sagesse!

Je veux une vertu qui ne soit point diablesse,
Et crois que d'un refus la discrète froideur
N'en est pas moins puissante à rebuter un cœur.

ORGON.

Enfin, je sais l'affaire, et ne prends point le change.

ELMIRE.

J'admire, encore un coup, cette foiblesse étrange :
Mais que me répondroit votre incrédulité
Si je vous faisois voir qu'on vous dit vérité?

ORGON.

Voir !

ELMIRE.

Oui.

ORGON.

Chansons.

ELMIRE.

Mais quoi ! si je trouvois manière
De vous le faire voir avec pleine lumière ?...

ORGON.

Contes en l'air.

ELMIRE.

Quel homme! Au moins, répondez-moi.
Je ne vous parle pas de nous ajouter foi ;
Mais supposons ici que, d'un lieu qu'on peut prendre,
On vous fît clairement tout voir et tout entendre,
Que diriez-vous alors de votre homme de bien?

ORGON.

En ce cas, je dirois que.... Je ne dirois rien,
Car cela ne se peut.

ELMIRE.

L'erreur trop longtemps dure,
Et c'est trop condamner ma bouche d'imposture.
Il faut que, par plaisir et sans aller plus loin,
De tout ce qu'on vous dit je vous fasse témoin.

ORGON.

Soit. Je vous prends au mot. Nous verrons votre adresse,
Et comment vous pourrez remplir cette promesse.

ELMIRE, à Dorine.

Faites-le-moi venir.

DORINE, à Elmire.
Son esprit est rusé,
Et peut-être à surprendre il sera malaisé.
ELMIRE, à Dorine.
Non; on est aisément dupé par ce qu'on aime.
Et l'amour-propre engage à se tromper soi-même.
(A Cléante et à Marianne.)
Faites-le-moi descendre. Et vous, retirez-vous.

SCÈNE IV. — ELMIRE, ORGON.

ELMIRE.
Approchons cette table, et vous mettez dessous.
ORGON.
Comment !
ELMIRE.
Vous bien cacher est un point nécessaire.
ORGON.
Pourquoi sous cette table ?
ELMIRE.
Ah ! mon Dieu ! laissez faire ;
J'ai mon dessein en tête, et vous en jugerez.
Mettez-vous là, vous dis-je ; et, quand vous y serez,
Gardez qu'on ne vous voie et qu'on ne vous entende.
ORGON.
Je confesse qu'ici ma complaisance est grande :
Mais de votre entreprise il vous faut voir sortir.
ELMIRE.
Vous n'aurez, que je crois, rien à me repartir.
(A Orgon, qui est sous la table.)
Au moins, je vais toucher une étrange matière :
Ne vous scandalisez en aucune manière.
Quoi que je puisse dire, il doit m'être permis ;
Et c'est pour vous convaincre, ainsi que j'ai promis.
Je vais par des douceurs, puisque j'y suis réduite,
Faire poser le masque à cette âme hypocrite,
Flatter de son amour les désirs effrontés,
Et donner un champ libre à ses témérités.

Comme c'est pour vous seul, et pour mieux le confondre,
Que mon âme à ses vœux va feindre de répondre,
J'aurai lieu de cesser dès que vous vous rendrez,
Et les choses n'iront que jusqu'où vous voudrez.
C'est à vous d'arrêter son ardeur insensée,
Quand vous croirez l'affaire assez avant poussée,
D'épargner votre femme, et de ne m'exposer
Qu'à ce qu'il vous faudra pour vous désabuser.
Ce sont vos intérêts, vous en serez le maître.
Et.... L'on vient. Tenez-vous, et gardez de paroître.

SCÈNE V. — TARTUFFE, ELMIRE, ORGON, sous la table.

TARTUFFE.
On m'a dit qu'en ce lieu vous me vouliez parler.
ELMIRE.
Oui. L'on a des secrets à vous y révéler.
Mais tirez cette porte avant qu'on vous les dise,
Et regardez partout, de crainte de surprise.

(Tartuffe va fermer la porte et revient.)

Une affaire pareille à celle de tantôt
N'est pas assurément ici ce qu'il nous faut ·
Jamais il ne s'est vu de surprise de même.
Damis m'a fait pour vous une frayeur extrême ;
Et vous avez bien vu que j'ai fait mes efforts
Pour rompre son dessein et calmer ses transports.
Mon trouble, il est bien vrai m'a si fort possédée,
Que de le démentir je n'ai point eu l'idée ;
Mais par là, grâce au ciel, tout a bien mieux été,
Et les choses en sont dans plus de sûreté.
L'estime où l'on vous tient a dissipé l'orage,
Et mon mari de vous ne peut prendre d'ombrage.
Pour mieux braver l'éclat des mauvais jugemens,
Il veut que nous soyons ensemble à tous momens :
Et c'est par où je puis, sans peur d'être blâmée,
Me trouver ici seule avec vous enfermée,
Et ce qui m'autorise à vous ouvrir un cœur

Un peu trop prompt peut-être à souffrir votre ardeur.
TARTUFFE.
Ce langage à comprendre est assez difficile,
Madame; et vous parliez tantôt d'un autre style.
ELMIRE.
Ah! si d'un tel refus vous êtes en courroux,
Que le cœur d'une femme est mal connu de vous!
Et que vous savez peu ce qu'il veut faire entendre
Lorsque si foiblement on le voit se défendre!
Toujours notre pudeur combat, dans ces momens,
Ce qu'on peut nous donner de tendres sentimens.
Quelque raison qu'on trouve à l'amour qui nous dompte,
On trouve à l'avouer toujours un peu de honte.
On s'en défend d'abord, mais de l'air qu'on s'y prend
On fait connoître assez que notre cœur se rend;
Qu'à nos vœux, par honneur, notre bouche s'oppose,
Et que de tels refus promettent toute chose.
C'est vous faire, sans doute, un assez libre aveu,
Et sur notre pudeur me ménager bien peu;
Mais, puisque la parole enfin en est lâchée,
A retenir Damis me serois-je attachée?
Aurois-je, je vous prie, avec tant de douceur
Écouté tout au long l'offre de votre cœur?
Aurois-je pris la chose ainsi qu'on m'a vu faire,
Si l'offre de ce cœur n'eût eu de quoi me plaire?
Et lorsque j'ai voulu moi-même vous forcer
A refuser l'hymen qu'on venoit d'annoncer,
Qu'est-ce que cette instance a dû vous faire entendre,
Que l'intérêt qu'en vous on s'avise de prendre,
Et l'ennui qu'on auroit que ce nœud qu'on résout[1]
Vînt partager du moins un cœur que l'on veut tout?
TARTUFFE.
C'est sans doute, madame, une douceur extrême
Que d'entendre ces mots d'une bouche qu'on aime;

---

1. « Et l'ennui que j'aurais que ce mariage, résolu par Orgon, ne vînt donner à Mariane une part dans une tendresse que je veux garder pour moi tout entière. »

Leur miel dans tous mes sens fait couler à longs traits
Une suavité qu'on ne goûta jamais.
Le bonheur de vous plaire est ma suprême étude,
Et mon cœur de vos vœux fait sa béatitude;
Mais ce cœur vous demande ici la liberté
D'oser douter un peu de sa félicité.
Je puis croire ces mots un artifice honnête
Pour m'obliger à rompre un hymen qui s'apprête;
Et, s'il faut librement m'expliquer avec vous,
Je ne me fierai point à des propos si doux,
Qu'un peu de vos faveurs, après quoi je soupire,
Ne vienne m'assurer tout ce qu'ils m'ont pu dire,
Et planter dans mon âme une constante foi
Des charmantes bontés que vous avez pour moi.

ELMIRE, après avoir toussé pour avertir son mari.

Quoi! vous voulez aller avec cette vitesse,
Et d'un cœur tout d'abord épuiser la tendresse?
On se tue à vous faire un aveu des plus doux;
Cependant ce n'est pas encore assez pour vous?
Et l'on ne peut aller jusqu'à vous satisfaire,
Qu'aux dernières faveurs on ne pousse l'affaire?

TARTUFFE.

Moins on mérite un bien, moins on l'ose espérer.
Nos vœux sur des discours ont peine à s'assurer.
On soupçonne aisément un sort tout plein de gloire,
Et l'on veut en jouir avant que de le croire.
Pour moi, qui crois si peu mériter vos bontés,
Je doute du bonheur de mes témérités;
Et je ne croirai rien, que vous n'ayez, madame,
Par des réalités, su convaincre ma flamme.

ELMIRE.

Mon Dieu! que votre amour en vrai tyran agit!
Et qu'en un trouble étrange il me jette l'esprit!
Que sur les cœurs il prend un furieux empire!
Et qu'avec violence il veut ce qu'il désire!
Quoi! de votre poursuite on ne peut se parer,
Et vous ne donnez pas le temps de respirer?
Sied-il bien de tenir une rigueur si grande,

ACTE IV, SCÈNE V.

De vouloir sans quartier les choses qu'on demande,
Et d'abuser ainsi, par vos efforts pressans,
Du foible que pour vous vous voyez qu'ont les gens?

TARTUFFE.

Mais si d'un œil bénin vous voyez mes hommages,
Pourquoi m'en refuser d'assurés témoignages?

ELMIRE.

Mais comment consentir à ce que vous voulez,
Sans offenser le ciel, dont toujours vous parlez?

TARTUFFE.

Si ce n'est que le ciel qu'à mes vœux on oppose,
Lever un tel obstacle est à moi peu de chose;
Et cela ne doit pas retenir votre cœur.

ELMIRE.

Mais des arrêts du ciel on nous fait tant de peur!

TARTUFFE.

Je puis vous dissiper ces craintes ridicules,
Madame; et je sais l'art de lever les scrupules.
Le ciel défend, de vrai, certains contentemens;
Mais on trouve avec lui des accommodemens[1].
Selon divers besoins, il est une science
D'étendre les liens de notre conscience,
Et de rectifier le mal de l'action
Avec la pureté de notre intention.
De ces secrets, madame, on saura vous instruire;
Vous n'avez seulement qu'à vous laisser conduire.
Contentez mon désir, et n'ayez point d'effroi;
Je vous réponds de tout, et prend le mal sur moi.

(Elmire tousse plus fort.)

Vous toussez fort, madame

ELMIRE.

Oui, je suis au supplice.

TARTUFFE.

Vous plaît-il un morceau de ce jus de réglisse?

ELMIRE.

C'est un rhume obstiné, sans doute; et je vois bien

---

1. C'est un scélérat qui parle. (*Note de Molière.*)

Que tous les jus du monde ici ne feront rien.
TARTUFFE.
Cela, certe, est fâcheux.
ELMIRE.
Oui, plus qu'on ne peut dire.
TARTUFFE.
Enfin, votre scrupule est facile à détruire.
Vous êtes assurée ici d'un plein secret,
Et le mal n'est jamais que dans l'éclat qu'on fait ;
Le scandale du monde est ce qui fait l'offense,
Et ce n'est pas pécher que pécher en silence.
ELMIRE, après avoir encore toussé, et frappé sur la table.
Enfin je vois qu'il faut se résoudre à céder ;
Qu'il faut que je consente à vous tout accorder ;
Et qu'à moins de cela je ne dois point prétendre
Qu'on puisse être content, et qu'on veuille se rendre.
Sans doute il est fâcheux d'en venir jusque-là,
Et c'est bien malgré moi que je franchis cela ;
Mais, puisque l'on s'obstine à m'y vouloir réduire,
Puisqu'on ne veut point croire à tout ce qu'on peut dire,
Et qu'on veut des témoins qui soient plus convaincans,
Il faut bien s'y résoudre et contenter les gens.
Si ce contentement porte en soi quelque offense,
Tant pis pour qui me force à cette violence ;
La faute assurément n'en doit point être à moi.
TARTUFFE.
Oui, madame, on s'en charge ; et la chose de soi....
ELMIRE.
Ouvrez un peu la porte, et voyez, je vous prie,
Si mon mari n'est point dans cette galerie.
TARTUFFE.
Qu'est-il besoin pour lui du soin que vous prenez ?
C'est un homme, entre nous, à mener par le nez.
De tous nos entretiens il est pour faire gloire,
Et je l'ai mis au point de voir tout sans rien croire.
ELMIRE.
Il n'importe. Sortez, je vous prie, un moment,
Et partout là dehors voyez exactement.

SCÈNE VI. — ORGON, ELMIRE.

ORGON, sortant de dessous la table.

Voilà, je vous l'avoue, un abominable homme !
Je n'en puis revenir, et tout ceci m'assomme.

ELMIRE.

Quoi ! vous sortez sitôt ! Vous vous moquez des gens.
Rentrez sous le tapis, il n'est pas encor temps ;
Attendez jusqu'au bout pour voir les choses sûres,
Et ne vous fiez point aux simples conjectures.

ORGON.

Non, rien de plus méchant n'est sorti de l'enfer.

ELMIRE.

Mon Dieu ! l'on ne doit point croire trop de léger.
Laissez-vous bien convaincre avant que de vous rendre ;
Et ne vous hâtez point, de peur de vous méprendre.

(Elmire fait mettre Orgon derrière elle.)

SCÈNE VII. — TARTUFFE, ELMIRE, ORGON.

TARTUFFE, sans voir Orgon.

Tout conspire, madame, à mon contentement.
J'ai visité de l'œil tout cet appartement ;
Personne ne s'y trouve ; et mon âme ravie....

(Dans le temps que Tartuffe s'avance, les bras ouverts, pour embrasser Elmire, elle se retire, et Tartuffe aperçoit Orgon.)

ORGON, arrêtant Tartuffe.

Tout doux ! vous suivez trop votre amoureuse envie,
Et vous ne devez pas vous tant passionner.
Ah ! ah ! l'homme de bien, vous m'en voulez donner !
Comme aux tentations s'abandonne votre âme !
Vous épousiez ma fille, et convoitiez ma femme !
J'ai douté fort longtemps que ce fût tout de bon,
Et je croyois toujours qu'on changeroit de ton :
Mais c'est assez avant pousser le témoignage ;
Je m'y tiens, et n'en veux, pour moi, pas davantage.

ELMIRE, à Tartuffe.

C'est contre mon humeur que j'ai fait tout ceci ;
Mais on m'a mise au point de vous traiter ainsi.

TARTUFFE, à Orgon.

Quoi ! vous croyez ?...

ORGON.

Allons, point de bruit, je vous prie.
Dénichons de céans, et sans cérémonie.

TARTUFFE.

Mon dessein....

ORGON.

Ces discours ne sont plus de saison :
Il faut, tout sur-le-champ, sortir de la maison.

TARTUFFE.

C'est à vous d'en sortir, vous qui parlez en maître :
La maison m'appartient, je le ferai connoître,
Et vous montrerai bien qu'en vain on a recours,
Pour me chercher querelle, à ces lâches détours ;
Qu'on n'est pas où l'on pense en me faisant injure ;
Que j'ai de quoi confondre et punir l'imposture,
Venger le ciel qu'on blesse, et faire repentir
Ceux qui parlent ici de me faire sortir.

SCÈNE VIII. — ELMIRE, ORGON.

ELMIRE.

Quel est donc ce langage ? et qu'est-ce qu'il veut dire ?

ORGON.

Ma foi, je suis confus, et n'ai pas lieu de rire.

ELMIRE.

Comment ?

ORGON.

Je vois ma faute, aux choses qu'il me dit ;
Et la donation m'embarrasse l'esprit.

ELMIRE.

La donation.

ORGON.

Oui. C'est une affaire faite.

Mais j'ai quelque autre chose encor qui m'inquiète.
ELMIRE.
Et quoi?
ORGON.
Vous saurez tout. Mais voyons au plus tôt
Si certaine cassette est encore là-haut.

ACTE CINQUIÈME.

SCENE I. — ORGON, CLÉANTE.

CLÉANTE.
Où voulez-vous courir?
ORGON.
Las! que sais-je?
CLÉANTE.
Il me semble
Que l'on doit commencer par consulter ensemble
Les choses qu'on peut faire en cet événement
ORGON.
Cette cassette-là me trouble entièrement.
Plus que le reste encore, elle me désespère.
CLÉANTE.
Cette cassette est donc un important mystère?
ORGON.
C'est un dépôt qu'Argas, cet ami que je plains,
Lui-même en grand secret m'a mis entre les mains
Pour cela, dans sa fuite, il me voulut élire;
Et ce sont des papiers, à ce qu'il m'a pu dire,
Où sa vie et ses biens se trouvent attachés.
CLÉANTE.
Pourquoi donc les avoir en d'autres mains lâchés?
ORGON.
Ce fut par un motif de cas de conscience.
J'allai droit à mon traître en faire confidence;

Et son raisonnement me vint persuader
De lui donner plutôt la cassette à garder,
Afin que pour nier, en cas de quelque enquête,
J'eusse d'un faux-fuyant la faveur toute prête,
Par où ma conscience eût pleine sûreté
A faire des sermens contre la vérité.

CLÉANTE.

Vous voilà mal, au moins si j'en crois l'apparence;
Et la donation, et cette confidence,
Sont, à vous en parler selon mon sentiment,
Des démarches par vous faites légèrement.
On peut vous mener loin avec de pareils gages :
Et, cet homme sur vous ayant ces avantages,
Le pousser est encor grande imprudence à vous,
Et vous deviez chercher quelque biais plus doux.

ORGON.

Quoi! sur un beau semblant de ferveur si touchante
Cacher un cœur si double, une âme si méchante!
Et moi qui l'ai reçu gueusant et n'ayant rien....
C'en est fait, je renonce à tous les gens de bien;
J'en aurai désormais une horreur effroyable,
Et m'en vais devenir pour eux pire qu'un diable.

CLÉANTE.

Hé bien! ne voilà pas de vos emportemens!
Vous ne gardez en rien les doux tempéramens;
Dans la droite raison jamais n'entre la vôtre,
Et toujours d'un excès vous vous jetez dans l'autre.
Vous voyez votre erreur, et vous avez connu
Que par un zèle feint vous étiez prévenu;
Mais, pour vous corriger, quelle raison demande
Que vous alliez passer dans une erreur plus grande,
Et qu'avecque le cœur d'un perfide vaurien
Vous confondiez les cœurs de tous les gens de bien?
Quoi! parce qu'un fripon vous dupe avec audace
Sous le pompeux éclat d'une austère grimace,
Vous voulez que partout on soit fait comme lui,
Et qu'aucun vrai dévot ne se trouve aujourd'hui?
Laissez aux libertins ces sottes conséquences :

Démêlez la vertu d'avec ses apparences,
Ne hasardez jamais votre estime trop tôt,
Et soyez pour cela dans le milieu qu'il faut.
Gardez-vous, s'il se peut, d'honorer l'imposture :
Mais au vrai zèle aussi n'allez pas faire injure;
Et, s'il vous faut tomber dans une extrémité,
Péchez plutôt encor de cet autre côté.

SCÈNE II. — ORGON, CLÉANTE, DAMIS.

DAMIS.
Quoi! mon père, est-il vrai qu'un coquin vous menace?
Qu'il n'est point de bienfait qu'en son âme il n'efface,
Et que son lâche orgueil, trop digne de courroux,
Se fait de vos bontés des armes contre vous?
ORGON.
Oui, mon fils; et j'en sens des douleurs nonpareilles.
DAMIS.
Laissez-moi, je lui veux couper les deux oreilles.
Contre son insolence on ne doit point gauchir :
C'est à moi, tout d'un coup, de vous en affranchir;
Et, pour sortir d'affaire, il faut que je l'assomme.
CLÉANTE.
Voilà tout justement parler en vrai jeune homme.
Modérez, s'il vous plaît, ces transports éclatans.
Nous vivons sous un règne et sommes dans un temps
Où par la violence on fait mal ses affaires.

SCÈNE III. — MADAME PERNELLE, ORGON, ELMIRE, CLÉANTE, MARIANE, DAMIS, DORINE.

MADAME PERNELLE.
Qu'est-ce? J'apprends ici de terribles mystères!
ORGON.
Ce sont des nouveautés dont mes yeux sont témoins,
Et vous voyez le prix dont sont payés mes soins.
Je recueille avec zèle un homme en sa misère,

Je le loge, et le tiens comme mon propre frère ;
De bienfaits chaque jour il est par moi chargé ;
Je lui donne ma fille et tout le bien que j'ai :
Et, dans le même temps, le perfide, l'infâme,
Tente le noir dessein de suborner ma femme ;
Et, non content encor de ces lâches essais,
Il m'ose menacer de mes propres bienfaits,
Et veut, à ma ruine, user des avantages
Dont le viennent d'armer mes bontés trop peu sages,
Me chasser de mes biens où je l'ai transféré,
Et me réduire au point d'où je l'ai retiré !

DORINE.

Le pauvre homme !

MADAME PERNELLE.

　　　　　Mon fils, je ne puis du tout croire
Qu'il ait voulu commettre une action si noire.

ORGON.

Comment ?

MADAME PERNELLE.

　　　Les gens de bien sont enviés toujours.

ORGON.

Que voulez-vous donc dire avec votre discours,
Ma mère ?

MADAME PERNELLE.

　　　Que chez vous on vit d'étrange sorte,
Et qu'on ne sait que trop la haine qu'on lui porte.

ORGON.

Qu'a cette haine à faire avec ce qu'on vous dit?

MADAME PERNELLE.

Je vous l'ai dit cent fois quand vous étiez petit :
La vertu dans le monde est toujours poursuivie;
Les envieux mourront, mais non jamais l'envie.

ORGON.

Mais que fait ce discours aux choses d'aujourd'hui?

MADAME PERNELLE.

On vous aura forgé cent sots contes de lui.

ORGON.

Je vous ai dit déjà que j'ai vu tout moi-même.

MADAME PERNELLE.
Des esprits médisans la malice est extrême.
ORGON.
Vous me feriez damner, ma mère. Je vous di
Que j'ai vu de mes yeux un crime si hardi.
MADAME PERNELLE.
Les langues ont toujours du venin à répandre ;
Et rien n'est ici-bas qui s'en puisse défendre.
ORGON.
C'est tenir un propos de sens bien dépourvu
Je l'ai vu, dis-je, vu, de mes propres yeux vu,
Ce qu'on appelle vu. Faut-il vous le rebattre
Aux oreilles cent fois, et crier comme quatre?
MADAME PERNELLE.
Mon Dieu ! le plus souvent l'apparence déçoit :
Il ne faut pas toujours juger sur ce qu'on voit.
ORGON.
J'enrage !
MADAME PERNELLE.
Aux faux soupçons la nature est sujette,
Et c'est souvent à mal que le bien s'interprète.
ORGON.
Je dois interpréter à charitable soin
Le désir d'embrasser ma femme !
MADAME PERNELLE.
Il est besoin,
Pour accuser les gens, d'avoir de justes causes ;
Et vous deviez attendre à vous voir sûr des choses.
ORGON.
Hé ! diantre ! le moyen de m'en assurer mieux ?
Je devois donc, ma mère, attendre qu'à mes yeux
Il eût.... Vous me feriez dire quelque sottise.
MADAME PERNELLE.
Enfin d'un trop pur zèle on voit son âme éprise ;
Et je ne puis du tout me mettre dans l'esprit
Qu'il ait voulu tenter les choses que l'on dit.
ORGON.
Allez, je ne sais pas, si vous n'étiez ma mère,

Ce que je vous dirois, tant je suis en colère.
DORINE, à Orgon.
Juste retour, monsieur, des choses d'ici-bas :
Vous ne vouliez point croire, et l'on ne vous croit pas.
CLÉANTE.
Nous perdons des momens en bagatelles pures,
Qu'il faudroit employer à prendre des mesures.
Aux menaces du fourbe on doit ne dormir point.
DAMIS.
Quoi! son effronterie iroit jusqu'à ce point?
ELMIRE.
Pour moi, je ne crois pas cette instance possible,
Et son ingratitude est ici trop visible.
CLÉANTE, à Orgon.
Ne vous y fiez pas; il aura des ressorts
Pour donner contre vous raison à ses efforts;
Et, sur moins que cela, le poids d'une cabale
Embarrasse les gens dans un fâcheux dédale.
Je vous le dis encore : armé de ce qu'il a,
Vous ne deviez jamais le pousser jusque-là.
ORGON.
Il est vrai; mais qu'y faire? A l'orgueil de ce traître,
De mes ressentimens je n'ai pas été maître.
CLÉANTE.
Je voudrois, de bon cœur, qu'on pût entre vous deux
De quelque ombre de paix raccommoder les nœuds.
ELMIRE.
Si j'avois su qu'en main il a de telles armes,
Je n'aurois pas donné matière à tant d'alarmes;
Et mes....
ORGON, à Dorine, voyant entrer M. Loyal.
Que veut cet homme? Allez tôt le savoir.
Je suis bien en état que l'on me vienne voir!

SCÈNE IV. — ORGON, MADAME PERNELLE, ELMIRE, MARIANE, CLÉANTE, DAMIS, DORINE, M. LOYAL.

MONSIEUR LOYAL, à Dorine dans le fond du théâtre.
Bonjour, ma chère sœur; faites, je vous supplie,
Que je parle à monsieur.
DORINE.
Il est en compagnie;
Et je doute qu'il puisse à présent voir quelqu'un.
MONSIEUR LOYAL.
Je ne suis pas pour être en ces lieux importun.
Mon abord n'aura rien, je crois, qui lui déplaise,
Et je viens pour un fait dont il sera bien aise.
DORINE.
Votre nom?
MONSIEUR LOYAL.
Dites-lui seulement que je vien
De la part de monsieur Tartuffe, pour son bien.
DORINE, à Orgon.
C'est un homme qui vient, avec douce manière,
De la part de monsieur Tartuffe, pour affaire
Dont vous serez, dit-il, bien aise.
CLÉANTE, à Orgon.
Il vous faut voir
Ce que c'est que cet homme, et ce qu'il peut vouloir.
ORGON, à Cléante.
Pour nous raccommoder il vient ici peut-être :
Quels sentimens aurai-je à lui faire paroître?
CLÉANTE.
Votre ressentiment ne doit point éclater;
Et, s'il parle d'accord, il le faut écouter.
MONSIEUR LOYAL, à Orgon.
Salut, monsieur. Le ciel perde qui vous veut nuire,
Et vous soit favorable autant que je désire!
ORGON, bas, à Cléante.
Ce doux début s'accorde avec mon jugement,

Et présage déjà quelque accommodement.
MONSIEUR LOYAL.
Toute votre maison m'a toujours été chère,
Et j'étois serviteur de monsieur votre père.
ORGON.
Monsieur, j'ai grande honte et demande pardon
D'être sans vous connoître, ou savoir votre nom.
MONSIEUR LOYAL.
Je m'appelle Loyal, natif de Normandie,
Et suis huissier à verge, en dépit de l'envie.
J'ai, depuis quarante ans, grâce au ciel, le bonheur
D'en exercer la charge avec beaucoup d'honneur;
Et je vous viens, monsieur, avec votre licence,
Signifier l'exploit de certaine ordonnance....
ORGON.
Quoi! vous êtes ici....
MONSIEUR LOYAL.
         Monsieur, sans passion.
Ce n'est rien seulement qu'une sommation,
Un ordre de vider d'ici, vous et les vôtres,
Mettre vos meubles hors, et faire place à d'autres;
Sans délai ni remise, ainsi que besoin est.
ORGON.
Moi! sortir de céans?
MONSIEUR LOYAL.
         Oui, monsieur, s'il vous plaît.
La maison à présent, comme savez de reste,
Au bon monsieur Tartuffe appartient sans conteste.
De vos biens désormais il est maître et seigneur,
En vertu d'un contrat duquel je suis porteur.
Il est en bonne forme, et l'on n'y peut rien dire.
DAMIS, à M. Loyal.
Certes, cette impudence est grande, et je l'admire.
MONSIEUR LOYAL, à Damis.
Monsieur, je ne dois point avoir affaire à vous;
    (Montrant Orgon.)
C'est à monsieur; il est et raisonnable et doux,
Et d'un homme de bien il sait trop bien l'office

Pour se vouloir du tout opposer à justice.
ORGON.
Mais....
MONSIEUR LOYAL.
Oui, monsieur, je sais que pour un million
Vous ne voudriez pas faire rébellion,
Et que vous souffrirez, en honnête personne,
Que j'exécute ici les ordres qu'on me donne.
DAMIS.
Vous pourriez bien ici, sur votre noir jupon,
Monsieur l'huissier à verge, attirer le bâton.
MONSIEUR LOYAL, à Orgon.
Faites que votre fils se taise ou se retire,
Monsieur. J'aurois regret d'être obligé d'écrire,
Et de vous voir couché dans mon procès-verbal.
DORINE, à part.
Ce monsieur Loyal porte un air bien déloyal.
MONSIEUR LOYAL.
Pour tous les gens de bien j'ai de grandes tendresses,
Et ne me suis voulu, monsieur, charger des pièces
Que pour vous obliger et vous faire plaisir,
Que pour ôter par là le moyen d'en choisir
Qui, n'ayant pas pour vous le zèle qui me pousse,
Auroient pu procéder d'une façon moins douce.
ORGON.
Et que peut-on de pis que d'ordonner aux gens
De sortir de chez eux?
MONSIEUR LOYAL.
On vous donne du temps;
Et jusques à demain je ferai surséance
A l'exécution, monsieur, de l'ordonnance.
Je viendrai seulement passer ici la nuit,
Avec dix de mes gens, sans scandale et sans bruit.
Pour la forme, il faudra, s'il vous plaît, qu'on m'apporte,
Avant que se coucher, les clefs de votre porte.
J'aurai soin de ne pas troubler votre repos,
Et de ne rien souffrir qui ne soit à propos.
Mais demain, du matin, il vous faut être habile

A vider de céans jusqu'au moindre ustensile;
Mes gens vous aideront, et je les ai pris forts
Pour vous faire service à tout mettre dehors.
On ne peut pas user mieux que je fais, je pense;
Et, comme je vous traite avec grande indulgence,
Je vous conjure aussi, monsieur, d'en user bien,
Et qu'au dû de ma charge on ne me trouble en rien.

ORGON, à part.

Du meilleur de mon cœur je donnerois sur l'heure
Les cent plus beaux louis de ce qui me demeure,
Et pouvoir, à plaisir, sur ce mufle assener
Le plus grand coup de poing qui se puisse donner.

CLÉANTE, bas, à Orgon.

Laissez, ne gâtons rien.

DAMIS.

A cette audace étrange
J'ai peine à me tenir, et la main me démange.

DORINE.

Avec un si bon dos, ma foi, monsieur Loyal,
Quelques coups de bâton ne vous siéroient pas mal.

MONSIEUR LOYAL.

On pourroit bien punir ces paroles infâmes,
Ma mie; et l'on décrète aussi contre les femmes.

CLÉANTE, à M. Loyal.

Finissons tout cela, monsieur; c'en est assez.
Donnez tôt ce papier, de grâce et nous laissez.

MONSIEUR LOYAL.

Jusqu'au revoir. Le ciel vous tienne tous en joie!

ORGON.

Puisse-t-il te confondre, et celui qui t'envoie!

SCÈNE V. — ORGON, MADAME PERNELLE, ELMIRE, CLÉANTE, MARIANE, DAMIS, DORINE.

ORGON.

Hé bien! vous le voyez, ma mère, si j'ai droit;
Et vous pouvez juger du reste par l'exploit.
Ses trahisons enfin vous sont-elles connues?

MADAME PERNELLE.
Je suis tout ébaubie, et je tombe des nues !
DORINE, à Orgon.
Vous vous plaignez à tort, à tort vous le blâmez,
Et ses pieux desseins par là sont confirmés.
Dans l'amour du prochain sa vertu se consomme :
Il sait que très-souvent les biens corrompent l'homme,
Et, par charité pure, il veut vous enlever
Tout ce qui vous peut faire obstacle à vous sauver.
ORGON.
Taisez-vous. C'est le mot qu'il vous faut toujours dire.
CLÉANTE, à Orgon.
Allons voir quel conseil on doit vous faire élire.
ELMIRE.
Allez faire éclater l'audace de l'ingrat.
Ce procédé détruit la vertu du contrat ;
Et sa déloyauté va paroître trop noire,
Pour souffrir qu'il en ait le succès qu'on veut croire.

SCÈNE VI. — VALÈRE, ORGON, MADAME PERNELLE, ELMIRE, CLÉANTE, MARIANE, DAMIS, DORINE.

VALÈRE.
Avec regret, monsieur, je viens vous affliger ;
Mais je m'y vois contraint par le pressant danger.
Un ami, qui m'est joint d'une amitié fort tendre,
Et qui sait l'intérêt qu'en vous j'ai lieu de prendre,
A violé pour moi, par un pas délicat,
Le secret que l'on doit aux affaires d'État,
Et me vient d'envoyer un avis dont la suite
Vous réduit au parti d'une soudaine fuite.
Le fourbe qui longtemps a pu vous imposer,
Depuis une heure au prince a su vous accuser,
Et remettre en ses mains, dans les traits qu'il vous jette,
D'un criminel d'État l'importante cassette,
Dont, au mépris, dit-il, du devoir d'un sujet,
Vous avez conservé le coupable secret.

J'ignore le détail du crime qu'on vous donne ;
Mais un ordre est donné contre votre personne ;
Et lui-même est chargé, pour mieux l'exécuter,
D'accompagner celui qui vous doit arrêter.

CLÉANTE.

Voilà ses droits armés ; et c'est par où le traître
De vos biens qu'il prétend cherche à se rendre maître.

ORGON.

L'homme est, je vous l'avoue, un méchant animal !

VALÈRE.

Le moindre amusement vous peut être fatal.
J'ai, pour vous emmener, mon carrosse à la porte,
Avec mille louis qu'ici je vous apporte.
Ne perdons pas de temps : le trait est foudroyant,
Et ce sont de ces coups que l'on pare en fuyant.
A vous mettre en lieu sûr je m'offre pour conduite,
Et veux accompagner jusqu'au bout votre fuite.

ORGON.

Las ! que ne dois-je point à vos soins obligeans !
Pour vous en rendre grâce, il faut un autre temps ;
Et je demande au ciel de m'être assez propice,
Pour reconnoître un jour ce généreux service.
Adieu : prenez le soin, vous autres....

CLÉANTE.

                        Allez tôt ;
Nous songerons, mon frère, à faire ce qu'il faut.

SCÈNE VII. — TARTUFFE, UN EXEMPT, MADAME PERNELLE, ORGON, ELMIRE, CLÉANTE, MARIANE, VALÈRE, DAMIS, DORINE.

TARTUFFE, arrêtant Orgon.

Tout beau, monsieur, tout beau, ne courez point si vite :
Vous n'irez pas fort loin pour trouver votre gîte ;
Et, de la part du prince, on vous fait prisonnier.

ORGON.

Traître ! tu me gardois ce trait pour le dernier :
C'est le coup, scélérat, par où tu m'expédies,

ACTE V, SCÈNE VII.

Et voilà couronner toutes tes perfidies.
TARTUFFE.
Vos injures n'ont rien à me pouvoir aigrir;
Et je suis, pour le ciel, appris à tout souffrir.
CLÉANTE.
La modération est grande, je l'avoue.
DAMIS.
Comme du ciel l'infâme impudemment se joue !
TARTUFFE.
Tous vos emportemens ne sauroient m'émouvoir;
Et je ne songe à rien qu'à faire mon devoir.
MARIANE.
Vous avez de ceci grande gloire à prétendre;
Et cet emploi pour vous est fort honnête à prendre.
TARTUFFE.
Un emploi ne sauroit être que glorieux,
Quand il part du pouvoir qui m'envoie en ces lieux.
ORGON.
Mais t'es-tu souvenu que ma main charitable,
Ingrat, t'a retiré d'un état misérable?
TARTUFFE.
Oui, je sais quels secours j'en ai pu recevoir;
Mais l'intérêt du prince est mon premier devoir.
De ce devoir sacré la juste violence
Étouffe dans mon cœur toute reconnoissance;
Et je sacrifierois à de si puissans nœuds
Ami, femme, parens, et moi-même avec eux.
ELMIRE.
L'imposteur !
DORINE.
   Comme il sait, de traîtresse manière,
Se faire un beau manteau de tout ce qu'on révère !
CLÉANTE.
Mais, s'il est si parfait que vous le déclarez,
Ce zèle qui vous pousse et dont vous vous parez,
D'où vient que, pour paroître, il s'avise d'attendre
Qu'à poursuivre sa femme il ait su vous surprendre,
Et que vous ne songez à l'aller dénoncer

Que lorsque son honneur l'oblige à vous chasser?
Je ne vous parle point, pour devoir en distraire,
Du don de tout son bien qu'il venoit de vous faire;
Mais, le voulant traiter en coupable aujourd'hui,
Pourquoi consentiez-vous à rien prendre de lui?

TARTUFFE, à l'exempt.

Délivrez-moi, monsieur, de la criaillerie;
Et daignez accomplir votre ordre, je vous prie.

L'EXEMPT.

Oui, c'est trop demeurer, sans doute, à l'accomplir;
Votre bouche à propos m'invite à le remplir:
Et, pour l'exécuter, suivez-moi tout à l'heure
Dans la prison qu'on doit vous donner pour demeure.

TARTUFFE.

Qui? moi, monsieur?

L'EXEMPT.

Oui, vous.

TARTUFFE.

Pourquoi donc la prison?

L'EXEMPT.

Ce n'est pas vous à qui j'en veux rendre raison.

(A Orgon.)

Remettez-vous, monsieur, d'une alarme si chaude.
Nous vivons sous un prince ennemi de la fraude,
Un prince dont les yeux se font jour dans les cœurs,
Et que ne peut tromper tout l'art des imposteurs.
D'un fin discernement sa grande âme pourvue
Sur les choses toujours jette une droite vue;
Chez elle jamais rien ne surprend trop d'accès,
Et sa ferme raison ne tombe en nul excès.
Il donne aux gens de bien une gloire immortelle;
Mais sans aveuglement il fait briller ce zèle,
Et l'amour pour les vrais ne ferme point son cœur
A tout ce que les faux doivent donner d'horreur.
Celui-ci n'étoit pas pour le pouvoir surprendre,
Et de piéges plus fins on le voit se défendre.
D'abord il a percé, par ses vives clartés,
Des replis de son cœur toutes les lâchetés.

ACTE V, SCÈNE VII.

Venant vous accuser, il s'est trahi lui-même,
Et, par un juste trait de l'équité suprême,
S'est découvert au prince un fourbe renommé,
Dont sous un autre nom il étoit informé ;
Et c'est un long détail d'actions toutes noires
Dont on pourroit former des volumes d'histoires.
Ce monarque, en un mot, a vers vous détesté
Sa lâche ingratitude et sa déloyauté ;
A ses autres horreurs, il a joint cette suite,
Et ne m'a jusqu'ici soumis à sa conduite,
Que pour voir l'impudence aller jusques au bout,
Et vous faire, par lui, faire raison de tout.
Oui, de tous vos papiers, dont il se dit le maître,
Il veut qu'entre vos mains je dépouille le traître.
D'un souverain pouvoir, il brise les liens
Du contrat qui lui fait un don de tous vos biens,
Et vous pardonne enfin cette offense secrète
Où vous a d'un ami fait tomber la retraite ;
Et c'est le prix qu'il donne au zèle qu'autrefois
On vous vit témoigner en appuyant ses droits,
Pour montrer que son cœur sait, quand moins on y pense,
D'une bonne action verser la récompense ;
Que jamais le mérite avec lui ne perd rien ;
Et que, mieux que du mal, il se souvient du bien.

DORINE.

Que le ciel soit loué !

MADAME PERNELLE.

Maintenant je respire.

ELMIRE.

Favorable succès !

MARIANE.

Qui l'auroit osé dire ?

ORGON, à Tartuffe, que l'exempt emmène.

Hé bien ! te voilà, traître !...

SCÈNE VIII. — MADAME PERNELLE, ORGON, ELMIRE, MARIANE, CLÉANTE, VALÈRE, DAMIS, DORINE.

CLÉANTE.
　　　　　　Ah! mon frère, arrêtez,
Et ne descendez point à des indignités.
A son mauvais destin laissez un misérable,
Et ne vous joignez point au remords qui l'accable.
Souhaitez bien plutôt que son cœur, en ce jour,
Au sein de la vertu fasse un heureux retour;
Qu'il corrige sa vie en détestant son vice,
Et puisse du grand prince adoucir la justice;
Tandis qu'à sa bonté vous irez, à genoux,
Rendre ce que demande un traitement si doux.
ORGON.
Oui, c'est bien dit. Allons à ses pieds avec joie
Nous louer des bontés que son cœur nous déploie.
Puis, acquittés un peu de ce premier devoir,
Aux justes soins d'un autre il nous faudra pourvoir,
Et par un doux hymen couronner en Valère
La flamme d'un amant généreux et sincère.

FIN DU TARTUFFE.

L'AVARE

COMÉDIE

1668

PERSONNAGES.

HARPAGON, père de Cléante et d'Élise et amoureux de Mariane.
CLÉANTE, fils d'Harpagon, amant de Mariane.
ÉLISE, fille d'Harpagon, amante de Valère.
VALÈRE, fils d'Anselme, et amant d'Élise.
MARIANE, amante de Cléante et aimée d'Harpagon.
ANSELME, père de Valère et de Mariane.
FROSINE, femme d'intrigue.
MAITRE SIMON, courtier.
MAITRE JACQUES, cuisinier et cocher d'Harpagon.
LA FLÈCHE, valet de Cléante.
DAME CLAUDE, servante d'Harpagon.
BRINDAVOINE, } laquais d'Harpagon.
LA MERLUCHE,
UN COMMISSAIRE, et son Clerc.

La scène est à Paris, dans la maison d'Harpagon.

L'AVARE.

COMÉDIE.

ACTE PREMIER.

SCÈNE I. — VALÈRE, ÉLISE.

VALÈRE. — Hé quoi! charmante Élise, vous devenez mélancolique, après les obligeantes assurances que vous avez eu la bonté de me donner de votre foi! Je vous vois soupirer, hélas! au milieu de ma joie! Est-ce du regret, dites-moi, de m'avoir fait heureux? et vous repentez-vous de cet engagement où mes feux ont pu vous contraindre?

ÉLISE. — Non, Valère, je ne puis pas me repentir de tout ce que je fais pour vous. Je m'y sens entraîner par une trop douce puissance, et je n'ai pas même la force de souhaiter que les choses ne fussent pas. Mais, à vous dire vrai, le succès me donne de l'inquiétude; et je crains fort de vous aimer un peu plus que je ne devrois.

VALÈRE. — Hé! que pouvez-vous craindre, Élise, dans les bontés que vous avez pour moi?

ÉLISE. — Hélas! cent choses à la fois : l'emportement d'un père, les reproches d'une famille, les censures du monde; mais plus que tout, Valère, le changement de votre cœur, et cette froideur criminelle dont ceux de votre sexe payent le plus souvent les témoignages trop ardens d'une innocente amour.

VALÈRE. — Ah! ne me faites pas ce tort, de juger de moi par les autres! Soupçonnez-moi de tout, Élise, plutôt que de manquer à ce que je vous dois. Je vous aime trop pour cela; et mon amour pour vous durera autant que ma vie.

ÉLISE. — Ah! Valère, chacun tient les mêmes discours! Tous les hommes sont semblables par les paroles; et ce n'est que les actions qui les découvrent différens.

VALÈRE. — Puisque les seules actions font connoître ce que nous sommes, attendez donc, au moins, à juger de mon cœur par elles, et ne me cherchez point des crimes dans les injustes craintes d'une fâcheuse prévoyance. Ne m'assassinez point, je vous prie, par les sensibles coups d'un soupçon outrageux; et donnez-moi le temps de vous convaincre, par mille et mille preuves, de l'honnêteté de mes feux.

ÉLISE. — Hélas! qu'avec facilité on se laisse persuader par les personnes que l'on aime! Oui, Valère, je tiens votre cœur incapable de m'abuser. Je crois que vous m'aimez d'un véritable amour, et que vous me serez fidèle : je n'en veux point du tout douter, et je retranche mon chagrin aux appréhensions du blâme qu'on pourra me donner[1].

VALÈRE. — Mais pourquoi cette inquiétude?

ÉLISE. — Je n'aurois rien à craindre si tout le monde vous voyoit des yeux dont je vous vois; et je trouve en votre personne de quoi avoir raison aux choses que je fais pour vous. Mon cœur, pour sa défense, a tout votre mérite, appuyé du secours d'une reconnoissance où le ciel m'engage envers vous. Je me représente, à toute heure, ce péril étonnant qui commença de nous offrir aux regards l'un de l'autre; cette générosité surprenante qui vous fit risquer votre vie pour dérober la mienne à la fureur des ondes; ces soins pleins de tendresse que vous me fîtes éclater après m'avoir tirée de l'eau; et les hommages assidus de cet ardent amour, que ni le temps ni les difficultés n'ont rebuté, et qui, vous faisant négliger

---

1. *Je retranche mon chagrin*, c'est-à-dire je borne mon chagrin, etc.

et parens et patrie, arrête vos pas en ces lieux, y tient en ma faveur votre fortune déguisée, et vous a réduit, pour me voir, à vous revêtir de l'emploi de domestique de mon père[1]. Tout cela fait chez moi sans doute un merveilleux effet; et c'en est assez, à mes yeux, pour me justifier l'engagement où j'ai pu consentir; mais ce n'est pas assez peut-être pour le justifier aux autres, et je ne suis pas sûre qu'on entre dans mes sentimens.

VALÈRE. — De tout ce que vous avez dit, ce n'est que par mon seul amour que je prétends, auprès de vous, mériter quelque chose; et, quant aux scrupules que vous avez, votre père lui-même ne prend que trop de soin de vous justifier à tout le monde; et l'excès de son avarice, et la manière austère dont il vit avec ses enfans, pourroient autoriser des choses plus étranges. Pardonnez-moi, charmante Élise, si j'en parle ainsi devant vous. Vous savez que, sur ce chapitre, on n'en peut pas dire de bien. Mais enfin, si je puis, comme je l'espère, retrouver mes parens, nous n'aurons pas beaucoup de peine à nous le rendre favorable. J'en attends des nouvelles avec impatience, et j'en irai chercher moi-même si elles tardent à venir.

ÉLISE. — Ah! Valère, ne bougez d'ici, je vous prie, et songez seulement à vous bien mettre dans l'esprit de mon père.

VALÈRE. — Vous voyez comme je m'y prends, et les adroites complaisances qu'il m'a fallu mettre en usage pour m'introduire à son service; sous quel masque de sympathie et de rapports de sentimens je me déguise pour lui plaire, et quel personnage je joue tous les jours avec lui, afin d'acquérir sa tendresse. J'y fais des progrès admirables; et j'éprouve que, pour gagner les hommes, il n'est point de meilleure voie que de se parer, à leurs yeux, de leurs inclinations, que de donner dans leurs maximes,

---

1. Du temps de Molière, *domestique* se disait non-seulement des serviteurs proprement dits, mais de tout subalterne qui demeurait à cause de ses fonctions dans la maison de son chef.

encenser leurs défauts, et applaudir à ce qu'ils font. On n'a que faire d'avoir peur de trop charger la complaisance, et la manière dont on les joue a beau être visible, les plus fins toujours sont de grandes dupes du côté de la flatterie ; et il n'y a rien de si impertinent et de si ridicule qu'on ne fasse avaler, lorsqu'on l'assaisonne en louanges. La sincérité souffre un peu au métier que je fais ; mais, quand on a besoin des hommes, il faut bien s'ajuster à eux ; et, puisqu'on ne sauroit les gagner que par là, ce n'est pas la faute de ceux qui flattent, mais de ceux qui veulent être flattés.

ÉLISE. — Mais que ne tâchez-vous aussi à gagner l'appui de mon frère, en cas que la servante s'avisât de révéler notre secret?

VALÈRE. — On ne peut pas ménager l'un et l'autre ; et l'esprit du père et celui du fils sont des choses si opposées, qu'il est difficile d'accommoder ces deux confidences ensemble. Mais vous, de votre part, agissez auprès de votre frère, et servez-vous de l'amitié qui est entre vous deux, pour le jeter dans nos intérêts. Il vient, je me retire. Prenez ce temps pour lui parler, et ne lui découvrez de notre affaire que ce que vous jugerez à propos.

ÉLISE. — Je ne sais si j'aurai la force de lui faire cette confidence.

SCENE II. — CLÉANTE, ÉLISE.

CLÉANTE. — Je suis bien aise de vous trouver seule, ma sœur ; et je brûlois de vous parler, pour m'ouvrir à vous d'un secret.

ÉLISE. — Me voilà prête à vous ouïr, mon frère. Qu'avez-vous à me dire?

CLÉANTE. — Bien des choses, ma sœur, enveloppées dans un mot. J'aime.

ÉLISE. — Vous aimez?

CLÉANTE. — Oui, j'aime. Mais avant que d'aller plus loin, je sais que je dépends d'un père, et que le nom de fils me soumet à ses volontés ; que nous ne devons point engager notre foi sans le consentement de ceux dont nous tenons le jour; que le ciel les a faits les maîtres de nos vœux, et qu'il nous est enjoint de n'en disposer que par leur conduite; que, n'étant prévenus d'aucune folle ardeur, ils sont en état de se tromper bien moins que nous, et de voir beaucoup mieux ce qui nous est propre; qu'il en faut plutôt croire les lumières de leur prudence que l'aveuglement de notre passion, et que l'emportement de la jeunesse nous entraîne le plus souvent dans des précipices fâcheux. Je vous dis tout cela, ma sœur, afin que vous ne vous donniez pas la peine de me le dire; car enfin, mon amour ne veut rien écouter, et je vous prie de ne me point faire de remontrances.

ÉLISE. — Vous êtes-vous engagé, mon frère, avec celle que vous aimez?

CLÉANTE. — Non; mais j'y suis résolu, et je vous conjure, encore une fois, de ne me point apporter de raisons pour m'en dissuader.

ÉLISE. — Suis-je, mon frère, une si étrange personne?

CLÉANTE. — Non, ma sœur; mais vous n'aimez pas. Vous ignorez la douce violence qu'un tendre amour fait sur nos cœurs, et j'appréhende votre sagesse.

ÉLISE. — Hélas! mon frère, ne parlons point de ma sagesse : il n'est personne qui n'en manque, du moins une fois en sa vie; et, si je vous ouvre mon cœur, peut-être serai-je à vos yeux bien moins sage que vous.

CLÉANTE. — Ah! plût au ciel que votre âme, comme la mienne....

ÉLISE. — Finissons auparavant votre affaire, et me dites qui est celle que vous aimez.

CLÉANTE. — Une jeune personne qui loge depuis peu en ces quartiers, et qui semble être faite pour donner de l'amour à tous ceux qui la voient. La nature, ma sœur, n'a rien formé de plus aimable, et je me sentis transporté dès le moment que je la vis. Elle se nomme Mariane, et vit sous la conduite d'une bonne femme de mère qui est presque toujours malade, et pour qui cette aimable fille a des sentimens d'amitié qui ne sont pas imaginables. Elle la sert, la plaint, et la console, avec une tendresse qui vous toucheroit l'âme. Elle se prend d'un air le plus charmant du monde aux choses qu'elle fait ; et l'on voit briller mille grâces en toutes ses actions, une douceur pleine d'attraits, une bonté toute engageante, une honnêteté adorable, une.... Ah ! ma sœur, je voudrois que vous l'eussiez vue !

ÉLISE. — J'en vois beaucoup, mon frère, dans les choses que vous me dites ; et, pour comprendre ce qu'elle est, il me suffit que vous l'aimiez.

CLÉANTE. — J'ai découvert sous main qu'elles ne sont pas fort accommodées, et que leur discrète conduite a de la peine à étendre à tous leurs besoins le peu de bien qu'elles peuvent avoir. Figurez-vous, ma sœur, quelle joie ce peut être que de relever la fortune d'une personne que l'on aime ; que de donner adroitement quelques petits secours aux modestes nécessités d'une vertueuse famille ; et concevez quel déplaisir ce m'est de voir que, par l'avarice d'un père, je sois dans l'impuissance de goûter cette joie, et de faire éclater à cette belle aucun témoignage de mon amour.

ÉLISE. — Oui, je conçois assez, mon frère, quel doit être votre chagrin.

CLÉANTE. — Ah ! ma sœur, il est plus grand qu'on ne peut croire. Car enfin, peut-on rien voir de plus cruel que cette rigoureuse épargne qu'on exerce sur nous, que cette sécheresse étrange où l'on nous fait languir ? Hé ! que nous servira d'avoir du bien, s'il ne nous vient que dans le temps que nous ne serons plus dans le bel âge d'en jouir, et si, pour m'entretenir même, il faut que maintenant je m'engage de tous côtés ; si je suis réduit avec vous à chercher tous les jours le secours des marchands, pour avoir moyen de porter des habits raisonnables ? Enfin, j'ai voulu vous parler pour m'aider à sonder mon père sur les sentimens où je suis ; et, si je l'y trouve contraire, j'ai résolu d'aller en d'autres lieux avec cette aimable personne, jouir de la fortune que le ciel voudra nous offrir. Je fais chercher partout pour ce dessein de l'argent à emprunter ; et si vos affaires, ma sœur, sont semblables aux miennes, et qu'il faille que notre père s'oppose à nos désirs, nous le quitterons là tous deux, et nous affranchirons de cette tyrannie où nous tient depuis si longtemps son avarice insupportable.

ÉLISE. — Il est bien vrai que tous les jours il nous donne de plus en plus sujet de regretter la mort de notre mère, et que....

CLÉANTE. — J'entends sa voix ; éloignons-nous un peu pour achever notre confidence, et nous joindrons après nos forces pour venir attaquer la dureté de son humeur.

SCÈNE III. — HARPAGON, LA FLÈCHE.

HARPAGON. — Hors d'ici tout à l'heure, et qu'on ne réplique pas. Allons, que l'on détale de chez moi, maître juré filou, vrai gibier de potence.

LA FLÈCHE, à part. — Je n'ai jamais rien vu de si méchant que ce maudit vieillard ; et je pense, sauf correction, qu'il a le diable au corps.

HARPAGON. — Tu murmures entre tes dents ?

LA FLÈCHE. — Pourquoi me chassez-vous ?

HARPAGON. — C'est bien à toi, pendard, à me demander des raisons ! Sors vite, que je ne t'assomme.

LA FLÈCHE. — Qu'est-ce que je vous ai fait ?

HARPAGON. — Tu m'as fait que je veux que tu sortes.

LA FLÈCHE. — Mon maître, votre fils, m'a donné ordre de l'attendre.

HARPAGON. — Va-t'en l'attendre dans la rue, et ne sois point dans ma maison, planté tout droit comme un piquet, à observer ce qui se passe et faire ton profit de tout. Je ne veux point avoir sans cesse devant moi un espion de mes affaires, un traître dont les yeux maudits assiègent toutes mes actions, dévorent ce que je possède, et furettent de tous côtés pour voir s'il n'y a rien à voler.

LA FLÈCHE. — Comment diantre voulez-vous qu'on fasse pour vous voler ? Êtes-vous un homme volable, quand vous renfermez toutes choses, et faites sentinelle jour et nuit ?

HARPAGON. — Je veux renfermer ce que bon me semble, et faire sentinelle comme il me plait. Ne voilà pas de mes mouchards, qui prennent garde à ce qu'on fait? (Bas, à part.) Je tremble qu'il n'ait soupçonné quelque chose de mon argent. (Haut.) Ne serois-tu point homme à aller faire courir le bruit que j'ai chez moi de l'argent caché ?

LA FLÈCHE. — Vous avez de l'argent caché ?

HARPAGON. — Non, coquin, je ne dis pas cela. (Bas.) J'enrage. (Haut.) Je demande si, malicieusement, tu n'irois point faire courir le bruit que j'en ai.

LA FLÈCHE. — Hé! que nous importe que vous en ayez ou que vous n'en ayez pas, si c'est pour nous la même chose?

HARPAGON, levant la main pour donner un soufflet à La Flèche. — Tu fais le raisonneur! Je te baillerai de ce raisonnement-ci par les oreilles. Sors d'ici, encore une fois.

LA FLÈCHE. — Hé bien! je sors.

HARPAGON. — Attends : ne m'emportes-tu rien ?

LA FLÈCHE. — Que vous emporterois-je ?

HARPAGON. — Viens çà que je voic. Montre-moi tes mains.

LA FLÈCHE. — Les voilà.

HARPAGON. — Les autres.

LA FLÈCHE. — Les autres ?

HARPAGON. — Oui.

LA FLÈCHE. — Les voilà.

HARPAGON, montrant les hauts-de-chausses de La Flèche. — N'as-tu rien mis ici dedans?

LA FLÈCHE. — Voyez vous-même.

HARPAGON, tâtant le bas des chausses de La Flèche. — Ces grands hauts-de-chausses sont propres à devenir les recéleurs des choses qu'on dérobe; et je voudrois qu'on en eût fait pendre quelqu'un.

LA FLÈCHE, à part. — Ah! qu'un homme comme cela mériteroit bien ce qu'il craint! et que j'aurois de joie à le voler!

ACTE I, SCÈNE III.

HARPAGON. — Euh?

LA FLÈCHE. — Quoi?

HARPAGON. — Qu'est-ce que tu parles de voler?

LA FLÈCHE. — Je vous dis que vous fouilliez bien partout, pour voir si je vous ai volé.

HARPAGON. — C'est ce que je veux faire.

(Harpagon fouille dans les poches de La Flèche.)

LA FLÈCHE, à part. — La peste soit de l'avarice et des avaricieux!

HARPAGON. — Comment? Que dis-tu?

LA FLÈCHE. — Ce que je dis?

HARPAGON. — Oui. Qu'est-ce que tu dis d'avarice et d'avaricieux?

LA FLÈCHE. — Je dis que la peste soit de l'avarice et des avaricieux.

HARPAGON. — De qui veux-tu parler?

LA FLÈCHE. — Des avaricieux.

HARPAGON. — Et qui sont-ils, ces avaricieux?

LA FLÈCHE. — Des vilains et des ladres.

HARPAGON. — Mais qui est-ce que tu entends par là?

LA FLÈCHE. — De quoi vous mettez-vous en peine?

HARPAGON. — Je me mets en peine de ce qu'il faut.

LA FLÈCHE. — Est-ce que vous croyez que je veux parler de vous?

HARPAGON. — Je crois ce que je crois; mais je veux que tu me dises à qui tu parles quand tu dis cela.

LA FLÈCHE. — Je parle.... Je parle à mon bonnet.

HARPAGON. — Et moi, je pourrois bien parler à ta barrette.

LA FLÈCHE. — M'empêcherez-vous de maudire les avaricieux?

HARPAGON. — Non; mais je t'empêcherai de jaser et d'être insolent. Tais-toi.

LA FLÈCHE. — Je ne nomme personne.

HARPAGON. — Je te rosserai, si tu parles.

LA FLÈCHE. — Qui se sent morveux, qu'il se mouche.

HARPAGON. — Te tairas-tu?

LA FLÈCHE. — Oui, malgré moi.

HARPAGON. — Ah ! ah !

LA FLÈCHE, montrant à Harpagon une poche de son justaucorps. — Tenez, voilà encore une poche : êtes-vous satisfait ?

HARPAGON. — Allons, rends-le-moi sans te fouiller.

LA FLÈCHE. — Quoi ?

HARPAGON. — Ce que tu m'as pris.

LA FLÈCHE. — Je ne vous ai rien pris du tout.

HARPAGON. — Assurément ?

LA FLÈCHE. — Assurément.

HARPAGON. — Adieu. Va-t'en à tous les diables !

LA FLÈCHE, à part. — Me voilà fort bien congédié.

HARPAGON. — Je te le mets sur ta conscience, au moins.

SCÈNE IV. — HARPAGON, seul.

Voilà un pendard de valet qui m'incommode fort ; et je ne me plais point à voir ce chien de boiteux-là. Certes, ce n'est pas une petite peine que de garder chez soi une grande somme d'argent ; et bienheureux qui a tout son fait bien placé, et ne conserve seulement que ce qu'il faut pour sa dépense ! On n'est pas peu embarrassé à inventer, dans toute une maison, une cache fidèle ; car, pour moi, les coffres-forts me sont suspects, et je ne veux jamais m'y fier. Je les tiens justement une franche amorce à voleurs, et c'est toujours la première chose que l'on va attaquer.

SCÈNE V. — HARPAGON, ÉLISE ET CLÉANTE,
parlant ensemble, et restant dans le fond du théâtre.

HARPAGON, se croyant seul. — Cependant je ne sais si j'aurai bien fait d'avoir enterré dans mon jardin dix mille écus qu'on me rendit hier. Dix mille écus en or chez soi, est une somme assez.... (A part, apercevant Élise et Cléante.) O ciel ! je me serai trahi moi-même ! la chaleur m'aura emporté, et je crois que j'ai parlé haut en raisonnant tout seul. (A Cléante et à Élise.) Qu'est-ce ?

CLÉANTE. — Rien, mon père.
HARPAGON. — Y a-t-il longtemps que vous êtes-là?
ÉLISE. — Nous ne venons que d'arriver.
HARPAGON. — Vous avez entendu....
CLÉANTE. — Quoi? mon père.
HARPAGON. — Là....
ÉLISE. — Quoi?
HARPAGON. — Ce que je viens de dire.
CLÉANTE. — Non.
HARPAGON. — Si fait, si fait.
ÉLISE. — Pardonnez-moi.
HARPAGON. — Je vois bien que vous en avez ouï quelques mots. C'est que je m'entretenois en moi-même de la peine qu'il y a aujourd'hui à trouver de l'argent, et je disois qu'il est bien heureux qui peut avoir dix mille écus chez soi.
CLÉANTE. — Nous feignions à vous aborder, de peur de vous interrompre.
HARPAGON. — Je suis bien aise de vous dire cela, afin que vous n'alliez pas prendre les choses de travers, et vous imaginer que je dise que c'est moi qui ai dix mille écus.
CLÉANTE. — Nous n'entrons point dans vos affaires.
HARPAGON. — Plût à Dieu que je les eusse, dix mille écus!
CLÉANTE. — Je ne crois pas....
HARPAGON. — Ce seroit une bonne affaire pour moi.
ÉLISE. — Ce sont des choses....
HARPAGON. — J'en aurois bon besoin.
CLÉANTE. — Je pense que....
HARPAGON. — Cela m'accommoderoit fort.
ÉLISE. — Vous êtes....
HARPAGON. — Et je ne me plaindrois pas, comme je fais, que le temps est misérable.
CLÉANTE. — Mon Dieu! mon père, vous n'avez pas lieu de vous plaindre, et l'on sait que vous avez assez de bien.
HARPAGON. — Comment! j'ai assez de bien! Ceux qui

le disent en ont menti. Il n'y a rien de plus faux; et ce sont des coquins qui font courir tous ces bruits-là.

ÉLISE. — Ne vous mettez point en colère.

HARPAGON. — Cela est étrange, que mes propres enfants me trahissent et deviennent mes ennemis.

CLÉANTE. — Est-ce être votre ennemi, que de dire que vous avez du bien?

HARPAGON. — Oui. De pareils discours, et les dépenses que vous faites, seront cause qu'un de ces jours on me viendra chez moi couper la gorge, dans la pensée que je suis tout cousu de pistoles.

CLÉANTE. — Quelle grande dépense est-ce que je fais?

HARPAGON. — Quelle? Est-il rien de plus scandaleux que ce somptueux équipage que vous promenez par la ville? Je querellois hier votre sœur; mais c'est encore pis. Voilà qui crie vengeance au ciel; et, à vous prendre depuis les pieds jusqu'à la tête, il y auroit là de quoi faire une bonne constitution[1]. Je vous l'ai dit vingt fois, mon fils, toutes vos manières me déplaisent fort; vous donnez furieusement dans le marquis; et, pour aller ainsi vêtu, il faut bien que vous me dérobiez.

CLÉANTE. — Hé! comment vous dérober?

HARPAGON. — Que sais-je? Où pouvez-vous donc prendre de quoi entretenir l'état que vous portez?

CLÉANTE. — Moi, mon père? c'est que je joue; et, comme je suis fort heureux, je mets sur moi tout l'argent que je gagne.

HARPAGON. — C'est fort mal fait. Si vous êtes heureux au jeu, vous en devriez profiter, et mettre à honnête intérêt l'argent que vous gagnez, afin de le trouver un jour. Je voudrois bien savoir, sans parler du reste, à quoi servent tous ces rubans dont vous voilà lardé depuis les pieds jusqu'à la tête, et si une demi-douzaine d'aiguillettes ne suffit pas pour attacher un haut-de-chausses. Il est bien nécessaire d'employer de l'argent à des perruques, lorsque l'on peut porter des cheveux de son cru, qui ne

---

1. Une constitution de rentes.

coûtent rien! Je vais gager qu'en perruques et rubans, il y a du moins vingt pistoles; et vingt pistoles rapportent par année dix-huit livres six sous huit deniers, à ne les placer qu'au denier douze.

CLÉANTE. — Vous avez raison.

HARPAGON. — Laissons cela, et parlons d'autre affaire. (Apercevant Cléante et Élise qui se font des signes.) Hé! (Bas, à part.) Je crois qu'ils se font signe l'un à l'autre de me voler ma bourse. (Haut.) Que veulent dire ces gestes-là?

ÉLISE. — Nous marchandons, mon frère et moi, à qui parlera le premier; et nous avons tous deux quelque chose à vous dire.

HARPAGON. — Et moi j'ai quelque chose aussi à vous dire à tous deux.

CLÉANTE. — C'est de mariage, mon père, que nous désirons vous parler.

HARPAGON. — Et c'est de mariage aussi que je veux vous entretenir.

ÉLISE. — Ah! mon père!

HARPAGON. — Pourquoi ce cri? Est-ce le mot, ma fille, ou la chose qui vous fait peur?

CLÉANTE. — Le mariage peut nous faire peur à tous deux, de la façon que vous pouvez l'entendre, et nous craignons que nos sentimens ne soient pas d'accord avec votre choix.

HARPAGON. — Un peu de patience; ne vous alarmez point. Je sais ce qu'il faut à tous deux, et vous n'aurez, ni l'un ni l'autre, aucun lieu de vous plaindre de tout ce que je prétends faire; et, pour commencer par un bout, (A Cléante.) avez-vous vu, dites-moi, une jeune personne appelée Mariane, qui ne loge pas loin d'ici?

CLÉANTE. — Oui, mon père.

HARPAGON. — Et vous?

ÉLISE. — J'en ai ouï parler.

HARPAGON. — Comment, mon fils, trouvez-vous cette fille?

CLÉANTE. — Une fort charmante personne.

HARPAGON. — Sa physionomie?

CLÉANTE. — Toute honnête et pleine d'esprit.

HARPAGON. — Son air et sa manière?

CLÉANTE. — Admirables, sans doute.

HARPAGON. — Ne croyez-vous pas qu'une fille comme cela mériteroit assez que l'on songeât à elle?

CLÉANTE. — Oui, mon père.

HARPAGON. — Que ce seroit un parti souhaitable?

CLÉANTE. — Très-souhaitable.

HARPAGON. — Qu'elle a toute la mine de faire un bon ménage?

CLÉANTE. — Sans doute.

HARPAGON. — Et qu'un mari auroit satisfaction avec elle?

CLÉANTE. — Assurément.

HARPAGON. — Il y a une petite difficulté : c'est que j'ai peur qu'il n'y ait pas avec elle tout le bien qu'on pourroit prétendre.

CLÉANTE. — Ah! mon père, le bien n'est pas considérable, lorsqu'il est question d'épouser une honnête personne.

HARPAGON. — Pardonnez-moi, pardonnez-moi. Mais ce qu'il y a à dire, c'est que, si l'on n'y trouve pas tout le bien qu'on souhaite, on peut tâcher de regagner cela sur autre chose.

CLÉANTE. — Cela s'entend.

HARPAGON. — Enfin, je suis bien aise de vous voir dans mes sentimens; car son maintien honnête et sa douceur m'ont gagné l'âme, et je suis résolu de l'épouser, pourvu que j'y trouve quelque bien.

CLÉANTE. — Euh?

HARPAGON. — Comment?

CLÉANTE. — Vous êtes résolu, dites-vous....

HARPAGON. — D'épouser Mariane.

CLÉANTE. — Qui? Vous, vous?

HARPAGON. — Oui, moi, moi, moi. Que veut dire cela?

CLÉANTE. — Il m'a pris tout à coup un éblouissement, et je me retire d'ici.

HARPAGON. — Cela ne sera rien. Allez vite boire dans la cuisine un grand verre d'eau claire.

SCÈNE VI. — HARPAGON, ÉLISE.

HARPAGON. — Voilà de mes damoiseaux fluets, qui n'ont non plus de vigueur que des poules. C'est là, ma fille, ce que j'ai résolu pour moi. Quant à ton frère, je lui destine une certaine veuve dont, ce matin, on m'est venu parler; et, pour toi, je te donne au seigneur Anselme.

ÉLISE. — Au seigneur Anselme ?

HARPAGON. — Oui; un homme mûr, prudent et sage, qui n'a pas plus de cinquante ans, et dont on vante les grands biens.

ÉLISE, faisant la révérence. — Je ne veux point me marier, mon père, s'il vous plaît.

HARPAGON, contrefaisant Élise. — Et moi, ma petite fille, ma mie, je veux que vous vous mariiez, s'il vous plaît.

ÉLISE, faisant encore la révérence. — Je vous demande pardon, mon père.

HARPAGON, contrefaisant Élise. — Je vous demande pardon, ma fille.

ÉLISE. — Je suis très-humble servante au seigneur Anselme; mais (Faisant encore la révérence.) avec votre permission, je ne l'épouserai point.

HARPAGON. — Je suis votre très-humble valet; mais (Contrefaisant Élise.) avec votre permission, vous l'épouserez dès ce soir.

ÉLISE. — Dès ce soir ?

HARPAGON. — Dès ce soir.

ÉLISE, faisant encore la révérence. — Cela ne sera pas, mon père.

HARPAGON, contrefaisant encore Élise. — Cela sera, ma fille.

ÉLISE. — Non.

HARPAGON. — Si.

ÉLISE. — Non, vous dis-je.

HARPAGON. — Si, vous dis-je.

ÉLISE. — C'est une chose où vous ne me réduirez point.

HARPAGON. — C'est une chose où je te réduirai.

ÉLISE. — Je me tuerai plutôt que d'épouser un tel mari.

HARPAGON. — Tu ne te tueras point, et tu l'épouseras. Mais voyez quelle audace! A-t-on jamais vu une fille parler de la sorte à son père?

ÉLISE. — Mais a-t-on jamais vu un père marier sa fille de la sorte?

HARPAGON. — C'est un parti où il n'y a rien à redire; et je gage que tout le monde approuvera mon choix.

ÉLISE. — Et moi, je gage qu'il ne sauroit être approuvé d'aucune personne raisonnable.

HARPAGON, apercevant Valère de loin. — Voilà Valère. Veux-tu qu'entre nous deux nous le fassions juge de cette affaire?

ÉLISE. — J'y consens.

HARPAGON. — Te rendras-tu à son jugement?

ÉLISE. — Oui; j'en passerai par ce qu'il dira.

HARPAGON. — Voilà qui est fait.

SCENE VII. — VALÈRE, HARPAGON, ÉLISE.

HARPAGON. — Ici, Valère. Nous t'avons élu pour nous dire qui a raison de ma fille ou de moi.

VALÈRE. — C'est vous, monsieur, sans contredit.

HARPAGON. — Sais-tu bien de quoi nous parlons?

VALÈRE. — Non. Mais vous ne sauriez avoir tort, et vous êtes toute raison.

HARPAGON. — Je veux, ce soir, lui donner pour époux un homme aussi riche que sage; et la coquine me dit au nez qu'elle se moque de le prendre. Que dis-tu de cela?

VALÈRE. — Ce que j'en dis?

HARPAGON. — Oui.

VALÈRE. — Hé! Hé!

HARPAGON. — Quoi?

VALÈRE. — Je dis que, dans le fond, je suis de votre sentiment, et vous ne pouvez pas que vous n'ayez raison. Mais aussi n'a-t-elle pas tort tout à fait, et....

ACTE I, SCÈNE VII.

HARPAGON. — Comment? Le seigneur Anselme est un parti considérable; c'est un gentilhomme qui est noble, doux, posé, sage et fort accommodé, et auquel il ne reste aucun enfant de son premier mariage. Sauroit-elle mieux rencontrer?

VALÈRE. — Cela est vrai. Mais elle pourroit vous dire que c'est un peu précipiter les choses, et qu'il faudroit au moins quelque temps pour voir si son inclination pourroit s'accommoder avec....

HARPAGON. — C'est une occasion qu'il faut prendre vite aux cheveux. Je trouve ici un avantage qu'ailleurs je ne trouverois pas; et il s'engage à la prendre sans dot.

VALÈRE. — Sans dot?

HARPAGON. — Oui.

VALÈRE. — Ah! je ne dis plus rien. Voyez-vous? voilà une raison tout à fait convaincante; il se faut rendre à cela.

HARPAGON. — C'est pour moi une épargne considérable.

VALÈRE. — Assurément; cela ne reçoit point de contradiction. Il est vrai que votre fille vous peut représenter que le mariage est une plus grande affaire qu'on ne peut croire; qu'il y va d'être heureux ou malheureux toute sa vie; et qu'un engagement qui doit durer jusqu'à la mort, ne se doit jamais faire qu'avec de grandes précautions.

HARPAGON. — Sans dot!

VALÈRE. — Vous avez raison : voilà qui décide tout; cela s'entend. Il y a des gens qui pourroient vous dire qu'en de telles occasions, l'inclination d'une fille est une chose, sans doute, où l'on doit avoir de l'égard; et que cette grande inégalité d'âge, d'humeur et de sentimens, rend un mariage sujet à des accidens très-fâcheux.

HARPAGON. — Sans dot!

VALÈRE. — Ah! il n'y a pas de réplique à cela; on le sait bien. Qui diantre peut aller là contre? Ce n'est pas qu'il n'y ait quantité de pères qui aimeroient mieux ménager la satisfaction de leurs filles, que l'argent qu'ils pourroient donner ; qui ne les voudroient point sacrifier à l'intérêt, et chercheroient, plus que toute autre chose, à mettre dans un mariage cette douce conformité qui, sans cesse, y maintient l'honneur, la tranquillité et la joie ; et que....

HARPAGON. — Sans dot !

VALÈRE. — Il est vrai ; cela ferme la bouche à tout. Sans dot ! Le moyen de résister à une raison comme celle-là ?

HARPAGON, à part, regardant du côté du jardin. — Ouais ! il me semble que j'entends un chien qui aboie. N'est-ce point qu'on en voudroit à mon argent ? (A Valère.) Ne bougez ; je reviens tout à l'heure.

SCÈNE VIII. — ÉLISE, VALÈRE.

ÉLISE. — Vous moquez-vous, Valère, de lui parler comme vous faites ?

VALÈRE. — C'est pour ne point l'aigrir, et pour en venir mieux à bout. Heurter de front ses sentimens est le moyen de tout gâter, et il y a de certains esprits qu'il ne faut prendre qu'en biaisant, des tempéramens ennemis de toute résistance, des naturels rétifs que la vérité fait cabrer, qui toujours se roidissent contre le droit chemin de la raison, et qu'on ne mène qu'en tournant où l'on veut les conduire. Faites semblant de consentir à ce qu'il veut, vous en viendrez mieux à vos fins ; et....

ÉLISE. — Mais ce mariage, Valère !

VALÈRE. — On cherchera des biais pour le rompre.

ÉLISE. — Mais quelle invention trouver, s'il se doit conclure ce soir ?

VALÈRE. — Il faut demander un délai, et feindre quelque maladie.

ÉLISE. — Mais on découvrira la feinte, si l'on appelle des médecins.

VALÈRE. — Vous moquez-vous ? Y connoissent-ils

quelque chose? Allez, allez, vous pourrez avec eux avoir quel mal il vous plaira; ils vous trouveront des raisons pour vous dire d'où cela vient.

SCÈNE IX. — HARPAGON, ÉLISE, VALÈRE.

HARPAGON, à part, dans le fond du théâtre. — Ce n'est rien, Dieu merci.

VALÈRE, sans voir Harpagon. — Enfin, notre dernier recours, c'est que la fuite nous peut mettre à couvert de tout; et, si votre amour, belle Élise, est capable d'une fermeté.... (Apercevant Harpagon.) Oui, il faut qu'une fille obéisse à son père. Il ne faut point qu'elle regarde comme un mari est fait; et, lorsque la grande raison de *sans dot* s'y rencontre, elle doit être prête à prendre tout ce qu'on lui donne.

HARPAGON. — Bon; voilà bien parlé, cela!

VALÈRE. — Monsieur, je vous demande pardon si je m'emporte un peu, et prends la hardiesse de lui parler comme je fais.

HARPAGON. — Comment! j'en suis ravi, et je veux que tu prennes sur elle un pouvoir absolu. (A Élise.) Oui, tu as beau fuir : je lui donne l'autorité que le ciel me donne sur toi, et j'entends que tu fasses tout ce qu'il te dira.

VALÈRE, à Élise. — Après cela, résistez à mes remontrances.

SCÈNE X. — HARPAGON, VALÈRE.

VALÈRE. — Monsieur, je vais la suivre, pour lui continuer les leçons que je lui faisois.

HARPAGON. — Oui ; tu m'obligeras. Certes....

VALÈRE. — Il est bon de lui tenir un peu la bride haute.

HARPAGON. — Cela est vrai. Il faut....

VALÈRE. — Ne vous mettez pas en peine. Je crois que j'en viendrai à bout

HARPAGON. — Fais, fais. Je m'en vais faire un petit tour en ville, et reviens tout à l'heure.

VALÈRE, adressant la parole à Élise, en s'en allant du côté par où elle est sortie. — Oui, l'argent est plus précieux que toutes les choses du monde, et vous devez rendre grâce au ciel de l'honnête homme de père qu'il vous a donné. Il sait ce que c'est que de vivre. Lorsqu'on s'offre de prendre une fille sans dot, on ne doit point regarder plus avant. Tout est renfermé là dedans; et *sans dot* tient lieu de beauté, de jeunesse, de naissance, d'honneur, de sagesse et de probité.

HARPAGON. — Ah! le brave garçon! Voilà parlé comme un oracle. Heureux qui peut avoir un domestique de la sorte!

ACTE DEUXIÈME.

SCÈNE I. — CLÉANTE, LA FLÈCHE.

CLÉANTE. — Ah! traître que tu es, où t'es-tu donc allé fourrer? Ne t'avois-je pas donné ordre....

LA FLÈCHE. — Oui, monsieur, et je m'étois rendu ici pour vous attendre de pied ferme; mais monsieur votre père, le plus mal gracieux des hommes, m'a chassé dehors malgré moi, et j'ai couru risque d'être battu.

CLÉANTE. — Comment va notre affaire? Les choses pressent plus que jamais; et depuis que je ne t'ai vu, j'ai découvert que mon père est mon rival.

LA FLÈCHE. — Votre père amoureux?

CLÉANTE. — Oui, et j'ai eu toutes les peines du monde à lui cacher le trouble où cette nouvelle m'a mis.

LA FLÈCHE. — Lui, se mêler d'aimer! De quoi diable s'avise-t-il? Se moque-t-il du monde? Et l'amour a-t-il été fait pour des gens bâtis comme lui?

CLÉANTE. — Il a fallu, pour mes péchés, que cette passion lui soit venu en tête.

LA FLÈCHE. — Mais par quelle raison lui faire un mystère de votre amour.

CLÉANTE. — Pour lui donner moins de soupçon, et me conserver, au besoin, des ouvertures plus aisées pour détourner ce mariage. Quelle réponse t'a-t-on faite ?

LA FLÈCHE. — Ma foi, monsieur, ceux qui empruntent sont bien malheureux ; et il faut essuyer d'étranges choses, lorsqu'on en est réduit à passer, comme vous, par les mains des fesse-mathieux.

CLÉANTE. — L'affaire ne se fera point ?

LA FLÈCHE. — Pardonnez-moi. Notre maître Simon, le courtier qu'on nous a donné, homme agissant et plein de zèle, dit qu'il a fait rage pour vous, et il assure que votre seule physionomie lui a gagné le cœur.

CLÉANTE. — J'aurai les quinze mille francs que je demande ?

LA FLÈCHE. — Oui, mais à quelques petites conditions qu'il faudra que vous acceptiez, si vous avez dessein que les choses se fassent.

CLÉANTE. — T'a-t-il fait parler à celui qui doit prêter l'argent ?

LA FLÈCHE. — Ah ! vraiment, cela ne va pas de la sorte. Il apporte encore plus de soin à se cacher que vous, et ce sont des mystères bien plus grands que vous ne pensez. On ne veut point du tout dire son nom ; et l'on doit aujourd'hui l'aboucher avec vous dans une maison empruntée, pour être instruit par votre bouche de votre bien et de votre famille ; et je ne doute point que le seul nom de votre père ne rende les choses faciles.

CLÉANTE. — Et principalement notre mère étant morte, dont on ne peut m'ôter le bien.

LA FLÈCHE. — Voici quelques articles qu'il a dictés lui-même à notre entremetteur, pour vous être montrés avant que de rien faire :

Supposé que le prêteur voie toutes ses sûretés, et que

l'emprunteur soit majeur, et d'une famille où le bien soit ample, solide, assuré, clair, et net de tout embarras, on fera une bonne et exacte obligation par-devant un notaire, le plus honnête homme qu'il se pourra, et qui, pour cet effet, sera choisi par le prêteur, auquel il importe le plus que l'acte soit dûment dressé.

CLÉANTE. — Il n'y a rien à dire à cela.

LA FLÈCHE. — *Le prêteur, pour ne charger sa conscience d'aucun scrupule, prétend ne donner son argent qu'au denier dix-huit*[1].

CLÉANTE. — Au denier dix-huit? Parbleu! voilà qui est honnête. Il n'y a pas lieu de se plaindre.

LA FLÈCHE. — Cela est vrai.

Mais, comme ledit prêteur n'a pas chez lui la somme dont il est question, et que, pour faire plaisir à l'emprunteur, il est contraint lui-même de l'emprunter d'un autre sur le pied du denier cinq[2], *il conviendra que ledit premier emprunteur paye cet intérêt, sans préjudice du reste, attendu que ce n'est que pour l'obliger que ledit prêteur s'engage à cet emprunt.*

CLÉANTE. — Comment diable! quel juif, quel Arabe est-ce là? C'est plus qu'au denier quatre[3].

LA FLÈCHE. — Il est vrai; c'est ce que j'ai dit. Vous avez à voir là-dessus.

CLÉANTE. — Que veux-tu que je voie? J'ai besoin d'argent, et il faut bien que je consente à tout.

LA FLÈCHE. — C'est la réponse que j'ai faite.

CLÉANTE. — Il y a encore quelque chose?

LA FLÈCHE. — Ce n'est plus qu'un petit article.

Des quinze mille francs qu'on demande, le prêteur ne pourra compter en argent que douze mille livres; et, pour les mille écus restans, il faudra que l'emprunteur prenne les hardes, nippes, bijoux dont s'ensuit le mé-

---

1. Un peu plus de cinq et demi pour cent.
2. A vingt pour cent. — 3. A vingt-cinq pour cent.

moire, et que ledit prêteur a mis, de bonne foi, au plus modique prix qu'il lui a été possible.

CLÉANTE. — Que veut dire cela?
LA FLÈCHE. — Écoutez le mémoire.

Premièrement, un lit de quatre pieds à bandes de point de Hongrie, appliquées fort proprement sur un drap de couleur d'olive, avec six chaises et la courte-pointe de même : le tout bien conditionné, et doublé d'un petit taffetas changeant rouge et bleu.

Plus, un pavillon à queue, d'une bonne serge d'Aumale rose sèche, avec le mollet et les franges de soie.

CLÉANTE. — Que veut-il que je fasse de cela?
LA FLÈCHE. — Attendez.

Plus, une tenture de tapisserie des amours de Gombaud et de Macée.

Plus une grande table de bois de noyer, à douze colonnes ou piliers tournés, qui se tire par les deux bouts, et garnie, par le dessous, de ses six escabelles.

CLÉANTE. — Qu'ai-je affaire, morbleu?...
LA FLÈCHE. — Donnez-vous patience.

Plus, trois gros mousquets tout garnis de nacre de perle, avec les fourchettes assortissantes.

Plus, un fourneau de brique, avec deux cornues et trois récipiens, fort utiles à ceux qui sont curieux de distiller.

CLÉANTE. — J'enrage.
LA FLÈCHE. — **Doucement.**

Plus un luth de Bologne, garni de toutes ses cordes, ou peu s'en faut.

Plus un trou-madame et un damier, avec un jeu de l'oie, renouvelé des Grecs, fort propres à passer le temps lorsque l'on n'a que faire.

Plus, une peau d'un lézard de trois pieds et demi, remplie de foin : curiosité agréable pour pendre au plancher d'une chambre.

Le tout ci-dessus mentionné, valant loyalement plus de quatre mille cinq cents livres, et rabaissé à la valeur de mille écus, par la discrétion du prêteur.

CLÉANTE. — Que la peste l'étouffe avec sa discrétion, le traître, le bourreau qu'il est ! A-t-on jamais parlé d'une usure semblable ? Et n'est-il pas content du furieux intérêt qu'il exige, sans vouloir encore m'obliger à prendre pour trois mille livres les vieux rogatons qu'il ramasse ? Je n'aurai pas deux cents écus de tout cela ; e cependant il faut bien me résoudre à consentir à ce qu'il veut ; car il est en état de me faire tout accepter, et il me tient, le scélérat, le poignard sur la gorge.

LA FLÈCHE. — Je vous vois, monsieur, ne vous en déplaise, dans le grand chemin justement que tenoit Panurge pour se ruiner, prenant argent d'avance, achetant cher, vendant à bon marché, et mangeant son blé en herbe.

CLÉANTE. — Que veux-tu que j'y fasse ? Voilà où les jeunes gens sont réduits par la maudite avarice des pères ; et on s'étonne, après cela, que les fils souhaitent qu'ils meurent !

LA FLÈCHE. — Il faut avouer que le vôtre animeroit contre sa vilenie le plus posé homme du monde. Je n'ai pas, Dieu merci, les inclinations fort patibulaires ; et, parmi mes confrères que je vois se mêler de beaucoup de petits commerces, je sais tirer adroitement mon épingle du jeu, et me démêler prudemment de toutes les galanteries qui sentent tant soit peu l'échelle ; mais, à vous dire vrai, il me donneroit, par ses procédés, des tentations de le voler, et je croirois, en le volant, faire une action méritoire.

CLÉANTE. — Donne-moi un peu ce mémoire, que je le voie encore.

SCÈNE II. — HARPAGON, MAITRE SIMON, CLÉANTE ET LA FLÈCHE, dans le fond du théâtre.

MAÎTRE SIMON. — Oui, monsieur, c'est un jeune homme qui a besoin d'argent; ses affaires le pressent d'en trouver, et il en passera par tout ce que vous en prescrirez.

HARPAGON. — Mais croyez-vous, maître Simon, qu'il n'y ait rien à péricliter? et savez-vous le nom, les biens et la famille de celui pour qui vous parlez?

MAÎTRE SIMON. — Non. Je ne puis pas bien vous en instruire à fond, et ce n'est que par aventure que l'on m'a adressé à lui; mais vous serez de toutes choses éclairci par lui-même, et son homme m'a assuré que vous serez content quand vous le connoîtrez. Tout ce que je saurois vous dire, c'est que sa famille est fort riche, qu'il n'a plus de mère déjà, et qu'il s'obligera, si vous voulez, que son père mourra avant qu'il soit huit mois.

HARPAGON. — C'est quelque chose que cela. La charité, maître Simon, nous oblige à faire plaisir aux personnes lorsque nous le pouvons.

MAÎTRE SIMON. — Cela s'entend.

LA FLÈCHE bas, à Cléante, reconnoissant maître Simon. — Que veut dire ceci? Notre maître Simon qui parle à votre père!

CLÉANTE, bas, à La Flèche. — Lui auroit-on appris qui je suis? et serois-tu pour me trahir?

MAÎTRE SIMON, à La Flèche. — Ah! Ah! vous êtes bien pressés! Qui vous a dit que c'étoit céans? (A Harpagon.) Ce n'est pas moi, monsieur, au moins, qui leur ai découvert votre nom et votre logis : mais à mon avis, il n'y a pas grand mal à cela; ce sont des personnes discrètes, et vous pouvez ici vous expliquer ensemble.

HARPAGON. — Comment?

MAÎTRE SIMON, montrant Cléante. — Monsieur est la personne qui veut vous emprunter les quinze mille livres dont je vous ai parlé.

HARPAGON. — Comment, pendard! c'est toi qui t'abandonne à ces coupables extrémités?

CLÉANTE. — Comment, mon père! c'est vous qui vous portez à ces honteuses actions?

(Maître Simon s'enfuit et La Flèche va se cacher.)

SCÈNE III. — HARPAGON, CLÉANTE.

HARPAGON. — C'est toi qui te veux ruiner par des emprunts si condamnables!

CLÉANTE. — C'est vous qui cherchez à vous enrichir par des usures si criminelles!

HARPAGON. — Oses-tu bien, après cela, paraître devant moi?

CLÉANTE. — Osez-vous bien, après cela, vous présenter aux yeux du monde?

HARPAGON. — N'as-tu point de honte, dis-moi, d'en venir à ces débauches-là, de te précipiter dans des dépenses effroyables, et de faire une honteuse dissipation du bien que tes parents t'ont amassé avec tant de sueurs!

CLÉANTE. — Ne rougissez-vous point de déshonorer votre condition par les commerces que vous faites; de sacrifier gloire et réputation au désir insatiable d'entasser écu sur écu, et de renchérir, en fait d'intérêts, sur les plus infâmes subtilités qu'aient jamais inventées les plus célèbres usuriers?

HARPAGON. — Ote-toi de mes yeux, coquin; ôte-toi de mes yeux!

CLÉANTE. — Qui est plus criminel, à votre avis, ou celui qui achète un argent dont il a besoin, ou bien celui qui vole un argent dont il n'a que faire?

HARPAGON. — Retire-toi, te dis-je, et ne m'échauffe pas les oreilles. (Seul.) Je ne suis pas fâché de cette aventure; et ce m'est un avis de tenir l'œil plus que jamais sur toutes ses actions.

SCÈNE IV. — FROSINE, HARPAGON.

FROSINE. — Monsieur....

HARPAGON. — Attendez un moment : je vais revenir vous parler. (A part.) Il est à propos que je fasse un petit tour à mon argent.

SCÈNE V. — LA FLÈCHE, FROSINE.

LA FLÈCHE, sans voir Frosine. — L'aventure est tout à fait drôle ! Il faut bien qu'il ait quelque part un ample magasin de hardes, car nous n'avons rien reconnu au mémoire que nous avons.

FROSINE. — Hé ! c'est toi, mon pauvre La Flèche ! D'où vient cette rencontre ?

LA FLÈCHE. — Ah ! ah ! c'est toi, Frosine ! Que viens-tu faire ici ?

FROSINE. — Ce que je fais partout ailleurs : m'entremettre d'affaires, me rendre serviable aux gens, et profiter, du mieux qu'il m'est possible, des petits talens que je puis avoir. Tu sais que, dans ce monde, il faut vivre d'adresse, et qu'aux personnes comme moi le ciel n'a donné d'autres rentes que l'intrigue et que l'industrie.

LA FLÈCHE. — As-tu quelque négoce avec le patron du logis ?

FROSINE. — Oui. Je traite pour lui quelque petite affaire, dont j'espère une récompense.

LA FLÈCHE. — De lui ? Ah ! ma foi, tu seras bien fine, si tu en tires quelque chose ; et je te donne avis que l'argent céans est fort cher.

FROSINE. — Il y a de certains services qui touchent merveilleusement.

LA FLÈCHE. — Je suis votre valet ; et tu ne connois pas encore le seigneur Harpagon. Le seigneur Harpagon est, de tous les humains, l'humain le moins humain, le mortel de tous les mortels le plus dur et le plus serré. Il n'est point de service qui pousse sa reconnoissance jusqu'à lui faire ouvrir les mains. De la louange, de l'estime, de la bienveillance en paroles, et de l'amitié, tant qu'il vous plaira; mais de l'argent, point d'affaires. Il n'est rien de plus sec et de plus aride que ses bonnes grâces et ses caresses; et *donner* est un mot pour qui il a tant d'aversion, qu'il ne dit jamais, *je vous donne,* mais *je vous prête le bonjour.*

FROSINE. — Mon Dieu! je sais l'art de traire les hommes; j'ai le secret de m'ouvrir leur tendresse, de chatouiller leurs cœurs, de trouver les endroits par où ils sont sensibles.

LA FLÈCHE. — Bagatelles ici. Je te défie d'attendrir, du côté de l'argent, l'homme dont il est question. Il est Turc là-dessus, mais d'une turquerie à désespérer tout le monde; et l'on pourroit crever, qu'il n'en branleroit pas. En un mot, il aime l'argent plus que réputation, qu'honneur et que vertu; et la vue d'un demandeur lui donne des convulsions; c'est le frapper par son endroit mortel; c'est lui percer le cœur; c'est lui arracher les entrailles, et si..... Mais il revient : je me retire.

SCÈNE VI. — HARPAGON, FROSINE.

HARPAGON, bas. — Tout va comme il faut. (Haut.) Hé bien! qu'est-ce, Frosine?

FROSINE. — Ah! mon Dieu, que vous vous portez bien, et que vous avez là un vrai visage de santé!

HARPAGON. — Qui, moi?

FROSINE. — Jamais je ne vous vis un teint si frais et si gaillard.

HARPAGON. — Tout de bon?

FROSINE. — Comment! vous n'avez de votre vie été si jeune que vous êtes; et je vois des gens de vingt-cinq ans qui sont plus vieux que vous.

HARPAGON. — Cependant, Frosine, j'en ai soixante bien comptés.

FROSINE. — Hé bien! qu'est-ce que cela, soixante ans? Voilà bien de quoi! C'est la fleur de l'âge, cela;

et vous entrez maintenant dans la belle saison de l'homme.

HARPAGON. — Il est vrai; mais vingt années de moins pourtant ne me feroient point de mal, que je crois.

FROSINE. — Vous moquez-vous? Vous n'avez pas besoin de cela, et vous êtes d'une pâte à vivre jusques à cent ans.

HARPAGON. — Tu le crois?

FROSINE. — Assurément. Vous en avez toutes les marques. Tenez-vous un peu. Oh! que voilà bien là, entre vos deux yeux, un signe de longue vie!

HARPAGON. — Tu te connois à cela?

FROSINE. — Sans doute. Montrez-moi votre main. Ah! mon Dieu, quelle ligne de vie!

HARPAGON. — Comment?

FROSINE. — Ne voyez-vous pas jusqu'où va cette ligne-là?

HARPAGON. — Hé bien! qu'est-ce que cela veut dire?

FROSINE. — Par ma foi, je disois cent ans; mais vous passerez les six-vingts.

HARPAGON. — Est-il possible?

FROSINE. — Il faudra vous assommer, vous dis-je; et vous mettrez en terre et vos enfans, et les enfans de vos enfans.

HARPAGON. — Tant mieux! Comment va notre affaire?

FROSINE. — Faut-il le demander? et me voit-on mêler de rien dont je ne vienne à bout? J'ai, surtout pour les mariages, un talent merveilleux. Il n'est point de partis au monde que je ne trouve en peu de temps le moyen d'accoupler; et je crois, si je me l'étois mis en tête, que je marierois le Grand Turc avec la République de Venise. Il n'y avoit pas, sans doute, de si grandes difficultés à cette affaire-ci. Comme j'ai commerce chez elles, je les ai à fond l'une et l'autre entretenues de vous; et j'ai dit à la mère le dessein que vous aviez conçu pour Mariane, à la voir passer dans la rue et prendre l'air à sa fenêtre.

HARPAGON. — Qui a fait réponse....

FROSINE. — Elle a reçu la proposition avec joie; et,

quand je lui ai témoigné que vous souhaitiez fort que sa fille assistât ce soir au contrat de mariage qui se doit faire de la vôtre, elle y a consenti sans peine, et me l'a confiée pour cela.

HARPAGON. — C'est que je suis obligé, Frosine, de donner à souper au seigneur Anselme, et je serai bien aise qu'elle soit du régal.

FROSINE. — Vous avez raison. Elle doit, après dîner, rendre visite à votre fille, d'où elle fait son compte d'aller faire un tour à la foire, pour venir ensuite au souper.

HARPAGON. — Hé bien ! elles iront ensemble dans mon carrosse, que je leur prêterai.

FROSINE. — Voilà justement son affaire.

HARPAGON. — Mais, Frosine, as-tu entretenu la mère touchant le bien qu'elle peut donner à sa fille ? Lui as-tu dit qu'il falloit qu'elle s'aidât un peu, qu'elle fît quelque effort, qu'elle se saignât pour une occasion comme celle-ci ? Car encore n'épouse-t-on point une fille sans qu'elle apporte quelque chose.

FROSINE. — Comment ! c'est une fille qui vous apportera douze mille livres de rente.

HARPAGON. — Douze mille livres de rente !

FROSINE. — Oui. Premièrement, elle est nourrie et élevée dans une grande épargne de bouche. C'est une fille accoutumée à vivre de salade, de lait, de fromage et de pommes, et à laquelle, par conséquent, il ne faudra ni table bien servie, ni consommés exquis, ni orges mondés perpétuels, ni les autres délicatesses qu'il faudroit pour une autre femme ; et cela ne va pas à si peu de chose, qu'il ne monte bien, tous les ans, à trois mille francs pour le moins. Outre cela, elle n'est curieuse que d'une propreté fort simple, et n'aime point les superbes habits, ni les riches bijoux, ni les meubles somptueux, où donnent ses pareilles avec tant de chaleur ; et cet article-là vaut plus de quatre mille livres par an. De plus, elle a une aversion horrible pour le jeu, ce qui n'est pas commun aux femmes d'aujourd'hui ; et j'en sais une de nos quartiers qui a perdu, à trente-et-quarante vingt mille francs cette année. Mais n'en prenons rien que le quart. Cinq mille francs au jeu par an, et quatre mille francs en habits et bijoux, cela fait neuf mille livres; et mille écus que nous mettons pour la nourriture, ne voilà-t-il pas par année vos douze mille francs bien comptés?

HARPAGON. — Oui : cela n'est pas mal; mais ce compte-là n'est rien de réel.

FROSINE. — Pardonnez-moi. N'est-ce pas quelque chose de réel, que de vous apporter en mariage une grande sobriété, l'héritage d'un grand amour de simplicité de parure, et l'acquisition d'un grand fonds de haine pour le jeu?

HARPAGON. — C'est une raillerie que de vouloir me constituer son dot de toutes les dépenses qu'elle ne fera point. Je n'irai point donner quittance de ce que je ne reçois pas; et il faut bien que je touche quelque chose.

FROSINE. — Mon Dieu ! vous toucherez assez; et elles m'ont parlé d'un certain pays où elles ont du bien, dont vous serez le maître.

HARPAGON. — Il faudra voir cela. Mais, Frosine, il y a encore une chose qui m'inquiète. La fille est jeune, comme tu vois, et les jeunes gens, d'ordinaire, n'aiment que leurs semblables, ne cherchent que leur compagnie; j'ai peur qu'un homme de mon âge ne soit pas de son goût, et que cela ne vienne à produire chez moi certains petits désordres qui ne m'accommoderoient pas.

FROSINE. — Ah! que vous la connoissez mal! C'est encore une particularité que j'avois à vous dire. Elle a une aversion épouvantable pour tous les jeunes gens, et n'a de l'amour que pour les vieillards.

HARPAGON. — Elle?

FROSINE. — Oui, elle. Je voudrois que vous l'eussiez entendue parler là-dessus. Elle ne peut souffrir du tout la vue d'un jeune homme; mais elle n'est point plus ravie, dit-elle, que lorsqu'elle peut voir un beau vieillard avec une barbe majestueuse. Les plus vieux sont pour elle les plus charmans; et je vous avertis de n'aller pas vous faire plus jeune que vous êtes. Elle veut tout au moins qu'on soit sexagénaire ; et il n'y a pas quatre mois encore qu'étant prête d'être mariée, elle rompit tout net le mariage, sur ce que son amant fit voir qu'il n'avoit que cinquante-six ans, et qu'il ne prit point de lunettes pour signer le contrat.

HARPAGON. — Sur cela seulement?

FROSINE. — Oui. Elle dit que ce n'est pas contentement pour elle que cinquante-six ans ; et surtout elle est pour les nez qui portent des lunettes.

HARPAGON. — Certes, tu me dis là une chose toute nouvelle.

FROSINE. — Cela va plus loin qu'on ne vous peut dire. On lui voit dans sa chambre quelques tableaux et quelques estampes ; mais que pensez-vous que ce soit? Des Adonis, des Céphales, des Pâris et des Apollons? Non : de beaux portraits de Saturne, du roi Priam, du vieux Nestor, et du bon père Anchise sur les épaules de son fils.

HARPAGON. — Cela est admirable. Voilà ce que je n'aurois jamais pensé, et je suis bien aise d'apprendre qu'elle est de cette humeur. En effet, si j'avois été femme, je n'aurois point aimé les jeunes hommes.

FROSINE. — Je le crois bien. Voilà de belles drogues que des jeunes gens pour les aimer ! ce sont de beaux morveux, de beaux godelureaux, pour donner envie de leur peau ! et je voudrois bien savoir quel ragoût il y a à eux !

HARPAGON. — Pour moi je n'y en comprends point, et je ne sais pas comment il y a des femmes qui les aiment tant.

FROSINE. — Il faut être folle fieffée. Trouver la jeunesse aimable, est-ce avoir le sens commun? Sont-ce de hommes que de jeunes blondins, et peut-on s'attacher à ces animaux-là?

HARPAGON. — C'est ce que je dis tous les jours : avec leur ton de poule laitée, leurs trois petits brins de barbe relevés en barbe de chat, leurs perruques d'étoupes, leurs hauts-de-chausses tombans, et leurs estomacs débraillés !

FROSINE. — Hé ! cela est bien bâti, auprès d'une personne comme vous ! Voilà un homme, cela ; il y a là de quoi satisfaire à la vue ; et c'est ainsi qu'il faut être fait et vêtu pour donner de l'amour.

HARPAGON. — Tu me trouves bien?

FROSINE. — Comment ! vous êtes à ravir, et votre figure est à peindre. Tournez-vous un peu, s'il vous plaît. Il ne se peut pas mieux. Que je vous voie marcher. Voilà un corps taillé, libre et dégagé comme il faut, et qui ne marque aucune incommodité.

HARPAGON. — Je n'en ai pas de grandes, Dieu merci. Il n'y a que ma fluxion qui me prend de temps en temps.

FROSINE. — Cela n'est rien. Votre fluxion ne vous sied point mal, et vous avez grâce à tousser.

HARPAGON. — Dis-moi un peu : Mariane ne m'a-t-elle point encore vu? N'a-t-elle point pris garde à moi en passant?

FROSINE. — Non ; mais nous nous sommes fort entretenues de vous. Je lui ai fait un portrait de votre personne et je n'ai pas manqué de lui vanter votre mérite, et l'avantage que ce lui seroit d'avoir un mari comme vous.

HARPAGON. — Tu as bien fait et je t'en remercie.

FROSINE. — J'aurois, monsieur, une petite prière à vous faire. J'ai un procès que je suis sur le point de perdre, faute d'un peu d'argent. (Harpagon prend un air sérieux.) Et vous pourriez facilement me procurer le gain de ce procès, si vous aviez quelque bonté pour moi. Vous ne sauriez croire le plaisir qu'elle aura de vous voir. (Harpagon reprend un air gai.) Ah ! que vous lui plairez, et que votre fraise à l'antique fera sur son esprit un effet admirable! Mais surtout elle sera charmée de votre haut-de-chausses attaché au pourpoint avec des aiguillettes. C'est pour la rendre folle de vous ; et un amant aiguilleté sera pour elle un ragoût merveilleux.

HARPAGON. — Certes, tu me ravis de me dire cela.

FROSINE. — En vérité, monsieur, ce procès m'est d'une conséquence tout à fait grande. (Harpagon reprend son air sérieux.) Je suis ruinée, si je le perds ; et quelque petite assistance me rétabliroit mes affaires. Je voudrois que vous eussiez vu le ravissement où elle étoit à m'entendre parler de vous. (Harpagon reprend son air gai.) La joie éclatoit dans ses yeux au récit de vos qualités ; et je l'ai mise enfin dans une impatience extrême de voir ce mariage entièrement conclu.

HARPAGON. — Tu m'as fait grand plaisir, Frosine, et je t'en ai, je te l'avoue, toutes les obligations du monde.

FROSINE. — Je vous prie, monsieur, de me donner le petit secours que je vous demande. (Harpagon reprend encore un air sérieux.) Cela me remettra sur pied, et je vous en serai éternellement obligée.

HARPAGON. — Adieu. Je vais achever mes dépêches.

FROSINE. — Je vous assure, monsieur, que vous ne sauriez jamais me soulager dans un plus grand besoin.

HARPAGON. — Je mettrai ordre que mon carrosse soit tout prêt pour vous mener à la foire.

FROSINE. — Je ne vous importunerois pas, si je ne m'y voyois forcée par la nécessité.

HARPAGON. — Et j'aurai soin qu'on soupe de bonne heure, pour ne vous point faire malades.

FROSINE. — Ne me refusez pas la grâce dont je vous sollicite. Vous ne sauriez croire, monsieur, le plaisir que....

HARPAGON. — Je m'en vais. Voilà qu'on m'appelle. Jusqu'à tantôt.

FROSINE, seule. — Que la fièvre te serre, chien de vilain, à tous les diables ! Le ladre a été ferme à toutes mes attaques ; mais il ne me faut pas pourtant quitter la négociation ; et j'ai l'autre côté, en tout cas, d'où je suis assurée de tirer bonne récompense.

ACTE TROISIÈME.

SCÈNE I. — HARPAGON, CLÉANTE, ÉLISE, VALÈRE, DAME CLAUDE, tenant un balai ; MAITRE JACQUES, LA MERLUCHE, BRINDAVOINE.

HARPAGON. — Allons, venez çà tous ; que je vous distribue mes ordres pour tantôt, et règle à chacun son emploi. Approchez, dame Claude ; commençons par vous. Bon, vous voilà les armes à la main. Je vous commets au soin de nettoyer partout ; et surtout prenez garde de ne point frotter les meubles trop fort, de peur de les user. Outre cela, je vous constitue, pendant le souper, au gouvernement des bouteilles ; et, s'il s'en écarte quelqu'une, et qu'il se casse quelque chose, je m'en prendrai à vous et le rabattrai sur vos gages.

MAÎTRE JACQUES, à part. — Châtiment politique.

HARPAGON, à dame Claude. — Allez.

SCÈNE II. — HARPAGON, CLÉANTE, ÉLISE, VALÈRE, MAITRE JACQUES, BRINDAVOINE, LA MERLUCHE.

HARPAGON. — Vous, Brindavoine, et vous, La Merluche, je vous établis dans la charge de rincer les verres et de donner à boire, mais seulement lorsqu'on aura soif, et non pas selon la coutume de certains impertinens de laquais, qui viennent provoquer les gens et les faire aviser de boire lorsqu'on n'y songe pas. Attendez qu'on vous en demande plus d'une fois, et vous ressouvenez de porter toujours beaucoup d'eau.

MAÎTRE JACQUES, à part. — Oui. Le vin pur monte à la tête.

LA MERLUCHE. — Quitterons-nous nos souquenilles, monsieur ?

HARPAGON. — Oui, quand vous verrez venir les personnes ; et gardez bien de gâter vos habits.

BRINDAVOINE. — Vous savez bien, monsieur, qu'un des devants de mon pourpoint est couvert d'une grande tache de l'huile de la lampe.

LA MERLUCHE. — Et moi, monsieur, que j'ai mon haut-de-chausses tout troué par derrière, et qu'on me voit, révérence parler....

HARPAGON, à la Merluche. — Paix : rangez cela adroitement du côté de la muraille, et présentez toujours le devant au monde. (A Brindavoine, en lui montrant comment il doit mettre son chapeau au-devant de son pourpoint, pour cacher la tache d'huile.) Et vous, tenez toujours votre chapeau ainsi, lorsque vous servirez.

SCÈNE III. — HARPAGON, CLÉANTE, ÉLISE, VALÈRE, MAITRE JACQUES.

HARPAGON. — Pour vous, ma fille, vous aurez l'œil sur ce que l'on desservira, et prendrez garde qu'il ne s'en fasse aucun dégât. Cela sied bien aux filles. Mais cependant préparez-vous à bien recevoir ma maîtresse qui vous doit venir visiter, et vous mener avec elle à la foire. Entendez-vous ce que je vous dis?

ÉLISE. — Oui, mon père.

SCÈNE IV. — HARPAGON, CLÉANTE, VALÈRE, MAITRE JACQUES.

HARPAGON. — Et vous, mon fils le damoiseau, à qui j'ai la bonté de pardonner l'histoire de tantôt, ne vous allez pas aviser non plus de lui faire mauvais visage.

CLÉANTE. — Moi, mon père, mauvais visage! Et par quelle raison?

HARPAGON. — Mon Dieu! nous savons le train des enfans dont les pères se remarient, et de quel œil ils ont coutume de regarder ce qu'on appelle belle-mère. Mais si vous souhaitez que je perde le souvenir de votre dernière fredaine, je vous recommande, surtout, de régaler d'un bon visage cette personne-là, et de lui faire enfin tout le meilleur accueil qu'il vous sera possible.

CLÉANTE. — A vous dire le vrai, mon père, je ne puis pas vous promettre d'être bien aise qu'elle devienne ma belle-mère. Je mentirois, si je vous le disois; mais, pour ce qui est de la bien recevoir et de lui faire bon visage, je vous promets de vous obéir ponctuellement sur ce chapitre.

HARPAGON. — Prenez-y garde au moins.

CLÉANTE. — Vous verrez que vous n'aurez pas sujet de vous en plaindre.

HARPAGON. — Vous ferez sagement.

SCÈNE V. — HARPAGON, VALÈRE, MAITRE JACQUES.

HARPAGON. — Valère, aide-moi à ceci. Oh çà! maître Jacques, approchez-vous; je vous ai gardé pour le dernier.

MAÎTRE JACQUES. — Est-ce à votre cocher, monsieur, ou bien à votre cuisinier, que vous voulez parler? car je suis l'un et l'autre.

HARPAGON. — C'est à tous les deux.

MAÎTRE JACQUES. — Mais à qui des deux le premier?

HARPAGON. — Au cuisinier.

MAÎTRE JACQUES. — Attendez donc, s'il vous plaît.

(Maître Jacques ôte sa casaque de cocher, et paroît vêtu en cuisinier.)

HARPAGON. — Quelle diantre de cérémonie est-ce là?

MAÎTRE JACQUES. — Vous n'avez qu'à parler.

HARPAGON. — Je me suis engagé, maître Jacques, à donner ce soir à souper.

MAÎTRE JACQUES, à part. — Grande merveille!

HARPAGON. — Dis-moi un peu : nous feras-tu bonne chère?

MAÎTRE JACQUES. — Oui, si vous me donnez bien de l'argent.

HARPAGON. — Que diable toujours de l'argent! Il

semble qu'ils n'aient autre chose à dire : de l'argent, de l'argent, de l'argent. Ah! ils n'ont que ce mot à la bouche, de l'argent! toujours parler d'argent! Voilà leur épée de chevet, de l'argent!

VALÈRE. — Je n'ai jamais vu de réponse plus impertinente que celle-là. Voilà une belle merveille de faire bonne chère avec bien de l'argent! c'est une chose la plus aisée du monde, et il n'y a si pauvre esprit qui n'en fît bien autant; mais, pour agir en habile homme, il faut parler de faire bonne chère avec peu d'argent.

MAÎTRE JACQUES. — Bonne chère avec peu d'argent?

VALÈRE. — Oui.

MAÎTRE JACQUES, à Valère. — Par ma foi, monsieur l'intendant, vous nous obligerez de nous faire voir ce secret, et de prendre mon office de cuisinier; aussi bien vous mêlez-vous céans d'être le factoton.

HARPAGON. — Taisez-vous. Qu'est-ce qu'il nous faudra?

MAÎTRE JACQUES. — Voilà monsieur votre intendant, qui vous fera bonne chère pour peu d'argent.

HARPAGON. — Haye! Je veux que tu me répondes.

MAÎTRE JACQUES. — Combien serez-vous de gens à table?

HARPAGON. — Nous serons huit ou dix; mais il ne faut prendre que huit. Quand il y a à manger pour huit, il y en a bien pour dix.

VALÈRE. — Cela s'entend.

MAÎTRE JACQUES. — Hé bien! il faudra quatre grands potages et cinq assiettes.... Potages... Entrées....

HARPAGON. — Que diable! Voilà pour traiter toute une ville entière.

MAÎTRE JACQUES. — Rôt....

HARPAGON, mettant la main sur la bouche de maître Jacques — Ah! traître, tu manges tout mon bien.

MAÎTRE JACQUES. — Entremets....

HARPAGON, mettant encore la main sur la bouche de maître Jacques. — Encore?

VALÈRE, à maître Jacques. — Est-ce que vous avez envie de faire crever tout le monde? et monsieur a-t-il invité des gens pour les assassiner à force de mangeaille? Allez-vous-en lire un peu les préceptes de la santé, et demander aux médecins s'il y a rien de plus préjudiciable à l'homme que de manger avec excès.

HARPAGON. — Il a raison.

VALÈRE. — Apprenez, maître Jacques, vous et vos pareils, que c'est un coupe-gorge, qu'une table remplie de trop de viandes; que pour se bien montrer ami de ceux que l'on invite, il faut que la frugalité règne dans les repas qu'on donne; et que, suivant le dire d'un ancien, *il faut manger pour vivre et non pas vivre pour manger.*

HARPAGON. — Ah! que cela est bien dit! Approche, que je t'embrasse pour ce mot. Voilà la plus belle sentence que j'aie entendue de ma vie : *Il faut vivre pour manger, et non pas manger pour viv....* Non, ce n'est pas cela. Comment est-ce que tu dis?

VALÈRE. — Qu'*il faut manger pour vivre, et non pas vivre pour manger.*

HARPAGON, à maître Jacques. — Oui. Entends-tu? (à Valère.) Qui est le grand homme qui a dit cela?

VALÈRE. — Je ne me souviens pas maintenant de son nom.

HARPAGON. — Souviens-toi de m'écrire ces mots : je les veux faire graver en lettres d'or sur la cheminée de ma salle.

VALÈRE. — Je n'y manquerai pas. Et pour votre souper, vous n'avez qu'à me laisser faire; je réglerai tout cela comme il faut.

HARPAGON. — Fais donc.

MAÎTRE JACQUES. — Tant mieux! j'en aurai moins de peine.

HARPAGON, à Valère. — Il faudra de ces choses dont on ne mange guère, et qui rassasient d'abord; quelque bon haricot bien gras, avec quelque pâté en pot bien garni de marrons.

VALÈRE. — Reposez-vous sur moi.

HARPAGON. — Maintenant, maître Jacques, il faut nettoyer mon carrosse.

MAÎTRE JACQUES. — Attendez ; ceci s'adresse au cocher. (Maître Jacques remet sa casaque.) Vous dites....

HARPAGON. — Qu'il faut nettoyer mon carrosse, et tenir mes chevaux tout prêts pour conduire à la foire....

MAÎTRE JACQUES. — Vos chevaux, monsieur? ma foi, ils ne sont point du tout en état de marcher. Je ne vous dirai point qu'ils sont sur la litière ; les pauvres bêtes n'en ont point, et ce seroit mal parler : mais vous leur faites observer des jeûnes si austères, que ce ne sont plus rien que des idées ou des fantômes, des façons de chevaux.

HARPAGON. — Les voilà bien malades ! Ils ne font rien.

MAÎTRE JACQUES. — Et pour ne faire rien, monsieur, est-ce qu'il ne faut rien manger ? Il leur vaudroit bien mieux, les pauvres animaux, de travailler beaucoup, de manger de même. Cela me fend le cœur de les voir ainsi exténués. Car, enfin, j'ai une tendresse pour mes chevaux, qu'il me semble que c'est moi-même, quand je les vois pâtir. Je m'ôte tous les jours pour eux les choses de la bouche ; et c'est être, monsieur, d'un naturel trop dur, que de n'avoir nulle pitié de son prochain.

HARPAGON. — Le travail ne sera pas grand, d'aller jusqu'à la foire.

MAÎTRE JACQUES. — Non, monsieur, je n'ai pas le courage de les mener, et je ferois conscience de leur donner des coups de fouet, en l'état où ils sont. Comment voudriez-vous qu'ils traînassent un carrosse, qu'ils ne peuvent pas se traîner eux-mêmes ?

VALÈRE. — Monsieur, j'obligerai le voisin Picard à se charger de les conduire ; aussi bien nous fera-t-il ici besoin pour apprêter le souper.

MAÎTRE JACQUES. — Soit. J'aime mieux encore qu'ils meurent sous la main d'un autre, que sous la mienne.

VALÈRE. — Maître Jacques fait bien le raisonnable !

MAÎTRE JACQUES. — Monsieur l'intendant fait bien le nécessaire?

HARPAGON. — Paix.

MAÎTRE JACQUES. — Monsieur, je ne saurois souffrir

les flatteurs; et je vois que ce qu'il en fait, que ses contrôles perpétuels sur le pain et le vin, le bois, le sel et la chandelle, ne sont rien que pour vous gratter et vous faire sa cour. J'enrage de cela; et je suis fâché tous les jours d'entendre ce qu'on dit de vous : car enfin, je me sens pour vous de la tendresse, en dépit que j'en aie ; et, après mes chevaux, vous êtes la personne que j'aime le plus.

HARPAGON. — Pourrois-je savoir de vous, maître Jacques, ce que l'on dit de moi?

MAÎTRE JACQUES. — Oui, monsieur, si j'étois assuré que cela ne vous fâchât point.

HARPAGON. — Non, en aucune façon.

MAÎTRE JACQUES. — Pardonnez-moi; je sais fort bien que je vous mettrois en colère.

HARPAGON. — Point du tout. Au contraire, c'est me faire plaisir, et je suis bien aise d'apprendre comme on parle de moi.

MAÎTRE JACQUES. — Monsieur, puisque vous le voulez, je vous dirai franchement qu'on se moque partout de vous, qu'on nous jette de tous côtés cent brocards à votre sujet, et que l'on n'est point plus ravi que de vous tenir au cul et aux chausses, et de faire sans cesse des contes de votre lésine. L'un dit que vous faites imprimer des almanachs particuliers, où vous faites doubler les quatre-temps et les vigiles afin de profiter des jeûnes où vous obligez votre monde; l'autre, que vous avez toujours une querelle toute prête à faire à vos valets dans le temps des étrennes ou de leur sortie d'avec vous, pour vous trouver une raison de ne leur donner rien. Celui-là conte qu'une fois vous fîtes assigner le chat d'un de vos voisins, pour vous avoir mangé un reste d'un gigot de mouton ; celui-ci que l'on vous surprit, une nuit, en venant dérober vous-même l'avoine de vos chevaux; et que votre cocher, qui étoit celui d'avant moi, vous donna, dans l'obscurité, je ne sais combien de coups de bâton dont vous ne voulûtes rien dire. Enfin, voulez-vous que je vous dise ? On ne sauroit aller nulle part, où l'on ne vous entende accommoder de toutes pièces. Vous êtes la fable et la risée de tout le monde ; et jamais on ne parle de vous que sous les noms d'avare, de ladre, de vilain et de fesse-mathieu.

HARPAGON, en battant maître Jacques. — Vous êtes un sot, un maraud, un coquin et un impudent.

MAÎTRE JACQUES. — Eh bien ! ne l'avois-je pas deviné? Vous ne m'avez pas voulu croire. Je vous l'avois bien dit que je vous fâcherois de vous dire la vérité.

HARPAGON. — Apprenez à parler.

SCÈNE VI. — VALÈRE, MAITRE JACQUES.

VALÈRE, riant. — A ce que je puis voir, maître Jacques, on paye mal votre franchise.

MAÎTRE JACQUES. — Morbleu! monsieur le nouveau venu, qui faites l'homme d'importance, ce n'est pas votre affaire. Riez de vos coups de bâton quand on vous en donnera, et ne venez point rire des miens.

VALÈRE. — Ah ! monsieur maître Jacques, ne vous fâchez pas, je vous prie.

MAÎTRE JACQUES, à part. — Il file doux. Je veux faire le brave, et, s'il est assez sot pour me craindre, le frotter quelque peu. (Haut.) Savez-vous bien, monsieur le rieur, que je ne ris pas, moi, et que si vous m'échauffez la tête, je vous ferai rire d'une autre sorte ?

(Maître Jacques pousse Valère jusqu'au fond du théâtre, en le menaçant.)

VALÈRE. — Hé ! doucement.

MAÎTRE JACQUES. — Comment, doucement ? Il ne me plaît pas, moi.

VALÈRE. — De grâce !

MAÎTRE JACQUES. — Vous êtes un impertinent.

VALÈRE. — Monsieur maître Jacques....

MAÎTRE JACQUES. — Il n'y a point de monsieur maître Jacques, pour un double. Si je prends un bâton, je vous rosserai d'importance.

VALÈRE. — Comment ! un bâton !

(Valère fait reculer maître Jacques à son tour.)

MAÎTRE JACQUES. — Hé! je ne parle pas de cela.

VALÈRE. — Savez-vous bien, monsieur le fat, que je suis homme à vous rosser vous-même.

MAÎTRE JACQUES. — Je n'en doute pas.

VALÈRE. — Que vous n'êtes, pour tout potage, qu'un faquin de cuisinier.

MAÎTRE JACQUES. — Je le sais bien.

VALÈRE. — Et que vous ne me connoissez pas encore?

MAÎTRE JACQUES. — Pardonnez-moi.

VALÈRE. — Vous me rosserez, dites-vous?

MAÎTRE JACQUES. — Je le disois en raillant.

VALÈRE. — Et moi je ne prends point de goût à votre raillerie. (Donnant des coups de bâton à maître Jacques.) Apprenez que vous êtes un mauvais railleur.

MAÎTRE JACQUES, seul. — Peste soit la sincérité! c'est un mauvais métier : désormais j'y renonce, et je ne veux plus dire vrai. Passe encore pour mon maître, il a quelque droit de me battre; mais, pour ce monsieur l'intendant, je m'en vengerai si je puis.

SCÈNE VII. — MARIANE, FROSINE, MAITRE JACQUES.

FROSINE. — Savez-vous, maître Jacques, si votre maître est au logis?

MAÎTRE JACQUES. — Oui, vraiment, il y est; je ne le sais que trop.

FROSINE. — Dites-lui, je vous prie, que nous sommes ici.

SCÈNE VIII. — MARIANE, FROSINE.

MARIANE. — Ah! que je suis, Frosine, dans un étrange état, et, s'il faut dire ce que je sens, que j'appréhende cette vue!

FROSINE. — Mais, pourquoi, et quelle est votre inquiétude?

MARIANE. — Hélas! me le demandez-vous? Et ne vous

figurez-vous point les alarmes d'une personne toute prête à voir le supplice où l'on veut l'attacher?

FROSINE. — Je vois bien que, pour mourir agréablement, Harpagon n'est pas le supplice que vous voudriez embrasser; et je connois à votre mine, que le jeune blondin dont vous m'avez parlé vous revient un peu dans l'esprit.

MARIANE. — Oui. C'est une chose, Frosine, dont je ne veux pas me défendre; et les visites respectueuses qu'il a rendues chez nous, ont fait, je vous l'avoue, quelque effet dans mon âme.

FROSINE. — Mais avez-vous su quel il est?

MARIANE. — Non; je ne sais point quel il est. Mais je sais qu'il est fait d'un air à se faire aimer; que, si l'on pouvoit mettre les choses à mon choix, je le prendrois plutôt qu'un autre, et qu'il ne contribue pas peu à me faire trouver un tourment effroyable dans l'époux qu'on veut me donner.

FROSINE. — Mon Dieu! tous ces blondins sont agréables, et débitent fort bien leur fait; mais la plupart sont gueux comme des rats; il vaut mieux, pour vous, de prendre un vieux mari qui vous donne beaucoup de bien. Je vous avoue que les sens ne trouvent pas si bien leur compte du côté que je dis, et qu'il y a quelques petits dégoûts à essuyer avec un tel époux; mais cela n'est pas pour durer; et sa mort, croyez-moi, vous mettra bientôt en état d'en prendre un plus aimable, qui réparera toutes choses.

MARIANE. — Mon Dieu! Frosine, c'est une étrange affaire, lorsque, pour être heureuse, il faut souhaiter ou attendre le trépas de quelqu'un; et la mort ne suit pas tous les projets que nous faisons.

FROSINE. — Vous moquez-vous? Vous ne l'épouse qu'aux conditions de vous laisser veuve bientôt; et ce doit être là un des articles du contrat. Il serait bien impertinent de ne pas mourir dans trois mois! Le voici en propre personne.

MARIANE. — Ah! Frosine, quelle figure!

SCÈNE IX. — HARPAGON, MARIANE, FROSINE.

HARPAGON, à Mariane. — Ne vous offensez pas, ma belle, si je viens à vous avec des lunettes. Je sais que vos appas frappent assez les yeux, sont assez visibles d'eux-mêmes, et qu'il n'est pas besoin de lunettes pour les apercevoir : mais, enfin, c'est avec des lunettes qu'on observe les astres; et je maintiens et garantis que vous êtes un astre, mais un astre, le plus bel astre qui soit dans le pays des astres. Frosine, elle ne répond mot, et ne témoigne, ce me semble, aucune joie de me voir.

FROSINE. — C'est qu'elle est encore toute surprise; et puis, les filles ont toujours honte à témoigner d'abord ce qu'elles ont dans l'âme.

HARPAGON, à Frosine. — Tu as raison. (A Mariane.) Voilà, belle mignonne, ma fille qui vient vous saluer.

SCÈNE X. — HARPAGON, ÉLISE, MARIANE, FROSINE.

MARIANE. — Je m'acquitte bien tard, madame d'une telle visite.

ÉLISE. — Vous avez fait, madame, ce que je devois faire, et c'étoit à moi de vous prévenir.

HARPAGON. — Vous voyez qu'elle est grande; mais mauvaise herbe croît toujours.

MARIANE, bas, à Frosine. — Oh! l'homme déplaisant!

HARPAGON, bas, à Frosine. — Que dit la belle?

FROSINE. — Qu'elle vous trouve admirable.

HARPAGON. — C'est trop d'honneur que vous me faites, adorable mignonne.

MARIANE, à part. — Quel animal!

HARPAGON. — Je vous suis trop obligé de ces sentimens.

MARIANE, à part. — Je n'y puis plus tenir.

SCÈNE XI. — HARPAGON, MARIANE, ÉLISE, CLÉANTE, VALÈRE, FROSINE, BRINDAVOINE.

HARPAGON. — Voici mon fils aussi, qui vous vient faire la révérence.

MARIANE, bas à Frosine. — Ah! Frosine, quelle rencontre! C'est justement celui dont je t'ai parlé.

FROSINE, à Mariane. — L'aventure est merveilleuse.

HARPAGON. — Je vois que vous vous étonnez de me voir de si grands enfans; mais je serai bientôt défait et de l'un et de l'autre.

CLÉANTE, à Mariane. — Madame, à vous dire le vrai, c'est ici une aventure où sans doute je ne m'attendois pas; et mon père ne m'a pas peu surpris lorsqu'il m'a dit tantôt le dessein qu'il avoit formé.

MARIANE. — Je puis dire la même chose. C'est une rencontre imprévue qui m'a surprise autant que vous; et je n'étois point préparée à une pareille aventure.

CLÉANTE. — Il est vrai que mon père, madame, ne peut pas faire un plus beau choix, et que ce m'est une sensible joie que l'honneur de vous voir; mais, avec tout cela, je ne vous assurerai point que je me réjouis du dessein où vous pourriez être de devenir ma belle-mère. Le compliment, je vous l'avoue, est trop difficile pour moi; et c'est un titre, s'il vous plaît, que je ne vous souhaite point. Ce discours paroîtra brutal aux yeux de quelques-uns; mais je suis assuré que vous serez personne à le prendre comme il faudra; que c'est un mariage, madame, où vous vous imaginez bien que je dois avoir de la répugnance; que vous n'ignorez pas, sachant ce que je suis, comme il choque mes intérêts; et que vous voulez bien enfin que je vous dise, avec la permission de mon père, que, si les choses dépendoient de moi, cet hymen ne se feroit point.

HARPAGON. — Voilà un compliment bien impertinent! Quelle belle confession à lui faire!

MARIANE. — Et moi, pour vous répondre, j'ai à vous dire que les choses sont fort égales ; et que, si vous auriez de la répugnance à me voir votre belle-mère, je n'en aurois pas moins, sans doute, à vous voir mon beau-fils. Ne croyez pas, je vous prie, que ce soit moi qui cherche à vous donner cette inquiétude. Je serois fort fâchée de vous causer du déplaisir, et, si je ne m'y vois forcée par une puissance absolue, je vous donne ma parole que je ne consentirai point au mariage qui vous chagrine.

HARPAGON. — Elle a raison. A sot compliment, il faut une réponse de même. Je vous demande pardon, ma belle, de l'impertinence de mon fils ; c'est un jeune sot qui ne sait pas encore la conséquence des paroles qu'il dit.

MARIANE. — Je vous promets que ce qu'il m'a dit ne m'a point du tout offensée ; au contraire, il m'a fait plaisir de m'expliquer ainsi ses véritables sentimens. J'aime de lui un aveu de la sorte ; et, s'il avoit parlé d'autre façon, je l'en estimerois bien moins.

HARPAGON. — C'est beaucoup de bonté à vous, de vouloir ainsi excuser ses fautes. Le temps le rendra plus sage, et vous verrez qu'il changera de sentimens.

CLÉANTE. — Non, mon père, je ne suis point capable d'en changer, et je prie instamment madame de le croire.

HARPAGON. — Mais voyez quelle extravagance ! il continue encore plus fort.

CLÉANTE. — Voulez-vous que je trahisse mon cœur ?

HARPAGON. — Encore ! avez-vous envie de changer de discours ?

CLÉANTE. — Hé bien ! puisque vous voulez que je parle d'autre façon, souffrez, madame, que je me mette ici à la place de mon père, et que je vous avoue que je n'ai rien vu dans le monde de si charmant que vous ; que je ne conçois rien d'égal au bonheur de vous plaire, et que le titre de votre époux est une gloire, une félicité que je préférerois aux destinées des plus grands princes de la terre. Oui, madame, le bonheur de vous posséder est, à mes regards, la plus belle de toutes les fortunes ; c'est où j'attache toute mon ambition. Il n'y a rien que je ne sois capable de faire pour une conquête si précieuse ; et les obstacles les plus puissans....

HARPAGON. — Doucement, mon fils, s'il vous plaît.

CLÉANTE. — C'est un compliment que je fais pour vous à madame.

HARPAGON. — Mon Dieu, j'ai une langue pour m'expliquer moi-même, et je n'ai pas besoin d'un procureur comme vous. Allons, donnez des siéges.

FROSINE. — Non ; il vaut mieux que de ce pas nous allions à la foire, afin d'en revenir plus tôt et d'avoir tout le temps ensuite de vous entretenir.

HARPAGON, à Brindavoine. — Qu'on mette donc les chevaux au carrosse.

SCÈNE XII. — HARPAGON, MARIANE, ÉLISE, CLÉANTE, VALÈRE, FROSINE.

HARPAGON, à Mariane. — Je vous prie de m'excuser, ma belle, si je n'ai pas songé à vous donner un peu de collation avant que de partir.

CLÉANTE. — J'y ai pourvu, mon père, et j'ai fait apporter ici quelques bassins d'oranges de la Chine, de citrons doux et de confitures, que j'ai envoyé querir de votre part.

HARPAGON, bas à Valère. — Valère !

VALÈRE, à Harpagon. — Il a perdu le sens.

CLÉANTE. — Est-ce que vous trouvez, mon père, que ce ne soit pas assez ? Madame aura la bonté d'excuser cela, s'il lui plaît.

MARIANE. — C'est une chose qui n'étoit pas nécessaire.

CLÉANTE. — Avez-vous jamais vu, madame, un diamant plus vif que celui que vous voyez que mon père a au doigt ?

MARIANE. — Il est vrai qu'il brille beaucoup.

CLÉANTE, ôtant du doigt de son père le diamant, et le donnant à Mariane. — Il faut que vous le voyiez de près.

MARIANE. — Il est fort beau, sans doute, et jette quantité de feux.

ACTE III, SCÈNE XII.

CLÉANTE, se mettant au-devant de Mariane, qui veut rendre le diamant. — Nenni, madame, il est en de trop belles mains. C'est un présent que mon père vous a fait.

HARPAGON. — Moi?

CLÉANTE. — N'est-il pas vrai, mon père, que vous voulez que madame le garde pour l'amour de vous?

HARPAGON, bas, à son fils. — Comment?

CLÉANTE, à Mariane. — Belle demande! Il me fait signe de vous le faire accepter.

MARIANE. — Je ne veux point....

CLÉANTE, à Mariane. — Vous moquez-vous? Il n'a garde de le reprendre.

HARPAGON, à part. — J'enrage.

MARIANE. — Ce seroit....

CLÉANTE, empêchant toujours Mariane de rendre le diamant. — Non, vous dis-je, c'est l'offenser.

MARIANE. — De grâce....

CLÉANTE. — Point du tout.

HARPAGON, à part. — Peste soit....

CLÉANTE. — Le voilà qui se scandalise de votre refus.

HARPAGON, bas, à son fils. — Ah! traître!

CLÉANTE, à Mariane. — Vous voyez qu'il se désespère.

HARPAGON, bas, à son fils, en le menaçant. — Bourreau que tu es.

CLÉANTE. — Mon père, ce n'est pas ma faute. Je fais ce que je puis pour l'obliger à le garder; mais elle est obstinée.

HARPAGON, bas, à son fils, en le menaçant. — Pendard!

CLÉANTE. — Vous êtes cause, madame, que mon père me querelle.

HARPAGON, bas, à son fils, avec les mêmes gestes. — Le coquin.

CLÉANTE, à Mariane. — Vous le ferez tomber malade. De grâce, madame, ne résistez point davantage.

FROSINE, à Mariane. — Mon Dieu! que de façons! Gardez la bague, puisque monsieur le veut.

MARIANE, à Harpagon. — Pour ne vous point mettre en

colère, je la garde maintenant, et je prendrai un autre temps pour vous la rendre.

SCÈNE XIII. — HARPAGON, MARIANE, ÉLISE, CLÉANTE, VALÈRE, FROSINE, BRINDAVOINE.

BRINDAVOINE. — Monsieur, il y a là un homme qui veut vous parler.

HARPAGON. — Dis-lui que je suis empêché, et qu'il revienne une autre fois.

BRINDAVOINE. — Il dit qu'il vous apporte de l'argent.

HARPAGON, à Mariane. — Je vous demande pardon; je reviens tout à l'heure.

SCÈNE XIV. — HARPAGON, MARIANE, ÉLISE, CLÉANTE, VALÈRE, FROSINE, LA MERLUCHE.

LA MERLUCHE, courant, et faisant tomber Harpagon. — Monsieur....

HARPAGON. — Ah! je suis mort.

CLÉANTE. — Qu'est-ce, mon père? Vous êtes-vous fait mal?

HARPAGON. — Le traître assurément a reçu de l'argent de mes débiteurs pour me faire rompre le cou.

VALÈRE, à Harpagon. — Cela ne sera rien.

LA MERLUCHE, à Harpagon. — Monsieur, je vous demande pardon; je croyois bien faire d'accourir vite.

HARPAGON. — Que viens-tu faire ici, bourreau?

LA MERLUCHE. — Vous dire que vos deux chevaux sont déferrés.

HARPAGON. — Qu'on les mène promptement chez le maréchal.

CLÉANTE. — En attendant qu'ils soient ferrés, je vais faire pour vous, mon père, les honneurs de votre logis, et conduire madame dans le jardin, où je ferai porter la collation.

SCÈNE XV. — HARPAGON, VALÈRE.

HARPAGON. — Valère, aie un peu l'œil à tout cela, et prends soin, je te prie, de m'en sauver le plus que tu pourras, pour le renvoyer au marchand.

VALÈRE. — C'est assez.

HARPAGON, seul. — O fils impertinent! as-tu envie de me ruiner?

ACTE QUATRIÈME.

SCÈNE I. — CLÉANTE, MARIANE, ÉLISE, FROSINE.

CLÉANTE. — Rentrons ici; nous serons beaucoup mieux. Il n'y a plus autour de nous personne de suspect, et nous pouvons parler librement.

ÉLISE. — Oui, madame, mon frère m'a fait confidence de la passion qu'il a pour vous. Je sais les chagrins et les déplaisirs que sont capables de causer de pareilles traverses; et c'est, je vous assure, avec une tendresse extrême que je m'intéresse à votre aventure.

MARIANE. — C'est une douce consolation que de voir dans ses intérêts une personne comme vous; et je vous conjure, madame, de me garder toujours cette généreuse amitié, si capable de m'adoucir les cruautés de la fortune.

FROSINE. — Vous êtes, par ma foi, de malheureuses gens l'un et l'autre, de ne m'avoir point, avant tout ceci, avertie de votre affaire. Je vous aurois, sans doute, détourné cette inquiétude, et n'aurois point amené les choses où l'on voit qu'elles sont.

CLÉANTE. — Que veux-tu? C'est ma mauvaise destinée

qui l'a voulu ainsi. Mais, belle Mariane, quelles résolutions sont les vôtres?

MARIANE. — Hélas! suis-je en pouvoir de faire des résolutions? Et, dans la dépendance où je me vois, puis-je former que des souhaits?

CLÉANTE. — Point d'autre appui pour moi dans votre cœur que de simples souhaits? Point de pitié officieuse? Point de secourable bonté? Point d'affection agissante?

MARIANE. — Que saurois-je vous dire? Mettez-vous en ma place, et voyez ce que je puis faire. Avisez, ordonnez vous-même : je m'en remets à vous; et je vous crois trop raisonnable pour vouloir exiger de moi que ce qui peut m'être permis par l'honneur et la bienséance.

CLÉANTE. — Hélas! où me réduisez-vous, que de me renvoyer à ce que voudront permettre les fâcheux sentimens d'un rigoureux honneur et d'une scrupuleuse bienséance?

MARIANE. — Mais que voulez-vous que je fasse? Quand je pourrois passer sur quantité d'égards où notre sexe est obligé, j'ai de la considération pour ma mère. Elle m'a toujours élevée avec une tendresse extrême, et je ne saurois me résoudre à lui donner du déplaisir. Faites, agissez auprès d'elle; employez tous vos soins à gagner son esprit. Vous pouvez faire et dire tout ce que vous voudrez, je vous en donne la licence; et, s'il ne tient qu'à me déclarer en votre faveur, je veux bien consentir à lui faire un aveu, moi-même, de tout ce que je sens pour vous.

CLÉANTE. — Frosine, ma pauvre Frosine, voudrois-tu nous servir?

FROSINE. — Par ma foi, faut-il le demander? je le voudrois de tout mon cœur. Vous savez que, de mon naturel, je suis assez humaine. Le ciel ne m'a point fait l'âme de bronze, et je n'ai que trop de tendresse à rendre de petits services, quand je vois des gens qui s'entr'aiment en tout bien et en tout honneur. Que pourrions-nous faire à ceci?

CLÉANTE. — Songe un peu, je te prie.

MARIANE. — Ouvre-nous des lumières.

ÉLISE. — Trouve quelque invention pour rompre ce que tu as fait.

FROSINE. — Ceci est assez difficile. (A Mariane.) Pour votre mère, elle n'est pas tout à fait déraisonnable, et peut-être pourroit-on la gagner et la résoudre à transporter au fils le don qu'elle veut faire au père. (A Cléante.) Mais le mal que j'y trouve, c'est que votre père est votre père.

CLÉANTE. — Cela s'entend.

FROSINE. — Je veux dire qu'il conservera du dépit, si l'on montre qu'on le refuse, et qu'il ne sera point d'humeur ensuite à donner son consentement à votre mariage. Il faudroit, pour bien faire, que le refus vînt de lui-même, et tâcher, par quelque moyen, de le dégoûter de votre personne.

CLÉANTE. — Tu as raison.

FROSINE. — Oui, j'ai raison; je le sais bien. C'est là ce qu'il faudroit; mais le diantre est d'en pouvoir trouver les moyens. Attendez: si nous avions quelque femme un peu sur l'âge, qui fût de mon talent, et jouât assez bien pour contrefaire une dame de qualité, par le moyen d'un train fait à la hâte et d'un bizarre nom de marquise ou de vicomtesse, que nous supposerions de la basse Bretagne, j'aurois assez d'adresse pour faire accroire à votre père que ce seroit une personne riche, outre ses maisons, de cent mille écus en argent comptant; qu'elle seroit éperdument amoureuse de lui, et souhaiteroit de se voir sa femme, jusqu'à lui donner tout son bien par contrat de mariage; et je ne doute point qu'il ne prêtât l'oreille à la proposition. Car enfin, il vous aime fort, je le sais; mais il aime un peu plus l'argent; et quand, ébloui de ce leurre, il auroit une fois consenti à ce qui vous touche, il importeroit peu ensuite qu'il se désabusât, en venant à vouloir voir clair aux effets de notre marquise.

CLÉANTE. — Tout cela est fort bien pensé.

FROSINE. — Laissez-moi faire. Je viens de me ressouvenir d'une de mes amies qui sera notre fait.

CLÉANTE. — Sois assurée, Frosine, de ma reconnoissance, si tu viens à bout de la chose. Mais, charmante Mariane, commençons, je vous prie, par gagner votre mère ; c'est toujours beaucoup faire que de rompre ce mariage. Faites-y de votre part, je vous en conjure, tous les efforts qu'il vous sera possible. Servez-vous de tout le pouvoir que vous donne sur elle cette amitié qu'elle a pour vous. Déployez sans réserve les grâces éloquentes, les charmes tout-puissans que le ciel a placés dans vos yeux et dans votre bouche ; et n'oubliez rien, s'il vous plaît, de ces tendres paroles, de ces douces prières, et de ces caresses touchantes, à qui je suis persuadé qu'on ne sauroit rien refuser.

MARIANE. — J'y ferai tout ce que je puis, et n'oublierai aucune chose.

SCÈNE II. — HARPAGON, CLÉANTE, MARIANE, ÉLISE, FROSINE.

HARPAGON, à part, sans être aperçu. — Ouais ! mon fils baise la main de sa prétendue belle-mère ; et sa prétendue belle-mère ne s'en défend pas fort ! Y aurait-il quelque mystère là-dessous ?

ÉLISE. — Voilà mon père.

HARPAGON. — Le carrosse est tout prêt ; vous pouvez partir quand il vous plaira.

CLÉANTE. — Puisque vous n'y allez pas, mon père, je m'en vais les conduire.

HARPAGON. — Non : demeurez. Elles iront bien toutes seules, et j'ai besoin de vous.

SCÈNE III. — HARPAGON, CLÉANTE.

HARPAGON. — Or çà, intérêt de belle-mère à part, que te semble à toi, de cette personne ?

CLÉANTE. — Ce qui m'en semble ?

HARPAGON. — Oui, de son air, de sa taille, de sa beauté, de son esprit ?

CLÉANTE. — Là, là.

HARPAGON. — Mais encore?

CLÉANTE. — A vous en parler franchement, je ne l'ai pas trouvée ici ce que je l'avais crue. Son air est de franche coquette, sa taille est assez gauche, sa beauté très-médiocre, et son esprit des plus communs. Ne croyez pas que ce soit, mon père, pour vous en dégoûter; car, belle-mère pour belle-mère, j'aime autant celle-là qu'une autre.

HARPAGON. — Tu lui disois tantôt pourtant...

CLÉANTE. — Je lui ai dit quelques douceurs en votre nom, mais c'étoit pour vous plaire.

HARPAGON. — Si bien donc que tu n'aurois pas d'inclination pour elle?

CLÉANTE. — Moi? point du tout.

HARPAGON. — J'en suis fâché, car cela rompt une pensée qui m'étoit venue dans l'esprit. J'ai fait, en la voyant ici, réflexion sur mon âge; et j'ai songé qu'on pourra trouver à redire de me voir marier à une si jeune personne. Cette considération m'en faisoit quitter le dessein; et, comme je l'ai fait demander, et que je suis pour elle engagé de parole, je te l'aurois donnée, sans l'aversion que tu témoignes.

CLÉANTE. — A moi?

HARPAGON. — A toi.

CLÉANTE. — En mariage?

HARPAGON. — En mariage.

CLÉANTE. — Écoutez. Il est vrai qu'elle n'est pas fort à mon goût; mais, pour vous faire plaisir, mon père, je me résoudrai à l'épouser, si vous voulez.

HARPAGON. — Moi, je suis plus raisonnable que tu ne penses. Je ne veux point forcer ton inclination.

CLÉANTE. — Pardonnez-moi; je me ferai cet effort pour l'amour de vous.

HARPAGON. — Non, non. Un mariage ne sauroit être heureux, où l'inclination n'est pas.

CLÉANTE. — C'est une chose, mon père, qui peut-être viendra ensuite; et l'on dit que l'amour est souvent un fruit du mariage.

HARPAGON. — Non. Du côté de l'homme, on ne doit point risquer l'affaire ; et ce sont des suites fâcheuses où je n'ai garde de me commettre. Si tu avois senti quelque inclination pour elle, à la bonne heure ; je te l'aurois fait épouser au lieu de moi ; mais, cela n'étant pas, je suivrai mon premier dessein, et je l'épouserai moi-même.

CLÉANTE. — Hé bien ! mon père, puisque les choses sont ainsi, il faut vous découvrir mon cœur ; il faut vous révéler notre secret. La vérité est que je l'aime depuis un jour que je la vis dans une promenade ; que mon dessein étoit tantôt de vous la demander pour femme, et que rien ne m'a retenu que la déclaration de vos sentimens, et la crainte de vous déplaire.

HARPAGON. — Lui avez-vous rendu visite ?

CLÉANTE. — Oui, mon père.

HARPAGON. — Beaucoup de fois ?

CLÉANTE. — Assez, pour le temps qu'il y a.

HARPAGON. — Vous a-t-on bien reçu ?

CLÉANTE. — Fort bien, mais sans savoir qui j'étois ; et c'est ce qui a fait tantôt la surprise de Mariane.

HARPAGON. — Lui avez-vous déclaré votre passion, et le dessein où vous étiez de l'épouser ?

CLÉANTE. — Sans doute ; et même j'en avois fait à sa mère quelque peu d'ouverture.

HARPAGON. — A-t-elle écouté, pour sa fille, votre proposition ?

CLÉANTE. — Oui, fort civilement.

HARPAGON. — Et la fille correspond-elle fort à votre amour ?

CLÉANTE. — Si j'en dois croire les apparences, je me persuade, mon père, qu'elle a quelque bonté pour moi.

HARPAGON, bas, à part. — Je suis bien aise d'avoir appris un tel secret ; et voilà justement ce que je demandois. (Haut.) Or sus, mon fils, savez-vous ce qu'il y a ? C'est qu'il faut songer, s'il vous plaît, à vous défaire de votre amour, à cesser toutes vos poursuites auprès d'une personne que je prétends pour moi, et à vous marier dans peu avec celle qu'on vous destine.

CLÉANTE. — Oui, mon père; c'est ainsi que vous me jouez! Hé bien! puisque les choses en sont venues là, je vous déclare, moi, que je ne quitterai point la passion que j'ai pour Mariane; qu'il n'y a point d'extrémité où je ne m'abandonne pour vous disputer sa conquête; et que, si vous avez pour vous le consentement d'une mère, j'aurai d'autres secours, peut-être, qui combattront pour moi.

HARPAGON. — Comment, pendard! tu as l'audace d'aller sur mes brisées?

CLÉANTE. — C'est vous qui allez sur les miennes, et je suis le premier en date.

HARPAGON. — Ne suis-je pas ton père, et ne me dois-tu pas respect?

CLÉANTE. — Ce ne sont point ici des choses où les enfans soient obligés de déférer aux pères, et l'amour ne connoît personne.

HARPAGON. — Je te ferai bien me connoître avec de bons coups de bâton.

CLÉANTE. — Toutes vos menaces ne feront rien.

HARPAGON. — Tu renonceras à Mariane.

CLÉANTE. — Point du tout.

HARPAGON. — Donnez-moi un bâton tout à l'heure.

SCÈNE IV. — HARPAGON, CLÉANTE, MAITRE JACQUES.

MAÎTRE JACQUES. — Hé, hé, hé! messieurs, qu'est-ce-ci? A quoi songez-vous?

CLÉANTE. — Je me moque de cela.

MAÎTRE JACQUES, à Cléante. — Ah! monsieur, doucement.

HARPAGON. — Me parler avec cette impudence!

MAÎTRE JACQUES, à Harpagon. — Ah! monsieur, de grâce.

CLÉANTE. — Je n'en démordrai point.

MAÎTRE JACQUES, à Cléante. — Hé quoi! à votre père?

HARPAGON. — Laisse-moi faire.

MAÎTRE JACQUES, à Harpagon. — Hé quoi! à votre fils? Encore passe pour moi.

HARPAGON. — Je te veux faire toi-même, maître Jacques, juge de cette affaire, pour montrer comme j'ai raison.

MAÎTRE JACQUES. — J'y consens. (A Cléante.) Éloignez-vous un peu.

HARPAGON. — J'aime une fille que je veux épouser; et le pendard a l'insolence de l'aimer avec moi, et d'y prétendre malgré mes ordres.

MAÎTRE JACQUES. — Ah! il a tort.

HARPAGON. — N'est-ce pas une chose épouvantable, qu'un fils qui veut entrer en concurrence avec son père? et ne doit-il pas, par respect, s'abstenir de toucher à mes inclinations?

MAÎTRE JACQUES. — Vous avez raison. Laissez-moi lui parler, et demeurez là.

CLÉANTE, à maître Jacques, qui s'approche de lui. — Hé bien! oui, puisqu'il veut te choisir pour juge, je n'y recule point; il ne m'importe qui ce soit; et je veux bien aussi me rapporter à toi, maître Jacques, de notre différend.

MAÎTRE JACQUES. — C'est beaucoup d'honneur que vous me faites.

CLÉANTE. — Je suis épris d'une jeune personne qui répond à mes vœux, et reçoit tendrement les offres de ma foi; et mon père s'avise de venir troubler notre amour, par la demande qu'il en fait faire.

MAÎTRE JACQUES. — Il a tort, assurément.

CLÉANTE. — N'a-t-il point de honte, à son âge, de songer à se marier? Lui sied-il bien d'être encore amoureux? et ne devrait-il pas laisser cette occupation aux jeunes gens?

MAÎTRE JACQUES. — Vous avez raison. Il se moque. Laissez-moi lui dire deux mots. (A Harpagon.) Hé bien! votre fils n'est pas si étrange que vous le dites, et il se met à la raison. Il dit qu'il sait le respect qu'il vous doit; qu'il ne s'est emporté que dans la première chaleur; et

ACTE IV, SCÈNE IV.

qu'il ne fera point refus de se soumettre à ce qu'il vous plaira, pourvu que vous vouliez le traiter mieux que vous ne faites, et lui donner quelque personne en mariage, dont il ait lieu d'être content.

HARPAGON. — Ah! dis-lui, maître Jacques, que, moyennant cela, il pourra espérer toutes choses de moi, et que, hors Mariane, je lui laisse la liberté de choisir celle qu'il voudra.

MAÎTRE JACQUES. — Laissez-moi faire. (A Cléante.) Hé bien! votre père n'est pas si déraisonnable que vous le faites; et il m'a témoigné que ce sont vos emportemens qui l'ont mis en colère; qu'il n'en veut seulement qu'à votre manière d'agir; et qu'il sera fort disposé à vous accorder ce que vous souhaitez, pourvu que vous vouliez vous y prendre par la douceur, et lui rendre les déférences, les respects et les soumissions qu'un fils doit à son père.

CLÉANTE. — Ah! maître Jacques, tu lui peux assurer que, s'il m'accorde Mariane, il me verra toujours le plus soumis de tous les hommes, et que jamais je ne ferai aucune chose que par ses volontés.

MAÎTRE JACQUES, à Harpagon. — Cela est fait; il consent à ce que vous dites.

HARPAGON. — Voilà qui va le mieux du monde.

MAÎTRE JACQUES, à Cléante. — Tout est conclu; il est content de vos promesses.

CLÉANTE. — Le ciel en soit loué!

MAÎTRE JACQUES. — Messieurs, vous n'avez qu'à parler ensemble : vous voilà d'accord maintenant; et vous alliez vous quereller, faute de vous entendre.

CLÉANTE. — Mon pauvre maître Jacques, je te serai obligé toute ma vie.

MAÎTRE JACQUES. — Il n'y a pas de quoi, monsieur.

HARPAGON. — Tu m'as fait plaisir, maître Jacques; et cela mérite une récompense. (Harpagon fouille dans sa poche; maître Jacques tend la main; mais Harpagon ne tire que son mouchoir, en disant :) Va, je m'en souviendrai, je t'assure.

MAÎTRE JACQUES. — Je vous baise les mains.

SCÈNE V. — HARPAGON, CLÉANTE.

CLÉANTE. — Je vous demande pardon, mon père, de l'emportement que j'ai fait paroître.

HARPAGON. — Cela n'est rien.

CLÉANTE. — Je vous assure que j'en ai tous les regrets du monde.

HARPAGON. — Et moi, j'ai toutes les joies du monde de te voir raisonnable.

CLÉANTE. — Quelle bonté à vous d'oublier si vite ma faute!

HARPAGON. — On oublie aisément les fautes des enfans, lorsqu'ils rentrent dans leur devoir.

CLÉANTE. — Quoi! ne garder aucun ressentiment de toutes mes extravagances?

HARPAGON. — C'est une chose où tu m'obliges, par la soumission et le respect où tu te ranges.

CLÉANTE. — Je vous promets, mon père, que, jusques au tombeau, je conserverai dans mon cœur le souvenir de vos bontés.

HARPAGON. — Et moi, je te promets qu'il n'y aura aucune chose que de moi tu n'obtiennes.

CLÉANTE. — Ah! mon père, je ne vous demande plus rien; et c'est m'avoir assez donné que de me donner Mariane.

HARPAGON. — Comment?

CLÉANTE. — Je dis, mon père, que je suis trop content de vous, et que je trouve toutes choses dans la bonté que vous avez de m'accorder Mariane?

HARPAGON. — Qui est-ce qui parle de t'accorder Mariane?

CLÉANTE. — Vous, mon père.

HARPAGON. — Moi?

CLÉANTE. — Sans doute.

HARPAGON. — Comment! c'est toi qui as promis d'y renoncer.

CLÉANTE. — Moi, y renoncer?

HARPAGON. — Oui.
CLÉANTE. — Point du tout.
HARPAGON. — Tu ne t'es pas départi d'y prétendre?
CLÉANTE. — Au contraire, j'y suis porté plus que jamais.
HARPAGON. — Quoi! pendard, derechef?
CLÉANTE. — Rien ne me peut changer.
HARPAGON. — Laisse-moi faire, traître!
CLÉANTE. — Faites tout ce qu'il vous plaira.
HARPAGON. — Je te défends de me jamais voir.
CLÉANTE. — A la bonne heure.
HARPAGON. — Je t'abandonne.
CLÉANTE. — Abandonnez.
HARPAGON. — Je te renonce pour mon fils.
CLÉANTE. — Soit.
HARPAGON. — Je te déshérite.
CLÉANTE. — Tout ce que vous voudrez.
HARPAGON. — Et je te donne ma malédiction.
CLÉANTE. — Je n'ai que faire de vos dons.

SCÈNE VI. — CLÉANTE, LA FLÈCHE.

LA FLÈCHE, sortant du jardin, avec une cassette. Ah! monsieur, que je vous trouve à propos! Suivez-moi vite.
CLÉANTE. — Qu'y a-t-il?
LA FLÈCHE. — Suivez-moi, vous dis-je : nous sommes bien.
CLÉANTE. — Comment?
LA FLÈCHE. — Voici votre affaire.
CLÉANTE. — Quoi?
LA FLÈCHE. — J'ai guigné ceci tout le jour.
CLÉANTE. — Qu'est-ce que c'est?
LA FLÈCHE. — Le trésor de votre père, que j'ai attrapé.
CLÉANTE. — Comment as-tu fait?
LA FLÈCHE. — Vous saurez tout. Sauvons-nous : je l'entends crier.

SCÈNE VII. — HARPAGON, criant au voleur dès le jardin.

Au voleur! au voleur! à l'assassin? au meurtrier! Justice, juste ciel! je suis perdu, je suis assassiné; on m'a coupé la gorge : on m'a dérobé mon argent. Qui peut-ce être? Qu'est-il devenu? Où est-il? Où se cache-t-il? Que ferai-je pour le retrouver? Où courir? Où ne pas courir? N'est-il point là? N'est-il point ici? Qui est-ce? Arrête. (A lui-même, se prenant par le bras.) Rends-moi mon argent, coquin.... Ah! c'est moi! Mon esprit est troublé, et j'ignore où je suis, qui je suis, et ce que je fais. Hélas! mon pauvre argent! mon pauvre argent! mon cher ami! on m'a privé de toi; et, puisque tu m'es enlevé, j'ai perdu mon support, ma consolation, ma joie : tout est fini pour moi, et je n'ai plus que faire au monde. Sans toi, il m'est impossible de vivre. C'en est fait;je n'en puis plus; je me meurs; je suis mort; je suis enterré. N'y a-t-il personne qui veuille me ressusciter, en me rendant mon cher argent, ou en m'apprenant qui l'a pris? Euh! que dites-vous? Ce n'est personne. Il faut, qui que ce soit qui ait fait le coup, qu'avec beaucoup de soin on ait épié l'heure; et l'on a choisi justement le temps que je parlois à mon traître de fils. Sortons. Je veux aller querir la justice, et faire donner la question à toute ma maison ; à servantes, à valets, à fils, à fille, et à moi aussi. Que de gens assemblés! Je ne jette mes regards sur personne qui ne me donne des soupçons, et tout me semble mon voleur. Hé! de quoi est-ce qu'on parle là? de celui qui m'a dérobé? Quel bruit fait-on là-haut? Est-ce mon voleur qui y est? De grâce, si l'on sait des nouvelles de mon voleur, je supplie que l'on m'en dise. N'est-il point caché là parmi vous? Ils me regardent tous, et se mettent à rire. Vous verrez qu'ils ont part, sans doute, au vol que l'on m'a fait. Allons vite, des commissaires, des archers, des prévôts, des juges, des gênes, des potences et des bourreaux. Je veux faire pendre tout le monde; et, si je ne retrouve mon argent, je me pendrai moi-même après.

ACTE CINQUIÈME.

SCÈNE I. — HARPAGON, UN COMMISSAIRE.

LE COMMISSAIRE. — Laissez-moi faire ; je sais mon métier, Dieu merci. Ce n'est pas d'aujourd'hui que je me mêle de découvrir des vols, et je voudrois avoir autant de sacs de mille francs que j'ai fait pendre de personnes.

HARPAGON. — Tous les magistrats sont intéressés à prendre cette affaire en main ; et, si l'on ne me fait retrouver mon argent, je demanderai justice de la justice.

LE COMMISSAIRE. — Il faut faire toutes les poursuites requises. Vous dites qu'il y avait dans cette cassette....

HARPAGON. — Dix mille écus bien comptés.

LE COMMISSAIRE. — Dix mille écus !

HARPAGON, en pleurant. — Dix mille écus.

LE COMMISSAIRE. — Le vol est considérable !

HARPAGON. — Il n'y a point de supplice assez grand pour l'énormité de ce crime ; et, s'il demeure impuni, les choses les plus sacrées ne sont plus en sûreté.

LE COMMISSAIRE. — En quelles espèces étoit cette somme !

HARPAGON. — En bons louis d'or et pistoles bien trébuchantes.

LE COMMISSAIRE. — Qui soupçonnez-vous de ce vol ?

HARPAGON. — Tout le monde ; et je veux que vous arrêtiez prisonniers la ville et les faubourgs.

LE COMMISSAIRE. — Il faut, si vous m'en croyez, n'effaroucher personne, et tâcher doucement d'attraper quelques preuves, afin de procéder après, par la rigueur, au recouvrement des deniers qui vous ont été pris.

SCÈNE II. — HARPAGON, UN COMMISSAIRE, MAITRE JACQUES.

MAÎTRE JACQUES, dans le fond du théâtre, en se retournant du côté par lequel il est entré. — Je m'en vais revenir. Qu'on me l'égorge tout à l'heure ; qu'on me lui fasse griller les pieds; qu'on me le mette dans l'eau bouillante, et qu'on me le pende au plancher.

HARPAGON, à maître Jacques. — Qui? celui qui m'a dérobé?

MAÎTRE JACQUES. — Je parle d'un cochon de lait que votre intendant me vient d'envoyer, et je veux vous l'accommoder à ma fantaisie.

HARPAGON. — Il n'est pas question de cela; et voilà monsieur à qui il faut parler d'autre chose.

LE COMMISSAIRE, à maître Jacques. — Ne vous épouvantez point. Je suis homme à ne point vous scandaliser, et les choses iront dans la douceur.

MAÎTRE JACQUES. — Monsieur est de votre souper?

LE COMMISSAIRE. — Il faut ici, mon cher ami, ne rien cacher à votre maître.

MAÎTRE JACQUES. — Ma foi, monsieur, je montrerai tout ce que je sais faire, et je vous traiterai du mieux qu'il me sera possible.

HARPAGON. — Ce n'est pas là l'affaire.

MAÎTRE JACQUES. — Si je ne vous fais pas aussi bonne chère que je voudrois, c'est la faute de monsieur votre intendant, qui m'a rogné les ailes avec les ciseaux de son économie.

HARPAGON. — Traître! il s'agit d'autre chose que de souper; et je veux que tu me dises des nouvelles de l'argent qu'on m'a pris.

MAÎTRE JACQUES. — On vous a pris de l'argent?

HARPAGON. — Oui, coquin; et je m'en vais te faire pendre, si tu ne me le rends.

LE COMMISSAIRE, à Harpagon. — Mon Dieu! ne le maltraitez point. Je vois à sa mine qu'il est honnête homme, et que sans se faire mettre en prison, il vous découvrira ce que vous voulez savoir. Oui, mon ami, si vous nous confessez la chose, il ne vous sera fait aucun mal, et vous serez récompensé comme il faut par votre maître. On lui a pris aujourd'hui son argent; et il n'est pas que vous ne sachiez quelques nouvelles de cette affaire.

MAÎTRE JACQUES, bas, à part. — Voici justement ce qu'il

me faut pour me venger de notre intendant. Depuis qu'il est entré céans, il est le favori; on n'écoute que ses conseils; et j'ai aussi sur le cœur les coups de bâton de tantôt.

HARPAGON. — Qu'as-tu à ruminer?

LE COMMISSAIRE, à Harpagon. — Laissez-le faire. Il se prépare à vous contenter; et je vous ai bien dit qu'il étoit honnête homme.

MAÎTRE JACQUES. — Monsieur, si vous voulez que je vous dise les choses, je crois que c'est monsieur votre cher intendant qui a fait le coup.

HARPAGON. — Valère?

MAÎTRE JACQUES. — Oui.

HARPAGON. — Lui! qui me paroît si fidèle?

MAÎTRE JACQUES. — Lui-même. Je crois que c'est lui qui vous a dérobé.

HARPAGON. — Et sur quoi le crois-tu?

MAÎTRE JACQUES. — Sur quoi?

HARPAGON. — Oui.

MAÎTRE JACQUES. — Je le crois.... sur ce que je le crois.

LE COMMISSAIRE. — Mais il est nécessaire de dire les indices que vous avez.

HARPAGON. — L'as-tu vu rôder autour du lieu où j'avois mis mon argent?

MAÎTRE JACQUES. — Oui, vraiment. Où étoit-il, votre argent?

HARPAGON. — Dans le jardin.

MAÎTRE JACQUES. — Justement; je l'ai vu rôder dans le jardin. Et dans quoi est-ce que cet argent étoit?

HARPAGON. — Dans une cassette.

MAÎTRE JACQUES. — Voilà l'affaire. Je lui ai vu une cassette.

HARPAGON. — Et cette cassette, comment est-elle faite? Je verrai bien si c'est la mienne.

MAÎTRE JACQUES. — Comment elle est faite?

HARPAGON. — Oui.

MAÎTRE JACQUES. — Elle est faite.... elle est faite comme une cassette.

LE COMMISSAIRE. — Cela s'entend. Mais dépeignez-la un peu, pour voir.

MAÎTRE JACQUES. — C'est une grande cassette.

HARPAGON — Celle qu'on m'a volée est petite.

MAÎTRE JACQUES. — Hé! oui, elle est petite, si l'on veut prendre par là; mais je l'appelle grande pour ce qu'elle contient.

LE COMMISSAIRE. — Et de quelle couleur est-elle?

MAÎTRE JACQUES. — De quelle couleur?

LE COMMISSAIRE. — Oui.

MAÎTRE JACQUES. — Elle est de couleur.... là, d'une certaine couleur.... Ne sauriez-vous m'aider à dire?

HARPAGON. — Euh?

MAÎTRE JACQUES. — N'est-elle pas rouge?

HARPAGON. — Non, grise.

MAÎTRE JACQUES. — Hé! oui, gris rouge; c'est ce que je voulois dire.

HARPAGON. — Il n'y a point de doute; c'est elle assurément. Écrivez, monsieur, écrivez sa déposition. Ciel! à qui désormais se fier? Il ne faut plus jurer de rien; et je crois, après cela, que je suis homme à me voler moi-même.

MAÎTRE JACQUES, à Harpagon. — Monsieur, le voici qui revient. Ne lui allez pas dire, au moins, que c'est moi qui vous ai découvert cela.

SCÈNE III. — HARPAGON, UN COMMISSAIRE, VALÈRE, MAITRE JACQUES.

HARPAGON. — Approche, viens confesser l'action la plus noire, l'attentat le plus horrible qui jamais ait été commis.

VALÈRE. — Que voulez-vous, monsieur?

HARPAGON. — Comment, traître! tu ne rougis pas de ton crime?

VALÈRE. — De quel crime voulez-vous donc parler?

HARPAGON. — De quel crime je veux parler, infâme? comme si tu ne savois pas ce que je veux dire! C'est en vain que tu prétendrois de le déguiser; l'affaire est découverte, et l'on vient de m'apprendre tout. Comment abuser ainsi de ma bonté, et s'introduire exprès chez moi pour me trahir, pour me jouer un tour de cette nature?

VALÈRE. — Monsieur, puisqu'on vous a découvert tout, je ne veux point chercher de détours, et vous nier la chose.

MAÎTRE JACQUES, à part. — Oh! oh! aurois-je deviné sans y penser?

VALÈRE. — C'étoit mon dessein de vous en parler, et je voulois attendre pour cela des conjonctures favorables; mais, puisqu'il est ainsi, je vous conjure de ne vous point fâcher, et de vouloir entendre mes raisons.

HARPAGON. — Et quelles belles raisons peux-tu me donner, voleur infâme?

VALÈRE. — Ah! monsieur, je n'ai pas mérité ces noms. Il est vrai que j'ai commis une offense envers vous; mais, après tout, ma faute est pardonnable.

HARPAGON. — Comment! pardonnable? Un guet-apens, un assassinat de la sorte!

VALÈRE. — De grâce, ne vous mettez point en colère. Quand vous m'aurez ouï, vous verrez que le mal n'est pas si grand que vous le faites.

HARPAGON. — Le mal n'est pas si grand que je le fais! Quoi! mon sang, mes entrailles, pendard!

VALÈRE. — Votre sang, monsieur, n'est pas tombé dans de mauvaises mains. Je suis d'une condition à ne lui point faire de tort; et il n'y a rien, en tout ceci, que je ne puisse bien réparer.

HARPAGON. — C'est bien mon intention, et que tu me restitues ce que tu m'as ravi.

VALÈRE. — Votre honneur, monsieur, sera pleinement satisfait.

HARPAGON. — Il n'est pas question d'honneur là dedans. Mais, dis-moi qui t'a porté à cette action?

VALÈRE. — Hélas! me le demandez-vous?

HARPAGON. — Oui, vraiment je te le demande.

VALÈRE — Un dieu qui porte les excuses de tout ce qu'il fait faire, l'amour.

HARPAGON. — L'amour!

VALÈRE. — Oui.

HARPAGON. — Bel amour, bel amour, ma foi! l'amour de mes louis d'or!

VALÈRE. — Non, monsieur; ce ne sont point vos richesses qui m'ont tenté, ce n'est pas cela qui m'a ébloui; et je proteste de ne prétendre rien à tous vos biens, pourvu que vous me laissiez celui que j'ai.

HARPAGON. — Non ferai, de par tous les diables; je ne te le laisserai pas. Mais voyez quelle insolence, de vouloir retenir le vol qu'il m'a fait!

VALÈRE. — Appelez-vous cela un vol?

HARPAGON. — Si je l'appelle un vol? un trésor comme celui-là!

VALÈRE. — C'est un trésor, il est vrai, et le plus précieux que vous ayez, sans doute; mais ce ne sera pas le perdre, que de me le laisser. Je vous le demande à genoux, ce trésor plein de charmes, et, pour bien faire, il faut que vous me l'accordiez.

HARPAGON. — Je n'en ferai rien. Qu'est-ce à dire cela?

VALÈRE. — Nous nous sommes promis une foi mutuelle, et avons fait serment de ne nous point abandonner.

HARPAGON. — Le serment est admirable, et la promesse plaisante!

VALÈRE. — Oui nous nous sommes engagés d'être l'un à l'autre à jamais.

HARPAGON. — Je vous en empêcherai bien, je vous assure.

VALÈRE. — Rien que la mort ne nous peut séparer.

HARPAGON. — C'est être bien endiablé après mon argent!

VALÈRE. — Je vous ai déjà dit, monsieur, que ce n'étoit point l'intérêt qui m'avoit poussé à faire ce que j'ai fait. Mon cœur n'a point agi par les ressorts que vous pensez, et un motif plus noble m'a inspiré cette résolution.

HARPAGON. — Vous verrez que c'est par charité chrétienne qu'il veut avoir mon bien ! Mais j'y donnerai bon ordre ; et la justice, pendard effronté, me va faire raison de tout.

VALÈRE. — Vous en userez comme vous voudrez, et me voilà prêt à souffrir toutes les violences qu'il vous plaira ; mais je vous prie de croire, au moins, que, s'il y a du mal, ce n'est que moi qu'il en faut accuser, et que votre fille, en tout ceci, n'est aucunement coupable.

HARPAGON. — Je le crois bien vraiment ! il seroit fort étrange que ma fille eût trempé dans ce crime. Mais je veux ravoir mon affaire, et que tu me confesses en quel endroit tu me l'as enlevée.

VALÈRE. — Moi ? je ne l'ai point enlevée : et elle est encore chez vous.

HARPAGON, à part. — O ma chère cassette ! (Haut.) Elle n'est point sortie de ma maison ?

VALÈRE. — Non, monsieur.

HARPAGON. — Hé ! dis-moi donc un peu ; tu n'y as point touché ?

VALÈRE. — Moi, y toucher ! Ah ! vous lui faites tort, aussi bien qu'à moi, et c'est d'une ardeur toute pure et respectueuse que j'ai brûlé pour elle.

HARPAGON, à part. — Brûlé pour ma cassette !

VALÈRE. — J'aimerois mieux mourir que de lui avoir fait paroître aucune pensée offensante : elle est trop sage et trop honnête pour cela.

HARPAGON, à part. — Ma cassette trop honnête !

VALÈRE. — Tous mes désirs se sont bornés à jouir de sa vue ; et rien de criminel n'a profané la passion que ses beaux yeux m'ont inspirée.

HARPAGON, à part. — Les beaux yeux de ma cassette ! Il parle d'elle comme un amant d'une maîtresse.

VALÈRE. — Dame Claude, monsieur, sait la vérité de cette aventure ; et elle vous peut rendre témoignage....

HARPAGON. — Quoi ! ma servante est complice de l'affaire ?

VALÈRE. — Oui, monsieur, elle a été témoin de notre

engagement ; et c'est après avoir connu l'honnêteté de ma flamme, qu'elle m'a aidé à persuader votre fille de me donner sa foi, et recevoir la mienne.

HARPAGON, à part. — Eh! Est-ce que la peur de la justice le fait extravaguer? (A Valère.) Que nous brouilles-tu ici de ma fille ?

VALÈRE. — Je dis, monsieur, que j'ai eu toutes les peines du monde à faire consentir sa pudeur à ce que vouloit mon amour.

HARPAGON. — La pudeur de qui?

VALÈRE. — De votre fille ; et c'est seulement depuis hier qu'elle a pu se résoudre à nous signer mutuellement une promesse de mariage.

HARPAGON. — Ma fille t'a signé une promesse de mariage?

VALÈRE. — Oui, monsieur; comme, de ma part, je lui en ai signé une.

HARPAGON. — O ciel ! autre disgrâce !

MAÎTRE JACQUES, au commissaire. — Écrivez, monsieur, écrivez.

HARPAGON. — Rengrégement de mal! Surcroît de désespoir ! (Au commissaire.) Allons, monsieur, faites le dû de votre charge, et dressez-lui-moi son procès comme larron et comme suborneur.

MAÎTRE JACQUES. — Comme larron et comme suborneur.

VALÈRE. — Ce sont des noms qui ne me sont point dus ; et quand on saura qui je suis....

SCÈNE IV. — HARPAGON, ÉLISE, MARIANE, VALÈRE, FROSINE, MAÎTRE JACQUES, UN COMMISSAIRE.

HARPAGON. — Ah! fille scélérate ! fille indigne d'un père comme moi! C'est ainsi que tu pratiques les leçons que je t'ai données? Tu te laisses prendre d'amour pour un voleur infâme, et tu lui engages ta foi sans mon consentement! Mais vous serez trompés l'un et l'autre. (A Élise.) Quatre bonnes murailles me répondront de ta conduite ; (A Valère.) et une bonne potence me fera raison de ton audace.

VALÈRE. — Ce ne sera point votre passion qui jugera l'affaire, et l'on m'écoutera au moins avant que de me condamner.

HARPAGON. — Je me suis abusé de dire une potence ; et tu seras roué tout vif.

ÉLISE, aux genoux d'Harpagon. — Ah ! mon père, prenez des sentimens un peu plus humains, je vous prie, et n'allez point pousser les choses dans les dernières violences du pouvoir paternel. Ne vous laissez point entraîner aux premiers mouvemens de votre passion, et donnez-vous le temps de considérer ce que vous voulez faire. Prenez la peine de mieux voir celui dont vous vous offensez. Il est tout autre que vos yeux ne le jugent ; et vous trouverez moins étrange que je me sois donnée à lui, lorsque vous saurez que, sans lui, vous ne m'auriez plus il y a long-temps. Oui, mon père, c'est lui qui me sauva de ce grand péril que vous savez que je courus dans l'eau, et à qui vous devez la vie de cette même fille dont....

HARPAGON. — Tout cela n'est rien ; et il valoit bien mieux pour moi qu'il te laissât noyer, que de faire ce qu'il a fait.

ÉLISE. — Mon père, je vous conjure par l'amour paternel, de me....

HARPAGON. — Non, non ; je ne veux rien entendre, et il faut que la justice fasse son devoir.

MAÎTRE JACQUES, à part. — Tu me payeras mes coups de bâton !

FROSINE, à part. — Voici un étrange embarras !

SCÈNE V. — ANSELME, HARPAGON, ÉLISE, MARIANE, FROSINE, VALÈRE, UN COMMISSAIRE, MAITRE JACQUES.

ANSELME. — Qu'est-ce, seigneur Harpagon ? je vous vois tout ému.

HARPAGON. — Ah ! seigneur Anselme, vous me voyez

le plus infortuné de tous les hommes ; et voici bien du trouble et du désordre au contrat que vous venez faire. On m'assassine dans le bien, on m'assassine dans l'honneur ; et voilà un traître, un scélérat qui a violé tous les droits les plus saints, qui s'est coulé chez moi sous le titre de domestique, pour me dérober mon argent, et pour me suborner ma fille.

VALÈRE. — Qui songe à votre argent, dont vous me faites un galimatias ?

HARPAGON. — Oui, ils se sont donné l'un à l'autre une promesse de mariage. Cet affront vous regarde, seigneur Anselme ; et c'est vous qui devez vous rendre partie contre lui, et faire à vos dépens toutes les poursuites de la justice, pour vous venger de son insolence.

ANSELME. — Ce n'est pas mon dessein de me faire épouser par force, et de rien prétendre à un cœur qui se seroit donné ; mais, pour vos intérêts, je suis prêt à les embrasser ainsi que les miens propres.

HARPAGON. — Voilà monsieur, qui est un honnête commissaire, qui n'oubliera rien, à ce qu'il m'a dit, de la fonction de son office. (Au commissaire, montrant Valère.) Chargez-le comme il faut, monsieur, et rendez les choses bien criminelles.

VALÈRE. — Je ne vois pas quel crime on me peut faire de la passion que j'ai pour votre fille, et le supplice où vous croyez que je puisse être condamné pour notre engagement, lorsqu'on saura ce que je suis....

HARPAGON. — Je me moque de tous ces contes ; et le monde aujourd'hui n'est plein que de ces larrons de noblesse, que de ces imposteurs qui tirent avantage de leur obscurité, et s'habillent insolemment du premier nom illustre qu'ils s'avisent de prendre.

VALÈRE. — Sachez que j'ai le cœur trop bon pour me parer de quelque chose qui ne soit point à moi ; et que tout Naples peut rendre témoignage de ma naissance.

ANSELME. — Tout beau ! prenez garde à ce que vous allez dire. Vous risquez ici plus que vous ne pensez ; et vous parlez devant un homme à qui tout Naples est connu, et qui peut aisément voir clair dans l'histoire que vous ferez.

VALÈRE, *en mettant fièrement son chapeau*. — Je ne suis point homme à rien craindre ; et, si Naples vous est connu, vous savez qui étoit don Thomas d'Alburci.

ANSELME. — Sans doute, je le sais ; et peu de gens l'ont connu mieux que moi.

HARPAGON. — Je ne me soucie ni de don Thomas ni de don Martin.

(Harpagon *voyant deux chandelles allumées, en souffle une*.)

ANSELME. — De grâce, laissez-le parler ; nous verrons ce qu'il en veut dire.

VALÈRE. — Je veux dire que c'est lui qui m'a donné le jour.

ANSELME. — Lui !

VALÈRE. — Oui.

ANSELME. — Allez, vous vous moquez. Cherchez quelque autre histoire qui vous puisse mieux réussir, et ne prétendez pas vous sauver sous cette imposture.

VALÈRE. — Songez à mieux parler. Ce n'est point une imposture, et je n'avance rien ici qu'il ne me soit aisé de justifier.

ANSELME. — Quoi ! vous osez vous dire fils de don Thomas d'Alburci ?

VALÈRE. — Oui, je l'ose ; et je suis prêt de soutenir cette vérité contre qui que ce soit.

ANSELME. — L'audace est merveilleuse ! Apprenez, pour vous confondre, qu'il y a seize ans, pour le moins, que l'homme dont vous nous parlez, périt sur mer, avec ses enfans et sa femme, en voulant dérober leur vie aux cruelles persécutions qui ont accompagné les désordres de Naples, et qui en firent exiler plusieurs nobles familles.

VALÈRE. — Oui ; mais apprenez, pour vous confondre, vous, que son fils, âgé de sept ans, avec un domestique, fut sauvé de ce naufrage par un vaisseau espagnol ; et que ce fils sauvé est celui qui vous parle. Apprenez que le capitaine de ce vaisseau, touché de ma fortune, prit amitié pour moi ; qu'il me fit élever comme son propre fils, et que les armes furent mon emploi, dès que je m'en trouvai capable ; que j'ai su depuis peu que mon père n'étoit point mort, comme je l'avois toujours cru ; que, passant ici pour l'aller chercher, une aventure, par le ciel concertée, me fit voir la charmante Élise, que cette vue me rendit esclave de ses beautés, et que la violence de mon amour et les sévérités de son père me firent prendre la résolution de m'introduire dans son logis, et d'envoyer un autre à la quête de mes parens.

ANSELME. — Mais quels témoignages encore, autres que vos paroles, nous peuvent assurer que ce ne soit point une fable que vous ayez bâtie sur une vérité ?

VALÈRE. — Le capitaine espagnol ; un cachet de rubis qui étoit à mon père ; un bracelet d'agate que ma mère m'avoit mis au bras ; le vieux Pédro, ce domestique qui se sauva avec moi du naufrage.

MARIANE. — Hélas ! à vos paroles je puis ici répondre, moi, que vous n'imposez point ; et tout ce que vous dites me fait connoître clairement que vous êtes mon frère.

VALÈRE. — Vous, ma sœur !

MARIANE. — Oui. Mon cœur s'est ému dès le moment que vous avez ouvert la bouche ; et notre mère, que vous allez ravir, m'a mille fois entretenue des disgrâces de notre famille. Le ciel ne nous fit point aussi périr dans ce triste naufrage ; mais il ne nous sauva la vie que par la perte de notre liberté ; et ce furent des corsaires qui nous recueillirent, ma mère et moi, sur un débris de notre vaisseau. Après dix ans d'esclavage, une heureuse fortune nous rendit notre liberté, et nous retournâmes dans Naples, où nous trouvâmes tout notre bien vendu, sans y pouvoir trouver des nouvelles de notre père. Nous passâmes à Gênes, où ma mère alla ramasser quelques malheureux restes d'une succession qu'on avoit déchirée ; et de là, fuyant la barbare injustice de ses parens, elle vint en ces lieux, où elle n'a presque vécu que d'une vie languissante.

ANSELME. — O ciel ! quels sont les traits de ta puissance ! et que tu fais bien voir qu'il n'appartient qu'à toi de faire des miracles ! Embrassez-moi, mes enfans, et mêlez tous deux vos transports à ceux de votre père.

VALÈRE. — Vous êtes notre père?

MARIANE. — C'est vous que ma mère a tant pleuré?

ANSELME. — Oui, ma fille; oui, mon fils; je suis don Thomas d'Alburci, que le ciel garantit des ondes avec tout l'argent qu'il portoit; et qui, vous ayant tous crus morts, durant plus de seize ans, se préparoit, après de longs voyages, à chercher, dans l'hymen d'une douce et sage personne, la consolation de quelque nouvelle famille. Le peu de sûreté que j'ai vu pour ma vie à retourner à Naples m'a fait y renoncer pour toujours; et ayant su trouver moyen d'y faire vendre ce que j'y avois, je me suis habitué ici, où sous le nom d'Anselme, j'ai voulu m'éloigner des chagrins de cet autre nom qui m'a causé tant de traverses.

HARPAGON, à Anselme. — C'est là votre fils?

ANSELME. — Oui.

HARPAGON. — Je vous prends à partie pour me payer dix mille écus qu'il m'a volés.

ANSELME. — Lui! vous avoir volé?

HARPAGON. — Lui-même.

VALÈRE. — Qui vous dit cela?

HARPAGON. — Maître Jacques.

VALÈRE, à maître Jacques. — C'est toi qui le dis?

MAÎTRE JACQUES. — Vous voyez que je ne dis rien.

HARPAGON. — Oui. Voilà monsieur le commissaire qui a reçu sa déposition.

VALÈRE. — Pouvez-vous me croire capable d'une action si lâche?

HARPAGON. — Capable ou non capable, je veux ravoir mon argent.

SCÈNE VI. — HARPAGON, ANSELME, ÉLISE, MARIANE, CLÉANTE, VALÈRE, FROSINE, UN COMMISSAIRE, MAÎTRE JACQUES, LA FLECHE.

CLÉANTE. — Ne vous tourmentez point, mon père, et

n'accusez personne. J'ai découvert des nouvelles de votre affaire; et je viens ici pour vous dire que, si vous voulez vous résoudre à me laisser épouser Mariane, votre argent vous sera rendu.

HARPAGON. — Où est-il?

CLÉANTE. — Ne vous en mettez point en peine. Il est en lieu dont je réponds; et tout ne dépend que de moi. C'est à vous de me dire à quoi vous vous déterminez; et vous pouvez choisir, ou de me donner Mariane, ou de perdre votre cassette.

HARPAGON. — N'en a-t-on rien ôté?

CLÉANTE. — Rien du tout. Voyez si c'est votre dessein de souscrire à ce mariage, et de joindre votre consentement à celui de sa mère, qui lui laisse la liberté de faire un choix entre nous deux.

MARIANE, à Cléante. — Mais vous ne savez pas que ce n'est pas assez que ce consentement, et que le ciel, (montrant Valère) avec un frère que vous voyez, vient de me rendre un père (montrant Anselme), dont vous avez à m'obtenir.

ANSELME. — Le ciel, mes enfans, ne me redonne point à vous pour être contraire à vos vœux. Seigneur Harpagon, vous jugez bien que le choix d'une jeune personne tombera sur le fils plutôt que sur le père : allons, ne vous faites point dire ce qu'il n'est point nécessaire d'entendre; et consentez, ainsi que moi, à ce double hyménée.

HARPAGON. — Il faut, pour me donner conseil, que je voie ma cassette.

CLÉANTE. — Vous la verrez saine et entière.

HARPAGON. — Je n'ai point d'argent à donner en mariage à mes enfans.

ANSELME. — Hé bien! j'en ai pour eux; que cela ne vous inquiète point.

HARPAGON. — Vous obligerez-vous à faire tous les frais de ces deux mariages.

ANSELME. — Oui, je m'y oblige. Êtes-vous satisfait?

HARPAGON. — Oui, pourvu que, pour les noces, vous me fassiez faire un habit.

ANSELME. — D'accord. Allons jouir de l'allégresse que cet heureux jour nous présente.

LE COMMISSAIRE. — Holà! messieurs, holà? Tout doucement, s'il vous plaît. Qui me payera mes écritures?

HARPAGON. — Nous n'avons que faire de vos écritures

LE COMMISSAIRE. — Oui! mais je ne prétends pas, moi, les avoir faites pour rien.

HARPAGON, montrant maître Jacques. — Pour votre payement, voilà un homme que je vous donne à pendre.

MAÎTRE JACQUES. — Hélas! comment faut-il donc faire? On me donne des coups de bâton pour dire vrai; et on me veut pendre pour mentir.

ANSELME. — Seigneur Harpagon, il faut lui pardonner cette imposture.

HARPAGON. — Vous payerez donc le commissaire?

ANSELME. — Soit. Allons vite faire part de notre joie à votre mère.

HARPAGON. — Et moi, voir ma chère cassette.

FIN DE L'AVARE.

NOTES.

Adonis (page 230). — Adonis, Apollon, Céphale, Pâris, personnages de la fable ou de l'histoire grecque, sont cités par Frosine comme des types de jeunesse et de beauté. Anchise, Nestor, Priam, Saturne, comme des types de vieillesse.

Accommodées (page 204). — A l'aise, riches. Ce mot ne s'emploie plus dans ce sens.

Aristote (page 75). — Célèbre philosophe grec, qui vécut de 384 à 322 avant J. C. Il était cité à tout propos par les pédants, ce dont Molière se moque.

Avecque (page 13). — Forme ancienne et abandonnée pour *avec*.

Aune [*tout le long de l'*] (page 122). — Expression familière et proverbiale qui signifie « excessivement. »

Babylone [*la tour de*] (page 122). — C'est-à-dire de Babel.

Baillive (page 143). — Femme du bailli. Il y avait des baillis de plusieurs ordres. Il s'agit ici d'un de ces baillis de village, nommés par les seigneurs qui avaient le droit de haute ou basse justice.

Bancs du théâtre (page 34). — Il y avait alors, sur le théâtre même, à droite et à gauche, des bancs où se plaçait la noblesse pendant la représentation.

Barrette (page 207). — Petit bonnet plat. « Parler à la barrette ; » expression proverbiale qui signifie parler vertement, et même en se servant de la main.

Bayer [*aux corneilles*] (page 122). — Tenir la bouche ouverte en regardant quelque chose.

Caton [*un*] (page 129). — Pour dire un sage, un homme d'une vertu rigide. Caton était un Romain renommé pour l'austérité de ses mœurs.

Canons (page 21). — Ornement de drap ou de soie, froncé et embelli de rubans, qu'on attachait au bas de la culotte.

Céans (page 119). — Ici dedans.

CHAISE (page 26). — Chaise à porteurs, fort en usage aux dix-septième et dix-huitième siècles.

CHAPE (page 118). — « Vous menez sous chape, » c'est-à-dire à la sourdine. On dit maintenant : « sous cape. »

CICÉRON (page 79). — Illustre orateur, homme d'État et écrivain romain, qui vécut de 107 à 43 avant J. C. Il va sans dire qu'on chercherait vainement dans ses écrits la citation de Sganarelle.

COMPLEXIONS (page 13). — C'est-à-dire humeurs, caractères.

CONTES BLEUS (page 122), ou récits imaginaires, parce que les contes de fées étaient ordinairement imprimés avec une couverture bleue.

CUL (page 239). — Tenir au cul et aux chausses. Expression triviale qui signifie censurer sans ménagement.

DENIER DOUZE (page 211) — Un denier d'intérêt pour douze prêtés, un peu plus de 8 pour 100.
Le denier cinq, 20 pour 100.
Le denier quatre, 25 pour 100.

DÉSORDRES DE NAPLES (page 271). — Molière fait sans doute allusion à l'insurrection de Naples, dans laquelle le pêcheur Masaniello joua le principal rôle et qui avait eu lieu dix-neuf ans avant la représentation de *l'Avare*, en 1648.

DIANTRE (page 16). — Mot familier et adouci dont on se sert pour ne pas prononcer celui de Diable, qui a le même sens.

DISCIPLINE (page 154). — Fouet fait de petites cordes dont certaines personnes se servaient pour se flageller et se mortifier.

DIS ET VOUS DOUZE (page 90). — Calembour populaire, jouant sur la confusion des deux mots dis et dix, qui se prononçent de même.

DU [*au dû de ma charge*] (page 190). — C'est-à-dire au devoir.

DOUBLE (page 86). — Petite pièce de cuivre, qui valait deux deniers ou la sixième partie d'un sou.

ÉCOT [*parlez à votre*] (page 171). — Expression proverbiale qui signifie : « parlez à ceux qui sont de votre compagnie. »

Élue (page 143). — La juridiction en matière d'impôts était exercée par des juges électifs ou prétendus tels, qui portaient le nom d'Élus. L'Élue est la femme d'un de ces juges.

Épée de chevet (page 236). — L'épée qui ne nous quitte jamais; expression proverbiale.

Fagotin (page 143). — Nom d'un singe qui amusait tout Paris par ses tours et grimaces. La Fontaine en parle dans la fable de *la Cour du lion*.

Feignions (page 209). — « Nous feignions à vous aborder; » c'est-à-dire nous hésitions. Ce mot n'est plus usité dans ce sens.

Fesse-Mathieu (page 219). — Avant sa conversion, saint Mathieu était receveur d'impôts, et, dit-on, usurier. Fesse-Mathieu, par corruption de face de Mathieu, signifie avare, usurier.

Fiefs (page 136). — Domaines.

Fourchettes (page 221). — Bâton terminé par un fer fourchu sur lequel les soldats appuyaient les mousquets, pour ajuster.

Fraise (page 84). — Espèce de col à plusieurs plis, tournant autour du cou, et qui était à la mode au seizième et dans la première moitié du dix-septième siècle.

Gauchir (page 183). — Agir gauchement, timidement.

Guèble. — Dans le patois du paysan Lucas, Guèble est pour Diable. « Une diable de commission, » se dit encore familièrement.

Gombaud et Macée (page 221). — Sorte de pastorale fort connue du temps de Molière.

Grand'bande (page 143). — Autrefois le mot bande se disait d'une troupe de musiciens. La grande bande des violons du roi en comprenait vingt-quatre.

Haire (page 154). — Espèce de chemise faite de crin, qu'on se mettait sur la peau par esprit de pénitence.

Hauts-de-chausses (page 206). — Ancien nom des culottes.

Heur (page 21). — C'est-à-dire Bonheur. Ce mot qui a vieilli a formé Heureux.

Hippocrate (page 92). — Le plus grand médecin de l'antiquité, né vers 460 avant Jésus-Christ, dans l'île de Cos.

Honnête homme (page 17). — Signifiait autrefois non-seulement un homme honorable, mais aussi un homme de bonne compagnie.

Lantiponez (page 87). — Mot populaire qui signifiait tenir des propos inutiles et importuns.

Levé (page 26). — Le lever du roi, ou par abréviation le lever, était suivi d'une réception des courtisans.

Libertinage (page 128). — Irréligion, impiété. Ce mot n'est plus employé dans ce sens.

Licences (page 93). — C'est le grade que prennent les étudiants en médecine, en droit, etc., avant de devenir docteurs.

Louvre (page 26). — Ce palais fut longtemps habité par nos rois, jusqu'au moment où Louis XIV alla s'établir à Versailles.

Maréchaux (page 32). — Les maréchaux de France formaient un tribunal, où se jugeaient les affaires dites d'honneur, ou les duels.

Matrimonium (page 110). — Mot latin qui signifie mariage.

Misanthrope (page 1). — Mot tiré du grec, qui signifie: Ennemi des hommes. C'est l'opposé de philanthrope.

Ongle (page 21). — « L'ongle long qu'il porte au petit doigt. » La mode était de l'avoir assez long pour qu'on pût avec cet ongle prendre le sel dans les salières.

Panurge (page 222). — Un des principaux personnages du livre de Rabelais.

Partie (page 9). — Adversaire dans un procès, partie adverse.

Petaud (page 117). — Les mendiants, dans le moyen âge, réunis en corporations, élisaient un roi ou chef qu'on appelait le roi Petaud. Comme il était peu obéi, la Cour du roi Petaud ou Petaudière signifie un endroit où tout le monde commande.

Petit couché (page 31). — C'était l'intervalle entre le bonsoir que le roi donnait à la foule des courtisans et le moment où il se couchait. Là ne restaient que les officiers de sa chambre et les personnages qui avaient un privilége particulier.

Pied plat (page 7). — C'est-à-dire homme de rien, vil et méprisable.

Plaiderie (page 10). — Procès. Ce mot, qui vient de plaider, n'est plus en usage.

Pourpoint (page 231). — Nom ancien de la veste.

Prétendue [belle-mère] (page 252). — Dans le sens de future belle-mère.

Rengrégement de mal (page 268). — Mot vieilli qui signifie accroissement.

Rhingrave (page 21). — Sorte de hauts-de-chausses, très-larges, ainsi appelés d'un seigneur allemand, gouverneur de Maëstricht, qui les avait mis à la mode.

Seconde (page 8). — « Et c'est une folie à nulle autre seconde; » c'est-à-dire inférieure.

Seing (page 53). — Signature.

Sonnet (page 14.) — Petite pièce de vers distribués en deux quatrains et deux tercets.

Tartufe (page 115.) — Le nom de Tartufe, qui est formé par corruption d'un mot allemand qui signifie le diable, est devenu, depuis Molière, un nom commun. On dit: un tartufe, pour désigner un hypocrite.

Témoins (page 64). — Au lieu de témoignages.

Treuve (page 11). — C'est-à-dire : trouve. Le mot treuver n'est plus employé.

Trou madame (page 221). — Espèce de jeu pour lequel on se servait de petites boules d'ivoire.

Tutaye (page 27). — On disait et on écrivait tutayer et tutoyer. La première forme n'est plus usitée.

TABLE

DES PIÈCES CONTENUES DANS LE PREMIER VOLUME.

LE MISANTHROPE.	1
LE MÉDECIN MALGRÉ LUI.	73
LE TARTUFFE.	115
L'AVARE.	197

FIN DE LA TABLE.

Imprimerie de L. Toinon et Cie, à Saint-Germain.

LIBRAIRIE DE L. HACHETTE ET Cie, BOULEVARD SAINT-GERMAIN, 77, A PARIS.

ÉDITIONS A 1 FR. LE VOLUME

FORMAT IN-18 JÉSUS

LITTÉRATURE POPULAIRE

La collection comprendra environ 200 volumes
Le cartonnage en percaline gaufrée se paye en sus 40 c. par volume.

EN VENTE

Badin (Ad.) : *Duguay-Trouin*. 1 vol.
— *Jean-Bart*. 1 vol.
Barrau (Th. H.) : *Conseils aux ouvriers sur les moyens d'améliorer leur condition*. 1 vol.
Bernard (Fr.) : *Vie d'Oberlin*. 1 vol.
Bonnechose (Emile de) : *Bertrand du Guesclin*, connétable de France et de Castille. 1 vol.
— *Lazare Hoche*. 1 vol.
Calemard de la Fayette (Charles) : *La Prime d'honneur*. 1 vol.
— *L'Agriculture progressive*. 1 vol.
Carraud (Mme Z.) : *Une servante d'autrefois*. 1 vol.
Charton (Ed.) : *Histoires de trois enfants pauvres*. 3e édition. 1 vol.
Corne (H.) : *Cardinal Mazarin*. 1 vol.
— *Cardinal de Richelieu*. 1 vol.
Corneille (P.) : *Chefs-d'œuvre*. 1 vol.
Deherrypon (Martial) : *La Boutique de la Marchande de poissons*. 1 vol.
Delapalme : *Le premier livre du citoyen*. 3e édit. 1 vol.
Duval (Jules) : *Notre pays*. 1 vol.
— *Notre planète*. 1 vol.
Ernouf (le B^{on}) : *Histoire de trois ouvriers français*. 1 vol.
— *Jacquard; — Philippe de Girard*. 1 vol.
Guillemin (Amédée) : *La Lune*. 1 vol. illustré de 2 grandes planches tirées hors du texte, et de 46 vignettes.
Hauréau : *Charlemagne et sa Cour*, 2e édit. 1 vol.
Homère : *Les Beautés de l'Iliade et de l'Odyssée*, traduction de M. Giguet. 1 vol.

Joinville (sire de) : *Histoire de saint Louis*, texte rapproché du français moderne, par Natalis de Wailly, de l'Institut. 2e édit. 1 vol.
Labouchère (Alf.) : *Oberkampf* (1738-1815). 1 vol.
La Fontaine : *Choix de Fables*. 1 vol.
Molière : *Chefs-d'œuvre*. 2 vol.
Passy (Frédéric) : *Les Machines et leur influence sur le développement de l'humanité*. 1 vol.
Racine (Jean) : *Chefs-d'œuvre*. 2 vol.
Rendu (Victor) : *Principes d'agriculture*, 2e édit. 2 vol.
— *Culture du sol*, avec des vignettes dans le texte. 1 vol.
— *Culture des plantes*. 1 vol.
Chaque volume se vend séparément.
Shakespeare : *Chefs-d'œuvre*. 3 vol.
Speke (le capitaine) : *Découverte des sources du Nil*.
Thévenin (Ev.) : *Entretiens populaires*, in-18 jésus; 1re, 2e, 3e, 4e, 5e et 7e séries, 6 vol.; 6e série, 2 volumes.
— *Cours d'économie industrielle* : 7 séries, in-18 jésus.
Chaque série se vend séparément.
Vambéry : *Voyages d'un faux derviche dans l'Asie centrale*. Edition abrégée. 1 vol.
Véron (Eugène) : *Les Associations ouvrières en Allemagne, en Angleterre et en France*. 1 vol.
Wallon : *Jeanne d'Arc*. 1 vol.
Edition abrégée de l'ouvrage qui a obtenu de l'Académie française le grand prix Gobert.

EN PRÉPARATION

Bernard (Fréd.) : *La Tour d'Auvergne*.
Ernouf (le baron) : *Jacquard; — Philippe de Girard*. 1 volume.
Gœthe : *Chefs-d'œuvre*.
Guillemin (Am.) : *Le Soleil*.
Schiller : *Chefs-d'œuvre*.
Virgile : *Les beautés de l'Énéide*. 1 v.

LES BOUTIQUES DE PARIS

About (Ed.) : *La boutique de l'épicier*.
Cortambert (Richard) : *La boutique du mercier*.
Deherrypon : *La boutique du charbonnier*.
Loreau (Mme) : *La boutique du fourreur*.

Imprimerie générale de Ch. Lahure, rue de Fleurus, 9, à Paris.

www.ingramcontent.com/pod-product-compliance
Lightning Source LLC
Chambersburg PA
CBHW071504160426
43196CB00010B/1417